인문학
리스타트

생각이 열리고 입이 트이는

인문학 리스타트

박영규 지음

웅진 지식하우스

목 차

4장 종교와 철학의 결합과 결별

4. 철학의 새로운 모색

누군가의 생각을 열고 입을 틔우는 발전의 도구가 되길 바라며

깨침은 깨짐으로부터

세상을 살다보면 다시 시작해야 할 순간들이 닥친다. 하지만 처음으로 돌아갈 순 없다. 이미 살아온 세월만큼 스스로가 변했기 때문이다. 그럴 때 우리가 택하는 것이 리스타트(restart)다. 멈춰 선 그 순간부터 다시 시작하는 것이다. 그런데 리스타트는 스타트와 다르다. 모든 순간이 새로운 스타트는 매 순간 설렘과 뿌듯함이 앞서지만 리스타트는 지난 세월 동안 형성된 편견이 장벽이 되어 웬만한 일에는 시큰둥해진다. 그런 까닭에 처음 시작하는 것보다 다시 시작하는 것

이 훨씬 어렵다는 뜻이다.

지식을 다시 익히는 것도 마찬가지다. 뭔가 부족하다 싶은데, 어떻게 채워야 할지 막막할 때가 많다. 왜 그럴까?

문제는 익숙한 생각과 말들 때문에 아무런 감흥도 도전의식도 생기지 않기 때문이다. 익숙함이란 편안한 동시에 밋밋한 것이다. 그 속에서는 발전을 기대하기 힘들다.

사람의 발전이란 새로운 시각과 새로운 말들을 통해서 이뤄지기에 자신이 가진 것들을 스스로 버려야만 새로운 것들을 얻을 수 있다. 깨침의 시작은 '깨지는 것'에서부터 시작된다. 깨짐이 깨침의 시작이라는 뜻이다.

깨침이란 생각이 열리는 것을 의미한다. 생각이 열리면 갑자기 말문도 트인다. 이전에는 미처 하지 못했던 말들을 자기도 모르게 쏟아내게 된다. 그것이 깨침의 묘미다. 그리고 그 깨침은 곧 행동의 변화로 이어진다. 그것을 우리는 발전이라 한다. 생각이 열리고 입이 트이면 결국 행동이 달라지고 한 단계 성숙하게 된다는 뜻이다. 이 책 『생각이 열리고 입이 트이는 인문학 리스타트』는 바로 그것을 목적으로 삼은 책이다.

인문학은 인류의 가장 강력한 생존무기로 고안된 것이다

그런데 왜 인문학인가? 인문학 하면 괜히 심각하게 따지는 따분한 학문이 아닌가? 그것이 나의 발전과 무슨 상관이 있는가? 실용성도 없고 별 도움도 안 되는 인문학을 왜 굳이 권하는가?

누군가는 이렇게 생각할지도 모른다. 하지만 그것은 인문학이 우리의 생존에 얼마나 강력한 무기가 되는지를 모르고 하는 말이다.

과거 왕조 시절만 하더라도 역사, 철학, 종교와 같은 인문학은 극소수의 권력층만 특권처럼 누리던 지식이었다. 왜 그랬을까? 그것은 인문학이 권력을 얻고 유지하고 향유하는 데 가장 요긴한 수단이었기 때문이다.

그렇다면 그들은 인문학을 어떤 수단으로 활용했을까?

우주의 모든 생명체를 움직이는 근원적인 힘은 생존욕구에서 비롯된다. 하지만 생존욕구가 제아무리 강하다 한들 생존 능력이 약하면 도태된다. 그래서 생존력이 낮은 무수한 개체들이 지구에서 종적을 감췄다. 물론 그들이 멸종되는 데 가장 큰 역할을 한 존재는 바로 인간이며, 역설적이게도 이는 인간이 지구에서 가장 강력한 존재라는 반증이기도 하다.

인류가 호랑이나 사자, 악어 같은 강력한 개체들을 물리치고 최상위 포식자가 된 것은 지식을 축적하고 전달할 수 있는 능력 덕분이었다. 그중에서도 역사, 철학, 종교로 대표되는 인문학은 그 어떤 학문보다도 전투적인 생존도구다.

인간사회에서 지식이 생존무기가 되었던 가장 확실한 이유는 인간의 유일한 경쟁상대가 인간이라는 사실에 있다. 인간의 내부경쟁은 당연히 지식을 다투는 형태일 수밖에 없기 때문이다. 그런데 그 지식체계의 기반이 되는 것이 바로 인문학이다. 그런 까닭에 인문학을 모르고서는 경쟁에서 우위에 설 수 없으며, 현대 사회에서 인문학 공부가 필수라는 이야기다.

경제 + 정치 = 역사

인문학의 핵심은 역사, 철학, 종교이다. 따라서 이 책은 세 분야를 네 개의 장에 나눠 중점적으로 다룰 것이다. 이 책에서 가장 먼저 살펴볼 역사는 인류의 삶 자체이자 그에 대한 기록이기에 모든 주제의 전제가 된다.

그런데 역사를 제대로 이해하기 위해서는 무엇보다도 경제에 대한 이해가 있어야 한다. 우리는 흔히 경제를 학문의 세 갈래인 인문학과 사회과학, 자연과학 중 사회과학의 한 분야로만 알고 있지만, 사실은 모든 학문이 경제와 얽혀 있다.

경제에 대한 사전적 개념은 다소 복잡하지만, 경제는 한마디로 '인간의 생존활동에 관한 모든 것'을 의미한다. 이런 이유로 경제가 모든 학문의 뿌리가 되는 것은 당연하며 이에 인문학을 논하는 첫 장에서 경제를 언급하고자 한다.

그런데 경제와 떼려야 뗄 수 없는 것이 있다. 바로 정치다. 왜냐하면 정치란 곧 '경제를 조정하는 모든 행위'를 의미하기 때문이다. 경제가 우리의 몸이라면 정치는 우리의 행동이라 할 수 있다. 따라서 모든 정치는 경제를 떠나서는 논할 수 없다.

그렇다면 역사란 무엇인가? 역사란 우리가 행동을 통해 일궈낸 삶 자체이자, 그에 대한 기록이다. 때문에 역사는 경제와 정치의 총합일 수밖에 없다. 이런 이유로 '경제 + 정치 = 역사'라는 등식을 얻어냈다.

이 등식을 기반으로 서술된 것이 '1장 인류생존의 세 가지 도구-경제, 정치, 역사'와 '2장 단번에 깨치는 세계사'이다.

종교 + 철학 = 인류생존의 행동지침

이렇듯 경제, 정치, 역사는 인류생존을 위한 가장 강력한 세 가지 도구로써 불가분의 관계에 있다. 그렇다면 종교와 철학은 이들과 어떤 상관관계가 있을까?

인류는 생존에 유리한 방법을 찾아 진화했으며, 그 과정에서 '사회적 동물'이 되었다. 그런데 이 '사회'를 원활하게 유지하기 위해서는 모든 구성원이 믿고 따를 수 있는 행동지침이 필요했다. 만약 행동지침이 없다면 구성원들이 제각각 행동하고 사회의 규칙은 유지될 수 없을 것이다. 그렇기에 이 행동지침은 가급적 영원히 변하지 않고, 어떤 상황에서도 보편적으로 적용할 수 있으며, 절대적인 것이어야 했다. 불변성, 보편성, 절대성 이 세 가지를 모두 갖춘 행동지침이 필요했던 것이다. 이 세 가지를 갖춘 행동지침을 흔히 '진리'라고 한다. 종교와 철학이 진리를 추구하는 것은 바로 가장 강력하고 안정된 생존지침을 얻기 위한 선택이었던 셈이다.

인류생존의 행동지침으로 탄생된 종교와 철학은 역사의 진행과정에서 서로 결합과 결별을 시도한다. 그 내용을 '3장 인류생존의 행동지침-종교와 철학'과 '4장 종교와 철학의 결합과 결별'에 담았다.

역사, 철학, 문학, 종교 등의 인문학을 탐구하며 글쟁이로 산 세월이 어언 25년이다. 이 책은 그 25년의 세월이 피워낸 한 송이 꽃이었으면 한다.

25년 전이나 지금이나 지식이란 어떤 의미로든 인류사회를 위한 발전의 도구여야 한다는 생각에는 변함이 없다. 이 책의 말미에 존 듀이를 배치한 이유도 그 때문이었다.

부디, 이 책이 누군가의 발전을 위한 도구가 되길 바란다.

2020년 8월 일산우거에서

박영규

인류생존의 세 가지 도구
경제, 정치, 역사

경제와 정치를 모르고서는 인문학의 본질을 이해할 수 없다. 경제는 인류생존의 가장 강력한 무기인 학문의 뿌리이고, 정치는 경제를 조정하는 모든 행위이며, 경제와 정치의 총합이 곧 역사이기 때문이다.

1장

인류생존의 세 가지 도구
경제, 정치, 역사

인간이 가진 모든 지식은 근본적으로 생존도구다. 사실, 인간이 만든 생존도구 중에 지식만큼 유용한 것은 없었다. 그러한 지식을 전달하는 데 가장 요긴하게 쓰인 것은 문자였다. 문자는 지식을 축적하고 전달하는 데 가장 좋은 수단이었기 때문이다. 인간이 문자를 발명한 이유는 지식을 학문으로 전환하기 위함이었다. 학문이란 곧 지식을 축적하고 전달하는 행위인데, 문자는 이를 가능토록 했던 것이다.

지구상에 존재하는 모든 동물들은 나름의 생존지식을 터득하고 있다. 하지만 그들의 지식은 영구적이지 않다. 오직 인간만이 문자를 통해 학문을 창출함으로써 영구적인 지식을 가질 수 있었다. 이것이 곧 인류가 먹이사슬의 정점에 오를 수 있었던 이유였다.

인류가 지구상에서 최강의 포식자가 된 것은 학문 덕분이었다. 말하자면 학문은 인류의 생존을 위한 최강의 무기였던 셈이다.

그렇다면 이 인류생존의 최강 무기, 즉 학문의 근원은 무엇이었을까? 필자는 단연 모든 학문의 뿌리를 경제라고 생각한다. 물론 그 이유는 다음 글들에서 자세히 설명할 것이다.

경제가 모든 학문의 뿌리라면, 정치는 무엇일까? 경제와 정치는 어떤 관계에 있을까? 그리고 왜 인문학을 다루면서 먼저 경제와 정치를 거론하는 것일까?

흔히 인문학을 대표하는 학문은 역사, 철학, 종교로 일컬어진다. 그런데 이 책은 인문학을 논하는 첫 장에서 경제와 정치를 먼저 거론할 것이다. 왜일까? 그것은 경제와 정치를 모르고서는 인문학의 본질을 이해할 수 없기 때문이다.

이 책이 인문학 수업을 위해 경제를 가장 먼저 거론한 것은 경제가 인류생존의 가장 강력한 무기인 학문의 뿌리이기 때문이고, 다음으로 정치를 거론한 것은 경제를 조정하는 모든 행위가 곧 정치이기 때문이다. 그리고 경제와 정치의 총합이 곧 역사다. 그래서 필자는 경제, 정치, 역사를 인류의 생존도구라고 규정했다.

그러면 이에 대한 구체적인 내용들을 확인하기 위해 본문 속으로 들어가보자.

인류의 가장 강력한 생존도구
학문

가장 뛰어난 지식 전달 수단, 문자

　인류가 호랑이나 사자 같은 강력한 경쟁자들을 제치고 생태계의
절대 강자로 군림한 이유는 단 하나, 지식을 축적하고 전달할 수 있
는 능력을 소유한 덕분이었다. 그런 의미에서 지식은 본질적으로 생
존의 도구다. 특히 인류에 있어서는 지식만큼 유용한 생존도구는 없
었다.

　물론 지구상의 동물 가운데 인류만이 지식을 축적하고 전달할 수

있는 것은 아니다. 대다수의 동물들이 생존을 위한 기본 지식을 축적하고 후대에 전달한다. 그런데 왜 유독 인류의 지식은 다른 동물들의 지식보다 탁월한 생존수단이 되었을까?

인류를 제외한 대다수의 동물들은 철저히 행위에 의해 지식을 전달하고 축적해왔다. 말하자면 행동을 직접 가르쳐서 몸으로 체득하게 한다. 하지만 인류는 지식을 축적하고 전달하기 위해 문자라는 매우 특별한 도구를 고안해냈고, 이것은 인류의 생존 능력을 엄청나게 배가시켰다.

지구상의 모든 동물들이 소리와 행동을 통해 지식을 전달하고 축적하지만 오로지 인류만이 소리와 행동의 한계를 극복할 수 있는 문자를 사용한다. 소리는 오로지 귀를 통해서만 의사소통을 이루고 행동은 오로지 시각을 통해서만 의사를 전달하기 때문에 소리와 행동은 시간과 공간의 제약을 받을 수밖에 없다. 인류는 이를 극복하기 위해 눈으로 보이는 기호 체계를 발명하여 소리를 직접 듣거나 행동을 직접 보지 않아도 지식을 습득할 수 있게 되었다. 소리는 발생되는 순간 사라지고, 거리가 멀면 들리지도 않는다. 행동 역시 발동 순간에만 표착되고 무엇인가에 가려지거나 거리가 멀면 소통에 실패한다. 인류는 문자를 통해 이런 한계를 극복했고, 이후로 다양하고 세밀한 지식들을 생존의 도구로 활용하여 지구상의 절대 포식자로 군림해왔다.

물론 문자의 발명 이전에도 인류는 자연 속에서 제법 강력한 포식자 중 하나였다. 문자의 발명에 앞서 인류는 이미 도구를 만들어냈고, 농사를 지었으며, 집단적인 행동으로 맹수들을 제압하곤 했다. 하지만 그것만으로는 결코 자연 속에서 절대 강자로 자리매김할 수 없었다. 그런데 문자의 발명 이후 인류는 단순히 지구상의 동물 가운데 가장 강력한 포식자의 위치를 초월하여 자연을 변형하고 때로는 지배하는 단계에 이르렀다. 그만큼 문자는 인류가 발명한 그 어떤 것보다도 탁월한 생존도구였던 것이다.

　문자가 위대한 까닭은 무엇보다 지식을 항구적으로 보존할 뿐 아니라 시간과 공간의 제약을 받지 않고 전달할 수 있다는 데 있다. 게다가 문자는 지식을 서로 결합하고 조화시키는 역할까지 수행한다. 그런 의미에서 보자면 문자의 발명은 지식 세계의 대혁명이라고 할 수 있다.

문자가 생존도구라...
이상하게 가슴에 와닿는 말이네.

인류의 가장 강력한 무기, 학문

학문이란 지식을 축적하고 전달하는 것을 의미하는데, 문자는 지식을 보다 정교하게 다듬고 전문화시키는 역할을 수행했다. 덕분에 인류는 두뇌 기억력의 한계를 초월하는 지식을 소유하게 된 것이다. 이것이 곧 인간이 자연을 지배하는 데 가장 강력한 무기가 된 학문이다.

인간이 더 많은 지식을 갈구하는 것은 결국 생존력을 높이기 위함이다. 때문에 인간은 생존에 더욱 유리한 수단을 얻기 위해 지식을 축적하고 발전시켜 왔다. 이렇게 지식을 축적하고 발전시키는 행위를 흔히 '학문(學問)'이라고 부른다.

학문이라는 것은 원래 '지식을 배우고 익히는 행위'를 가리키는 단어이지만, 학문의 의미는 좀 더 확대되고 변형되어 현재에 이르러서는 '인간이 배우고 익히는 지식'을 가리킬 때가 더 많다. 즉 학문은 지식을 배우고 익히는 '행위'이면서 동시에 배우고 익혀야 할 '지식 자체'를 가리키게 된 것이다.

이런 학문과 가장 밀접한 사람들은 학자들이다. 현대의 모든 학문은 학자들의 연구 결과물인 까닭이다. 그래서 학자들이 학문의 발전을 좌지우지하고 있다.

학자란 '일정한 분야에 대한 전문적인 연구'를 실행하는 사람들이며, 여기서 '일정한 분야'란 곧 '한정된 틀을 가진 지식'을 의미한다. 그렇기에 학자가 연구하는 지식과 학문이란 '틀에 한정된 지식'

일 수밖에 없다.

학자들이 학문을 한정된 틀 속에 가두는 것은 그 분야를 전문화하기 위한 과정이다. 학문의 폭은 너무 넓기 때문에 이를 한정된 틀 속에 가두지 않으면 전문적인 연구가 불가능하기 때문이다. 이는 마치 황무지를 개간하여 바둑판같은 농지를 만드는 작업과 유사하다.

황무지를 농지로 만들기 위해서는 우선 개간 작업이 이뤄져야 하고, 토양의 성질과 주변 자연환경을 고려하여 농지를 조성해야 한다. 또한 농지는 다시 논과 밭으로 구분되고, 논과 밭에는 다시 토양과 환경에 가장 잘 적응할 수 있는 곡식과 채소를 심어야 한다.

황무지를 바둑판 모양의 농지로 변모시키듯 지식을 효율적으로 연구하고 발전시키기 위해 지식을 분야별로 나누는 것이 바로 학문의 분류 작업이다. 그렇게 학자의 손에서 분류된 학문은 크게 인문학, 사회과학, 자연과학 등 세 갈래로 나눌 수 있다. 또한 이 세 갈래의 학문은 다시 전문적인 분야로 세세하게 나뉘어진다.

학문 = 인문학 + 사회과학 + 자연과학

학문의 끝없는 분화 운동

학문은 크게 인문학, 자연과학, 사회과학의 세 갈래로 분류된 뒤에도 끊임없이 분화하여 다양한 학문으로 세분화되었다.

이를 구체적으로 살펴보자면, 첫 번째로 인문학은 인간에 관한 학문으로 인간의 근원적인 문제나 인간의 문화, 인간만이 지닌 자기표현 능력을 바르게 이해하기 위한 문제들을 다루는 영역이다. 그래서 철학, 예술, 역사, 종교, 문학 등으로 세분화된다.

두 번째로 사회과학은 인간과 인간 사이의 관계에서 일어나는 사회 현상과 인간의 사회적 행동을 탐구하는 문제들을 다루는 영역이다. 그래서 인류학, 사회학, 정치학, 경제학, 심리학, 법학, 응용사회과학 등으로 세분화된다. 또한 응용사회과학은 다시 행정학, 경영학, 문헌정보학, 고고학 등으로 분화된다.

세 번째로 자연과학은 자연현상에 대한 이해를 조직화한 지식의 체계로서 흔히 과학으로 불리는 분야다. 이는 대개 수학에 바탕에 두고 있는데, 이를 세분화하면 물리학, 생물학, 화학, 지구과학, 우주과학, 과학학 등으로 분화된다. 여기서 과학학이라 함은 과학을 연구대상으로 하는 모든 학문을 일컫는데, 구체적으로는 과학사, 과학철학, 과학사회학, 과학윤리학, 과학정책학 등이 이에 해당한다. 이는 과학이 단순히 자연현상을 연구하는 차원을 넘어 인문학이나 사회과학과 결부되었다는 사실을 반증한다.

이렇듯 학문을 인문학, 사회과학, 자연과학의 세 갈래로 나누고, 다시 그 속에서 세분화 작업을 거쳤지만, 여전히 포함하지 못하는 학문들도 있다. 특히 현대에 와서 새롭게 형성된 공학이 대표적인 사례다.

공학(工學, Engineering)은 새로운 제품이나 도구를 만드는 것에 대한 학문으로 여기에는 수학과 자연과학은 물론이고 사회과학이나 인문학이 모두 동원된다. 때문에 공학의 영역은 인문학, 사회과학, 자연과학에 모두 대입할 수 있다.

인문학 = 철학 + 역사 + 종교 + 문학 + 예술

사회과학 = 인류학 + 사회학 + 정치학 + 경제학 + 심리학 + 법학 + 응용사회과학

자연과학 = 물리학 + 생물학 + 화학 + 지구과학 + 우주과학 + 과학학

모든 학문의 뿌리
경제

　그렇다면 학문이 세분화되기 이전에 인간은 무엇으로부터 학문을 인지하고 연구하기 시작했을까? 이미 말했듯이 인간의 지식이란 생존의 수단으로 고안된 것이고, 학문은 지식을 축적하고 전달하는 행위 또는 지식 자체를 일컫는다. 따라서 학문이란 근본적으로 생존활동의 일환일 수밖에 없다.

　학문이 생존활동이라면 학문의 뿌리 역시 생존활동에서 찾아야 한다. 인간의 생존활동에 관한 모든 것이 모든 학문의 뿌리가 되기 때문이다. 즉, 다음과 같이 표시할 수 있을 것이다.

'인간의 생존활동에 관한 모든 것'을 의미하는 것

= 모든 학문의 뿌리

우리가 자주 쓰는 용어 중에 '인간의 생존활동에 관한 모든 것'을 의미하는 단어가 있다. 이 용어는 사전에서 다음과 같이 정의된다.

그것은 인간의 공동생활을 위한 물적 기초가 되는 재화와 용역을 생산·분배·소비하는 활동과 그것을 통하여 형성되는 사회관계의 총체다.

이 문장에서 말하는 '그것'은 도대체 무엇일까? 지식의 강에서 허우적거려 본 사람이라면 단번에 답을 안다. 바로 경제다.

그런데 이 문장을 구성하고 있는 용어들이 낯선 사람도 있을 것이다. 특히 재화, 용역, 사회관계의 총체 같은 단어들은 선뜻 눈에 들어오지 않는다. 그래서 이런 사람들을 위해서 문장을 달리 표현하면 다음과 같이 된다.

경제 = 생존활동에 관한 모든 것

그렇다. 경제는 근본적으로 인간의 생존활동에 관한 모든 것이다. 말하자면 경제는 인간이 지구상에 출현한 이래 살아남기 위해 발버둥쳐왔던 모든 행위와 그것에 관한 모든 활동을 가리킨다. 다시 말해, 경제는 모든 학문의 뿌리가 되었던 셈이다.

경제를 조정하는 모든 행위
정치

그러면 학문의 뿌리를 발전시킨 경제와 정치는 어떤 상호작용을 하고 있을까? 다음은 정치에 대한 사전적 의미다.

그것은 한 사회의 가치들을 권위적으로 배분하는 것
또는 국가의 권력을 획득하고 유지하며 행사하는 활동을 일컫는다.

이 문장을 읽고 고개를 갸웃거리는 사람이 제법 있을 것이다. '가치들을 배분한다는 것'이 무엇인지, 그것도 '권위적으로' 배분하는 것은 어떤 규칙에 따라 배분한다는 것인지 선뜻 이해하기 힘들 수 있다. 그래서 그 다음에 좀 더 구체적인 내용으로 '국가의 권력을 획득하고 유지하며 행사하는 활동'이라는 표현을 덧붙이고 있다.

그런데 정치에 대한 이 사전적인 개념만으로는 정치와 경제가 어떤 상호작용을 하는지 제대로 알 수가 없다. 얼핏 보면 정치와 경제는 별개의 영역처럼 인식된다. 하지만 이는 그저 표현의 문제에서 오는 착시현상일 뿐이다.

정치에 대한 앞의 정의에서 '한 사회의 가치들을 배분하는 것'과 '국가의 권력을 획득하고 유지하며 행사하는 활동'이라는 것은 곧 생존활동의 일환이다. 그런데 우리는 앞에서 생존활동에 관한 모든 것을 경제라고 정의했다. 그렇다면 정치와 경제는 동일한 개념일까? 사실, 정치와 경제는 떼려야 뗄 수 없는 불가분의 관계에 있다. 아니, 경제 없이는 정치가 성립되지 않기에 경제는 정치의 필수 조건일 수밖에 없다. 따라서 정치는 다음과 같이 좀 더 간단하게 정의할 수 있다.

정치 = 경제를 조정하기 위한 모든 행위

그렇다. 정치는 경제와 동떨어진 것이 아닌, 경제를 조정하는 행위와 그와 관련된 모든 것을 의미한다. 그리고 '사회의 가치를 배분하는 것'이나 '국가의 권력을 획득하고 유지하며 행사하는 활동'은 경제를 조정하기 위한 수단일 뿐이다. 국가, 제도, 법 등도 마찬가지다.

이처럼 정치가 경제를 조정하기 위한 모든 행위라면 경제는 당연히 정치와 분리될 수 없는 한 몸이다. 이는 정치와 경제를 동시에 이해해야 한다는 뜻이다.

정치 실현의 가장 요긴한 도구
국가

국가란 무엇인가?

이미 밝혔듯이 정치란 '경제를 조정하는 모든 행위'이다. 인류는
이를 실현하기 위해 집단을 만들고, 이 집단 속에 경제를 조정하기
위한 갖가지 장치를 마련하여 정치 실현의 도구로 삼았다. 우리는 정
치 실현을 위한 도구 가운데 가장 발전된 형태를 국가라고 부른다.
따라서 정치는 국가라는 도구를 바탕으로 사용할 때 가장 원활하게
실현될 수 있다. 도구란 근본적으로 효율성과 능률성을 높이기 위해

마련된 것이므로 고도화된 정치를 이해하기 위해서는 국가 속에서 정치를 이해해야 한다는 것이다.

물론 국가 없이도 정치는 가능하다. 이는 곧 국가가 없던 시대에도 정치가 있었다는 의미이기도 하다. 이른바 원시시대에는 국가라는 효율적인 정치 도구가 필요하지 않았다. 정치의 목적이 경제를 조정하는 것인데, 그다지 조정할 만한 경제 현상이 많지 않았던 것이다. 그래서 이 시대의 정치는 단순할 수밖에 없었다. 기껏해야 채집이나 수렵 공간의 범위를 조정하거나 숲을 지키기 위한 공격 또는 방어 행위를 결정하는 정도에 그쳤다.

미국의 민족학자 모건(Lewis Henry Morgan)의 사회발전 단계론에 따르면 국가의 발생 이전에 인류사회는 '씨족 – 포족 – 부족 – 부족 연합체'의 순서로 발전했다고 한다.

여기서 씨족이란 모계 또는 부계 중심의 혈통으로 맺어진 집단을 의미하고, 포족이란 동일 조상에서 발생한 여러 씨족의 무리를 가리킨다. 그리고 부족이란 같은 혈통을 가지고 있으면서 일정한 지역에서 거주하고, 공통의 언어와 문화, 전통을 가진 포족 연합체를 일컫는다. 그런데 간혹 언어를 달리하면서도 같은 부족에 속한 경우도 있기 때문에 일부 학자들은 부족 대신에 민족이라는 용어를 쓴다. 또한 부족 연합체란 말 그대로 여러 부족이 연합하여 일정한 지역을 공유하는 집단인데, 사실 이 부족 연합체를 대개 부족국가라고 일컫는다.

하지만 모건이 생각하는 국가는 부족 연합체와는 성격이 다르다. 부족 연합체 단계까지는 혈연에 바탕을 두고 성립하지만, 국가는 혈연성이 배제되고 영토와 재산이라는 새로운 물질적 요소에 기반한 2차적 사회관계에 의해 확립된다고 보았다. 그런 의미에서 국가는 영토를 매개로 구성원들의 계약 관계에 의해 성립된 사회 집단인 셈이다. 그리고 이러한 계약 개념이 도입되면서 본격적으로 정치라는 개념이 발생한다. 따라서 정치활동은 국가의 발생과 더불어 본격적으로 이뤄진 셈이다.

이렇듯 부족 집단으로 발전하지 못했던 원시시대에는 정치의 역할이 크지 않았지만 국가가 등장한 이후 정치의 비중은 크고 중요해졌다. 그래서 정치의 개념에 제대로 접근하기 위해서는 반드시 국가에 대한 이해가 선행되어야 한다.

정치와 국가의 관계는 매매와 시장의 관계와 흡사하다. 시장은 물건을 매매하기 위한 도구적 차원에서 마련된 것이지만 물건을 제대로 매매하기 위해서는 시장의 원리를 먼저 알아야 한다. 이처럼 정치에 대해 제대로 이해하기 위해서는 국가에 대한 이해가 필수다.

그렇다면 국가란 무엇인가? 국가의 사전적 의미는 다음과 같다.

국가는 일정한 영토를 보유한 사람들로 구성된
주권을 가진 집단을 일컫는다.

국가를 이루는 3대 요소를 '영토, 국민, 주권'이라고 정의하는 것은 이 때문이다. 여기서 말하는 주권이란 '국가의 의사를 최종적으로 결정하는 권력'을 의미하는데, 그렇다면 국가를 이루기 위해서는 반드시 국가의 구성원은 물론이고 외부 세력으로부터 영토와 국민을 보호할 힘을 가진 권력이 필요하다는 뜻이다.

권력이란 타인을 자신의 뜻대로 움직이거나 지배할 수 있는 공인된 힘을 의미하는데, 국가 구성원 전체를 대상으로 권력을 행사하는 것을 국가 권력이라고 한다. 이 국가 권력은 흔히 입법권, 사법권, 행정권 등의 삼권으로 분류한다. 그리고 이 삼권이 어디에서 나오느냐에 따라 국가의 틀이 달라진다. 삼권이 왕 한 사람으로부터 나오면 군주국가, 국민으로부터 나오면 민주국가라고 한다. 또한 이 국가의 틀에 따라 군주정치와 민주정치로 구분된다.

역사 진행 과정을 보면 신석기시대 농업혁명 이후의 국가 형태는 대부분 군주국가였다. 그리고 18세기 산업혁명 이후가 되면 유럽을 시작으로 대다수가 민주국가(공화제국가)로 전환되어 현대까지 이어졌다(공화제란 국가 권력을 둘 이상의 사람 또는 세력이 나누는 정치 제도다). 이렇듯 국가의 틀은 군주국가와 민주국가의 두 가지로 구분되며, 따라서 정치도 군주정치와 민주정치의 두 가지 형태를 벗어날 수 없었다.

국가 형태의 변천 과정

국가 형태는 역사적으로 군주국가와 민주국가(공화제국가)의 두 종류밖에 없었지만, 시대 상황과 국가의 정치 환경에 따라 그 틀은 조금씩 차이를 보였다.

우선 군주국가부터 살펴보자. 우리는 군주국가라고 하면 항상 동일한 틀을 가지고 있다고 생각한다. 하지만 군주국가도 역사의 발전 과정에 따라 다소 다른 틀을 형성했다. 혈연으로 맺어진 부족의 개념을 초월하여 영토를 매개로 한 국가라는 개념이 처음 형성된 시기는 농업시대 초기였다. 이때 대부분의 국가는 도시국가였다. 이들 도시국가들은 대부분 강 주변, 특히 하류지역에 형성되었다. 강 하류지역은 범람원에 의한 넓은 평야가 있었고, 그 평야에서 농사를 짓기 위해 찾아든 사람들이 형성한 국가가 바로 도시국가였다.

최초의 국가 형태인 도시국가들은 서로 영토가 맞닿은 경우가 드물었다. 당시 도시는 대개 강 하류에 형성되었고, 강들은 대개 멀리 떨어져 있었기 때문에 서로 다툴 일이 별로 없었다.

하지만 인구가 늘어나고 동시에 경작지가 확대되면서 도시국가들의 국경은 점점 가까워지기 시작했다. 이때부터 본격적으로 도시국가들은 농지 확대를 위한 영토 전쟁을 시작했고, 그 전쟁의 여파로 강국이 약소국을 병합하여 영토를 확장해 나갔다.

하지만 도시국가 시절에는 확연한 강자가 존재하지 않았다. 그래서 대다수의 국가들은 서로 연맹을 형성하여 타국의 침략에 대항했다. 이렇게 해서 탄생한 것이 도시 국가 이후의 단계인 소국연맹국가이다.

그런데 시간이 흐르면서 소국연맹국가 일부에서 새로운 시도를 하는 왕들이 나타났다. 연맹에 가담한 회원국들을 병합하여 중앙집권화를 꾀한 왕들이 그들이었다. 이런 중앙집권국가들은 연맹국가로 남아 있던 국가들을 차례로 병합하여 대국을 이뤘고, 대국들이 다시 충돌하여 황제가 지배하는 대제국을 일궜던 것이다. 이후 대제국은 다시 분열되어 여러 개의 중앙집권국가로 나뉘고, 이것이 다시 결합되어 대제국이 건설된다. 이후로 분열과 병합이 반복되는 양상을 띤다.

이런 군주국가는 신석기시대 이후 약 1만 년 동안 지속되다가 산업혁명 이후 왕권이 약화되고 시민계급이 성장함에 따라 시장경제의 영향으로 대부분 공화제의 민주국가로 변모한다. 민주국가로 전환되지 않은 나라도 입헌군주제나 선거군주제를 실시함으로써 민주국가의 영역으로 편입된다. 또 민주국가는 경제 운용 체제에 따라 다시 자본주의국가와 사회주의(공산주의)국가로 나누어진다.

민주국가의
양대 체계

자본주의와 사회주의

그렇다면 현대 민주주의의 양대 체제인 자본주의와 사회주의는
무엇이며, 어떻게 탄생하고 변모해왔는지 살펴보자.

자본주의와 사회주의의 가장 큰 차이는 경제의 중심인 시장의 관
리 주체가 무엇인가 하는 것이다. 자본주의는 시장의 관리를 시장의
원리에 맡겨두는 시장경제 체제를 기본으로 하고, 사회주의는 시장
의 관리를 국가 또는 사회단체가 맡는 계획경제 체제를 기본으로 하

고 있다. 따라서 시장경제 체제에서는 생존에 필요한 생산품과 생산
수단을 모두 사유화하는 것을 원칙으로 하지만, 계획경제 체제에서
는 시장과 수요에 대한 관리를 위해 생산품의 개인 소유는 인정하되
생산수단의 사유화는 인정하지 않는다.

여기서 생산수단이란 곧 농산물을 생산하는 땅이나 공산품을 생
산하는 공장 또는 공장을 소유한 기업 등을 의미하며 생산품이란 의
식주에 필요한 모든 물품을 의미한다. 예컨대 의류공장에서 생산되
는 옷은 생산품에 해당하고 의류공장은 생산수단에 해당되는 셈이
다. 이를 자본주의와 사회주의에 대입하면 자본주의에서는 의류공
장과 옷을 모두 개인이 소유할 수 있는 데 반해 사회주의에서는 개
인이 옷은 소유할 수 있지만 의류공장은 소유하지 못하는 것이다.

그러면 자본주의와 사회주의는 언제 어떻게 탄생했을까?

[자본주의 VS 사회주의]

자본주의와 사회주의 중에 먼저 태어난 쪽은 자본주의였다. 자본주의는 군주국가의 몰락과 함께 시작되었다. 군주국가에서는 국가의 모든 재산을 군주가 소유하는 것을 원칙으로 삼았기에 모든 국민이 군주로부터 재산을 위임받는 형태였다. 하지만 산업혁명 이후 공업화가 진척되고 시장이 팽창하여 자본가가 늘어나면서 시민들의 힘이 강화되었고, 그것은 결국 군주의 힘을 약화시키는 결과를 낳았다. 이후 시민들의 힘이 꾸준히 강화된 끝에 군주제는 무너지고 민주제가 성립되었고, 동시에 자본주의 국가가 태동하였다.

이런 자본주의 성립에 획기적 공헌을 한 사상가들은 18~19세기 유럽의 고전파 경제학자들이었다. 영국의 경험론 철학을 발전시킨 데이비드 흄을 필두로 애덤 스미스, 데이비드 리카도, 장바티스트 세, 존 스튜어트 밀과 같은 고전파 경제학자들은 재화의 생산, 분배, 교환에 대한 모든 것을 시장의 자유에 맡겨야 한다고 주장함으로써 자본주의 사상의 핵심인 시장경제주의의 토대를 닦았다. 특히 애덤 스미스는 자본주의 사상의 핵심을 담고 있는 『국부론』을 집필하여 시장은 '보이지 않는 손'에 의한 자유로운 질서 속에 있어야 한다고 했는데, 이는 자본주의의 근간이 되었다.

애덤 스미스의 '보이지 않는 손'이란 곧 공급과 수요에 대한 시장의 자율 기능을 의미한다. 말하자면 애덤 스미스는 공급과 수요의 분배를 위해 굳이 국가가 개입하지 않아도 시장 스스로 자정 능력이 있다고 믿었던 것이다.

하지만 이런 자본주의는 빈부격차를 심화시켜 부익부 빈익빈 현상을 일으켰다. 그 때문에 자본가는 나날이 부가 늘어나고 노동자는 나날이 굶주리며 가난이 심화되는 상황이 전개되었다. 그러자 이러한 자본주의의 병폐를 비판하는 새로운 사상이 등장하였다. 바로 사회주의 또는 공산주의로 불리는 칼 마르크스의 사상이었다.

마르크스는 『자본론』을 집필하여 '시장의 보이지 않는 손은 정부의 보이는 주먹에 의해 유지된다'며 애덤 스미스의 이론을 강하게 비판했다. 그는 자본주의를 자본가들로 하여금 합법적으로 노동자의 고혈을 짜내는 사회악의 뿌리라고 규정했다. 그는 또 자본주의 체제에서는 자본가인 부르주아지와 노동자인 프롤레타리아 두 계급만 존재하며, 이 속에서의 자유란 오직 부르주아지의 재산권의 자유일 뿐 노동자에게는 일하지 않으면 굶주릴 자유에 불과하다고 질타했다. 그러면서 그는 사회의 발전단계를 다음의 5단계로 설정했다.

시장에 맡겨 두면 보이지 않는 손이 다 알아서 해결한다니까!?

그건 자본가만 잘 먹고 잘 살겠다는 뜻이지.

[자본주의 VS 사회주의]

원시 공산사회 - 고대 노예제사회 - 중세 봉건제사회 - 근대 자본주의 - 공산주의사회

그의 이런 논리는 변증법적 유물론에 의한 역사관에서 비롯되었다. 그의 변증법적 유물론에 의하면 인류 역사는 생산수단을 가진 자와 못 가진 자, 즉 자본가와 프롤레타리아 두 계급에 의한 투쟁의 역사로 규정된다. 이런 투쟁의 역사는 사유재산 제도의 도입으로부터 시작되었다고 그는 주장한다. 말하자면 원시 공산사회에서는 사유재산 제도가 없었기에 계급이나 투쟁이 없었는데, 고대 노예제 사회에서 사유재산 제도가 생기면서 계급이 발생했다는 것이다. 이후 인류는 중세와 근대를 거치며 빈부 차이가 극에 달했고, 그 극단이 바로 자본주의라고 주장한다. 그런데 자본주의는 자체적인 모순에 의해 무너지고 프롤레타리아 혁명에 의해 공산주의 사회로 나아가게 된다는 것이다.

이런 마르크스 이론은 물론 자본주의의 병폐에 의해 나타난 일종의 이상론이다. 19세기 당시 유럽사회는 엄청난 빈부 차이가 현실로 나타난 상태였고, 이에 대한 하층민의 불만이 크게 고조되어 있었다. 그런 까닭에 당시 사람들은 마르크스 이론을 옹호했고, 그의 이론은 유럽 각지로 전파되었다. 하지만 마르크스의 예측과 달리 자본주의 국가들이 내부 모순에 의해 몰락하는 현상은 일어나지 않았다. 대신 후진 농업국가였던 북유럽의 러시아에서 레닌의 주도로 사회주의 혁명이 일어났고, 결국 공산주의를 기치로 내건 소비에트 연

방이 탄생했다. 이후로 농업국가를 중심으로 공산주의를 표방한 소비에트 국가는 지속적으로 늘어났다. 특히 동유럽과 아시아에서 소비에트는 큰 호응을 얻었다. 이는 결국 제2차 세계대전 이후에 세계가 자본주의와 사회주의로 양분되어 대립하는 냉전시대를 낳는다.

냉전시대는 제2차 세계대전 이후부터 1991년까지 지속된다. 이 기간 동안 자본주의의 맹주인 미국과 사회주의의 맹주인 소련은 동맹국들을 거느리고 갈등과 긴장, 경쟁을 지속한다. 하지만 1991년에 소련이 붕괴되면서 냉전시대는 종식되었다.

소련의 붕괴는 그들의 사회주의가 전체주의의 틀에 갇히면서 발전의 한계성을 노출한 결과였다. 결국, 자본주의와 사회주의 경쟁은 자본주의의 승리로 끝난 셈이었다. 그렇다고 자본주의 체제가 모두 좋기만 한 것은 아니었다. 마르크스의 예언대로 자본주의는 자체 모순에 시달리며 여러 차례의 위기에 봉착했고, 그 과정에서 결국 자본주의에도 손질이 가해졌다. 그것이 곧 수정자본주의다.

수정자본주의란?

자본주의 체제의 가장 큰 위기는 1929년에 미국에서 시작된 대공황 사태였다. 당시 미국은 컨베이어시스템, 즉 동일제품 대량생산방식을 도입하여 대량생산 구조를 확립했는데, 이 때문에 공급량이 넘쳐났고, 결국 공급과잉으로 공산품 가격이 폭락하는 사태에 직면했다. 이후 공장들의 파산 사태가 이어졌고, 결국 엄청난 실업자가 양산되었다. 이런 미국의 경제몰락의 여파는 순식간에 유럽으로 확산되었고, 급기야 세계 경제 대공황으로 치달았던 것이다.

미국발 경제 대공황 사건은 프랑스 경제학자 장바티스트 세(Jean-Baptiste Say, 1767~1832년)에 의해 제시된 '세의 법칙'을 무참하게 무너뜨렸다. 고전파 경제학자의 대표주자 가운데 하나인 장바티스트 세는 '공급은 스스로 수요를 창출한다'라며 공급을 늘리는 것이 곧 경제 성장이라고 주장했다. 그래서 당시 기업들은 이 법칙을 굳게 믿고 공급 늘리기에 혈안이 되어 대량생산 구조를 확립했는데, 그것이 결국 독약이 되어 대공황으로 이어졌던 것이다.

대공황 이후 미국을 비롯한 유럽 각국들은 시장에 적극적으로 개입하기 시작했다. 그래서 공급을 조절하고 실업자 구제를 위한 산업을 진행하는 등 경제를 시장의 원리에만 맡겨두지 않았다.

시장에만 맡겨두면 안돼!
정부가 적절히 개입해야
시장이 제대로 돌아간다고!

[케인스 이론]

이런 문제를 타개하기 위한 경제이론을 주창한 인물은 영국의 경제학자 존 메이너드 케인스였다. 그는 시장주의 경제이론을 강하게 비판하면서 경기 불황과 실업 등 경제 악재가 등장할 때는 정부가 적극적으로 국가재정을 활용해야 한다고 주장했다. 이런 그의 경제이론은 미국 및 유럽 국가들에 의해 채택되어 1960년대까지 경제 정책의 중심이 된다. 이것이 이른바 수정자본주의 또는 후기 자본주의다.

수정자본주의란 자본주의의 시장경제 정책에 사회주의의 계획경제 정책을 일부 도입함으로써 자본주의의 본질을 수정했다는 뜻으로 쓰인 용어이고, 후기 자본주의란 18세기에 발생한 자본주의를 전기 자본주의라고 규정하고 이에 대한 대비적 개념으로 쓴 용어다.

사회개량주의와 신자유주의

이렇듯 자본주의 사회의 한쪽에서 수정자본주의가 등장하고 있을 때, 사회주의 내부에서도 일종의 수정사회주의인 사회개량주의가 등장했다. 이 사상은 혁명주의를 배격하고 자본주의 체제를 유지한 상태에서 점차적으로 사회개량을 추구하여 이상적인 사회를 구현할 수 있다는 이론이다.

사회개량주의 핵심 = 자본주의 체제 유지, 혁명 배격, 이상사회 건설

사회개량주의는 19세기 독일의 정치 사상가였던 페르디난트 라살에 의해 처음 마련되었는데, 이후 경제학자이자 마르크스 이론가였던 카를 카우츠키에게 전승되어 정립된 이론이다. 이 이론은 근본적으로 마르크스의 자본주의 붕괴론을 거부한다. 때문에 마르크스주의자들은 카우츠키에 대해 배신자, 반역자 등의 표현을 쓰며 사회개량주의를 매우 비난했다. 심지어 러시아의 혁명가 블라디미르 레닌은 자신의 저서 제목을 『프롤레타리아 혁명과 배신자 카우츠키』라고 붙이기도 했다. 그는 또 카우츠키에 대해 '반역도당 카우츠키', '배신자 카우츠키', '종파주의 카우츠키' 등으로 부르기까지 했다. 그만큼 마르크스주의자들은 사회개량주의자들을 경계하고 적대시했던 것이다.

하지만 사회개량주의는 유럽사회를 한층 발전된 사회로 진전시키는 데 큰 역할을 했다. 유럽의 사회개량주의자들은 의회주의 아래에서 사회주의 체제를 성취해내는 데 주력했고, 덕분에 독일을 비롯한 영국, 프랑스 등 서유럽과 스웨덴, 핀란드 등 북유럽의 사회 복지정책의 발전에 크게 기여했다. 이러한 사회개량주의는 유럽 이외의 지역으로 흘러들면서 대개 사회개혁주의 노선을 형성했다.

이런 상황에서 소련이 붕괴되고 냉전시대가 끝났다. 그러자 신자유주의 열풍이 거세게 몰아쳤다. 신자유주의 이론가들은 케인스의 수정자본주의가 불황을 불러일으켰다면서 수정자본주의를 폐기할 것을 주장했다.

신자유주의 이론이 처음 생긴 것은 대공황이 발생하기 직전인

1920년대였지만, 이 이론이 부각된 것은 오일쇼크로 전 세계에 불황이 닥쳤던 1970년대였고, 실제로 전 세계가 그 영향력 속에 완전히 빨려 들어간 것은 1995년 세계무역기구가 창설된 이후였다.

신자유주의의 핵심은 세계화와 적자생존이다. 이는 정부의 역할을 최소화하고 세계 무역시장을 시장의 자율에 맡겨두면 적자생존의 원리에 따라 경제 성장이 지속될 수 있다는 내용이다.

신자유주의 = 세계화 + 적자생존

하지만 이럴 경우 강자만 살아남는 문제점이 발생한다. 대부분의 시장이 강대국의 거대 자본에 종속되는 결과를 낳기 때문이다. 그럼에도 강대국을 중심으로 신자유주의는 팽창을 거듭하고 있다. 이것이 신자유주의자들이 주장하는 적자생존의 원리에 부합하기 때문이다. 그 강대국들은 신자유주의를 합리화하고 강자 중심의 경제생태계를 확산시키기 위한 국제적인 도구도 만들었다. 바로 세계무역기구(WTO)가 그 도구이다.

민주국가의
세 가지 정부 형태

민주국가의 정부 형태

국가 형태와 체제를 살펴보았으니, 이제 민주국가의 정부 형태에 대해 알아보자. 앞서 언급했듯이 국가의 3대 요소는 영토, 국민, 주권이고, 주권은 곧 국가 권력을 의미하며, 국가 권력은 입법권, 사법권, 행정권의 삼권으로 나눠진다. 이 삼권을 행사하는 부서를 입법부, 사법부, 행정부라고 하며, 이를 통칭하여 정부(Government)라고 한다.

정부의 형태는 정부의 성립, 존속, 조직 등에 대한 시스템을 말하는 것으로 대개 행정부와 입법부 간의 관계를 기준으로 대통령중심제, 내각책임제, 이원집정부제의 세 가지로 분류한다. 이 세 가지 외에도 전제군주국이나 일당제 사회주의, 또는 이원집정부제는 아니면서 대통령제와 내각제의 절충형을 택하는 나라들도 다수 있다. 하지만 대개는 대통령중심제, 내각책임제, 이원집정부제의 틀 안에서 정부를 구성하고 있다.

이 세 가지 정부 형태의 핵심은 누가 중심이 되어 국가 권력을 행사하는 행정부를 꾸리느냐에 달려 있다. 대통령이 행정부를 꾸리면 대통령중심제, 의회의 다수당이 행정부를 꾸리면 의원내각제, 이 두 가지 형태를 절충하면 이원집정부제가 되는 것이다. 그렇다면 이 세 가지 정부 형태에 대해 조금 더 상세하게 알아보자.

대통령중심제

대통령중심제는 말 그대로 대통령이 국가원수의 권한과 정부수반의 권한을 모두 갖는 정부 형태인데, 미국 정부가 대표적이다. 말하자면 호랑이 한 마리가 전체 골짜기를 지배하는 구조인 셈이다. 다만 권력의 독점을 막기 위해 입법부, 사법부, 행정부의 영역을 엄격히 구분해야 한다는 삼권분립 사상에 기초하고 있다. 대통령의 힘이 너무 크기 때문에 의회와 법원에서 이를 견제하는 형태를 띠고 있는 것이다.

예컨대 대통령의 임기와 인사권은 보장되지만 전쟁이나 예산 결정 등의 중요 사안에 대해서는 의회의 승인을 얻어야 하고, 대통령이든 국회의원이든 법을 위반하면 법원에 의해 처벌을 받는다.

대통령중심제의 장단점을 살펴보자면, 우선 장점으로는 대통령의 임기가 보장되므로 정국이 안정되고, 장기적이고 계획적인 정책을 펼칠 수 있으며, 권한 행사에 일관성을 유지할 수 있다. 하지만 단점도 만만치 않다. 우선 의회에서 대통령의 권한을 철회하는 불신임권(不信任權)이 없기 때문에 대통령이 무능해도 해임할 방법이 없고, 승자독식 구조라 정쟁 간의 다툼이 극렬하며, 독재자가 출현할 가능성이 매우 높다.

실제로 민주정치가 발전하지 못한 후진국에서는 대통령제가 독재로 이어진 경우가 많다. 그리고 의회 권력이 야당에 있는 여소야대 형국일 경우 야당의 국정 발목잡기가 심화되는 문제점도 있다. 이를 분점정부(分店政府)라고 하는데, 분점정부 상황에서는 대통령의 국정 수행이 제대로 이뤄지기 힘들다.

장점 – 정국 안정에 유리, 권한 행사의 일관성
단점 – 대통령 무능 시 해결책 모호, 독재자 출현 가능성 높음, 야당의 국정 발목잡기 만연

현재 대통령중심제를 채택하고 있는 나라는 미국을 비롯하여 68개국인데, 이 68개국 가운데 순수 대통령중심제인 나라는 49개국이

고 변형 대통령중심제를 채택하고 있는 나라는 19개국이다. 한국은 현재 대통령제 아래 총리를 두는 변형 대통령중심제를 채택하고 있다.

내각책임제

내각책임제는 의원내각제 또는 내각의원제라고 부르기도 한다. 내각책임제는 공화제 아래의 내각책임제와 군주제 아래의 내각책임제로 구분된다. 영국이나 독일 정부가 대표적이다.

내각책임제의 가장 큰 특징은 국가원수와 행정부 수반이 분리되어 있다는 점이다. 국가원수의 권한은 대통령(공화제) 또는 군주(군주제)가 가지고, 행정부 수반은 총리가 가지는 형태다. 물론 실질적 권한은 총리에게 있고, 대통령이나 군주는 형식상의 국가원수일 따름이다. 말하자면 이빨 빠진 늙은 호랑이를 우두머리로 내세우되 실질적으로는 젊은 호랑이가 무리를 지배하는 구조인 셈이다.

내각책임제의 가장 큰 특징은 의회가 중심이 되어 행정부를 꾸린다는 점이다. 물론 행정부 수반인 총리도 의회에서 선출한다. 때문에 의회는 총리를 견제하기 위해 불신임권을 갖는다. 언제든지 총리에 대한 신임을 철회하는 방식으로 해임할 수 있다는 것이다.

이렇듯 의회의 힘에 의해 정부가 형성되기에 대개는 과반 의석을 차지한 정당에서 총리가 나온다. 하지만 과반을 한 정당이 없을 경우 정당이 연합하여 과반 의석을 이룬 후 정부를 구성하고 총리를 세운다. 이런 정부를 연립정부라고 한다. 유럽의 독일이나 스웨덴, 네덜란드 등은 다당제가 정착되어 있는 까닭에 대개 연립정부가 들어서고 있다.

내각제의 가장 큰 장점은 무능력하거나 국민들의 지지를 잃을 경우, 발 빠르게 대응할 수 있는 점이다. 내각이 불신임권을 행사하여 언제든지 총리를 해임할 수 있기 때문이다. 또 내각의 입장에서도 의회의 의석 구도가 민심과 동떨어져 있다고 판단될 경우 의회를 해산하고 총선을 실시할 수 있다. 이는 대통령제의 의회가 기능을 상실하거나 신임을 잃더라도 다음 총선 때까지 기다려야만 하는 점과 확실히 다른 부분이다.

하지만 내각책임제의 단점도 만만치 않다. 우선 정당 간 이합집산이 잦을 경우 정국이 불안정해지기 십상이고, 정당의 난립으로 연정이 잦을 경우 무정부 상태가 지속될 수 있다. 그리고 대개 여당의 의원수가 야당과 무소속 의원수보다 많은 여대야소(與大野小) 상황에서 의회와 정부가 한 몸이기 때문에 정부에 대한 야당의 견제 기능이 약할 수밖에 없다. 게다가 국가원수와 행정부 수반이 다르기 때문에 권한 행사에 있어 일관성이 유지될 수 없다는 점도 문제가 될 수 있다.

장점 - 국민 여론에 따른 발 빠른 대응
단점 - 이합집산에 따른 정국 불안, 야당의 견제 기능 한계

내각책임제가 유럽에서 발생한 만큼 영국, 독일, 네덜란드, 스웨덴, 덴마크, 벨기에, 스페인, 이탈리아 등 유럽의 대다수 국가는 이 제도를 취하고 있다. 다만 프랑스는 대통령 중심의 이원집정부제를 채택하고 있다. 그리고 아시아에서는 영국의 영향을 받은 일본, 인도 등이 대표적인 내각책임제 국가이다.

한국은 1960년 4·19 이후 잠시 내각책임제가 실시되었으나 5·16 쿠데타로 인해 헌법이 개정되면서 대통령중심제로 돌아갔다.

이원집정부제

이원집정부제는 대통령중심제와 의원내각제를 절충한 정부 형태다. 행정부와 입법부의 선거가 분리되어 실시되는 면은 대통령중심제와 동일하지만, 대통령이 임명한 내각이 의회의 신임과 불신임의 대상이 된다는 측면에서는 내각책임제의 성격을 띠고 있다. 이 때문에 혼합정부제라고 표현하기도 하는데, 프랑스 정부가 대표적이다.

대개 이원집정부제에서는 대통령은 국민이 선출하고, 총리는 의회에서 선출한다. 또 대통령은 총리임명권과 의회해산권이 있고, 의회는 내각 불신임권은 있으나 대통령에 대한 불신임권은 없다. 그래서 국가원수의 권한은 대통령에게 있고, 행정부 수반의 권한은 대통령과 총리가 나눠 갖는다. 말하자면 같은 골짜기에 호랑이 두 마리가 동거하는 형국인 셈이다. 덕분에 대통령이 권력을 독점하는 문제를 막을 수 있다는 장점이 있다. 하지만 대통령과 총리가 권력다툼을 벌일 수 있다는 것이 단점으로 지적된다.

장점 – 권력 독점 방지
단점 – 대통령과 총리의 권력다툼 발생 가능성 높음

그렇다면 이원집정부제에서는 대통령과 총리가 행정권을 어떤 식으로 나누어 담당하고 있을까? 일반적으로는 외교와 국방은 대통령이 담당하고, 나머지는 총리가 담당하는 형태다. 하지만 다른 경우도 있다. 평상시에는 총리가 행정권을 행사하다가 비상시에는 대통령이 행정권을 전적으로 행사하는 경우도 있기 때문이다.

이런 까닭에 이원집정부제에 대해 부르는 명칭도 다양하다. 반대통령제, 준대통령제, 분권형 대통령제, 이원정부제, 쌍두정부, 혼합정부, 권력 분산형 대통령제, 권력 분산형 의원내각제, 이원집행권제, 이원적 의회주의, 대통령적 의회주의, 의회주의적 대통령제, 반의원내각제, 반의회제 등 학자마다 제각기 다른 이름으로 부르고 있다.

현재 이원집정부제를 채택하고 있는 나라는 29개국인데, 유럽에서는 프랑스를 필두로 포르투갈, 러시아, 루마니아 등이 있고, 아프리카에서는 이집트, 콩고 민주공화국, 알제리 등이 있으며, 아시아에서는 중국, 몽골 등이 있다.

국가 운영의 원동력
재정

국가재정의 잔혹성

국가는 본질적으로 정치를 위한 도구적 차원에서 고안된 인위적인 사회 장치이다. 또한 정치는 경제를 조정하는 행위다. 때문에 국가는 경제를 조정하기 위한 도구다. 그런데 이 경제 조정 도구인 국가는 저절로 굴러가지 않는다. 말하자면 국가에도 동력이 필요한데 그 동력이 바로 재정, 곧 돈이다.

그런데 이 돈을 마련하는 일은 결코 만만치 않다. 돈이란 본질적으로 식량의 대체품이기 때문에 어느 누구도 쉽게 돈을 내놓으려 하지 않는 까닭이다. 그래서 국가는 돈을 마련하기 위해 때로는 매우 잔혹한 행위들을 저질러왔다. 말하자면 국가재정은 항상 잔혹성을 동반한다는 뜻이다.

그러고 보면 인류 역사 속에는, 국가의 동력인 재정을 마련하기 위해 잔혹한 일을 서슴지 않은 권력자들이 많았다. 600만 유대인을 학살한 히틀러도 그중 한 사람이었다.

아돌프 히틀러는 도대체 무엇 때문에 그 많은 유대인들을 학살했을까? 정말 아리아인의 우월성을 유지하기 위함이었을까?

사실, 히틀러가 유대인을 학살한 이유는 단순했다. 바로 돈 때문이었다. 히틀러가 독일의 정권을 잡은 것은 대공황 이후였다. 당시 독일은 경제적으로 깊은 수렁에 빠져 있었다. 대공황의 여파로 공장들은 연일 문을 닫고 숱한 기업들이 도산했으며, 실업자는 날로 늘어나 600만 명을 넘어선 상태였다. 극우 민족주의 정당인 나치의 당수였던 히틀러는 독일 국민들의 그런 경제적 고통을 기회 삼아 정권을 잡는 데 성공했다.

이후 그는 독일 경제가 회복하기 위해서는 주변국을 병합하여 강국으로 성장해야 한다는 논리를 바탕으로 전쟁을 준비했다. 그런데 막상 전쟁 준비에 돌입해보니, 재정이 부족했다. 이 재정을 메우기 위해 히틀러는 유대인 말살 계획을 세웠다. 이 계획의 목적은 유대인의 재산을 압류하여 전쟁 비용을 충당하는 것이었다. 그래서 히틀러와 나치는 아리아인이 지배해야 할 세상에서 유대인들이 걸림돌이 될 뿐 아니라 그들은 반동을 일으켜 아리아인의 지배를 방해할 것이라는 말을 만들어 독일 전역에 퍼뜨렸다. 이후 독일인들은 유대인들을 증오하고 멸시하였고, 이런 현상을 기반으로 히틀러는 모든 국가 기관과 기업들을 동원하여 유대인을 핍박했다. 독일 기업들은 유대인 노동자를 해고하고 유대인 주주들의 권리를 박탈하였고, 정부는 유대인의 시민권을 박탈하고 재산을 몰수했으며, 은행은 비공개 계좌을 통해 유대인 학살 피해자들에게 갈취한 재산을 세탁했다. 그리고 막상 전쟁이 시작되자, 유대인과 슬라브족에 대한 대대적인 학살을 감행했다. 그 결과, 유럽에 있던 900만 명의 유대인 중 600만 명을 학살하고, 그것도 모자라 슬라브족을 비롯한 집시와 반정부 인사, 전쟁 포로 등 500만 명을 학살함으로써 약 1,100만 명의 희생자를 낳았다.

히틀러는 겉으로는 민족주의를 운운했지만, 정작 그가 필요했던 것은 유대인들의 재산이었다. 독일 국민을 기만하고 선동했던 모든 미사여구들이 실제로는 유대인의 돈을 갈취하기 위한 수작에서 비롯된 것이었다.

이렇듯 돈 때문에 무고한 사람들을 핍박하는 행태는 우리 역사에서도 찾아볼 수 있다. 조선의 설계자로 불리는 정도전이 『불씨잡변』이라는 책을 통해 불교에 대한 엄청난 비판을 쏟아부은 사건도 그 속내를 들여다보면 돈 문제였다.

정도전은 『불씨잡변』을 통해 불교의 윤회설과 인과설, 자비설, 지옥설 등을 조목조목 비판하며 불교가 민심을 현혹시키는 사교이며 마귀의 종교라고 규정했다. 그래서 조선 땅에서 불교를 완전히 몰아내야 한다고 주장했는데, 그의 이런 주장 이면엔 불교가 가진 재산을 갈취하려는 계획이 숨어 있었다.

당시 조선은 이성계의 무력에 의존하여 건국되었지만, 막상 건국 후엔 조정을 운영할 재정이 태부족했다. 정도전은 이 부족한 재정을 메울 방도로 불교사찰의 재산을 국가가 몰수하는 계획을 세웠다. 그래서 그에 대한 기초 작업으로 『불씨잡변』을 통해 불교를 사악한 종교로 몰아갔던 것이다.

하지만 태조 이성계는 불교 신자였기 때문에 불교에 대한 대대적인 핍박정책을 시행하지 못했다. 정도전은 누차에 걸쳐 불교의 재산을 몰수해야 한다고 주장했지만 태조는 쉽게 받아들이지 않았다.

정작 정도전의 주장을 받아들인 인물은 그와 정적 관계에 있던 태종 이방원이었다. 태종은 정도전을 제거하고 왕위를 차지하자, 불교 사찰 재산을 몰수하기 시작했다. 하지만 태종도 부왕 이성계가 살아 있는 동안에는 이 일을 적극적으로 실천하지 못했다. 그러다 태조가 승하하자, 불교에 예속된 땅들을 모두 국유화하고, 사찰의 노비들을 모두 관노비로 전환시켰다. 그 이후 불교는 사교로 전락했고, 그때까지 귀족 대접을 받던 승려는 모두 천민 신분이 되었으며, 나라의 허락 없이는 승려의 출가도 불가능하게 되었다. 이런 태종의 억불 정책은 세종대에 이르러 더욱 강화된다. 결국 불교는 조선의 국가재정 확보를 위한 희생양이었던 셈이다.

이 두 사건 뿐 아니라 역사 속에는 국가재정을 확보하기 위해 권력자들이 저지른 만행이 헤아릴 수 없이 많다. 개인이 돈 때문에 사람을 해치거나 상하게 하는 것 못지않게 국가도 재정 때문에 무고한 사람이나 집단을 희생시켜왔다. 국가재정은 그만큼 잔혹한 측면을 지니고 있는 것이다.

국가재정의 원천 '세금'

이처럼 잔혹한 이면을 지니고 있는 국가재정의 원천은 흔히 조세로 불리는 세금이다. 세금의 역사는 국가의 역사에 결코 뒤지지 않는다. 국가가 성립되기 이전인 채집시대에도 세금은 있었기 때문이다.

사실, 인류가 집단생활을 한 이후로 세금으로부터 벗어난 적은 없다. 특히 인류가 농경생활을 시작하고 국가를 이룬 뒤부터는 세금만큼 사람들을 괴롭히는 것도 없었다.

공자가 남긴 말 중에 '가정맹어호(苛政猛於虎)'라는 고사성어가 있는데, 풀이하자면 '가혹한 정치는 호랑이보다 무섭다'라는 의미다.

『예기(禮記)』 '단궁(檀弓)' 편에 나오는 이 고사를 살펴보자.

공자(孔子)가 태산 옆을 지나가는데 어떤 부인 하나가 무덤에서 슬피 울고 있었다. 공자는 제자인 자로를 시켜 그 연유를 묻게 했다.

"부인이 우는 것이 심히 깊은 근심이 있는 것 같습니다."

부인이 대답했다.

"그렇습니다. 얼마 전에 시아버지가 호랑이에게 죽었고, 남편이 또 호랑이에게 죽었습니다. 그런데 오늘 아들이 또 호랑이에게 죽었습니다."

"왜 떠나지 않았습니까?"

공자가 묻자 부인이 대답했다.

"여기에는 가혹한 정치가 없기 때문입니다."

공자가 말했다.

"제자들아, 명심해라. 가혹한 정치는 호랑이보다 더 무섭다는 것을."

여기서 가혹한 정치란 곧 가혹한 세금을 의미한다. 여인은 가혹한 세금을 피해 호랑이가 우글거리는 산속에 숨어 지내고 있었으니, 세금의 위협이 호랑이의 위협보다 무서운 셈이다.

중국의 이 고사 못지않게 우리에게도 백골징포(白骨徵布)니 황구첨정(黃口簽丁)이니 하는 말이 남아 있을 정도로 세금이 가혹하던 역사가 있었다. 이는 죽은 사람이나 어린아이를 대상으로 세금을 걷었다는 뜻이니, 조선 말기 당시에 백성들이 얼마나 가혹한 세금에 시달렸는지 알 만하다.

비단 과거 역사에서 뿐만 아니라 현실에서도 세금은 늘 사람들을 옥죄는 족쇄 같은 느낌으로 다가온다. 특히 월급을 받는 사람들에게는 세금이 주는 부담감이 만만치 않다. '월급쟁이 지갑은 유리지갑'이라거나 '월급쟁이는 봉'이라는 말이 나오는 것도 월급쟁이만 법대로 세금을 내고 전문직 종사자들은 탈세를 일삼는다는 불만의 표출일 것이다.

하지만 국가는 근본적으로 세금을 먹고사는 거대 생물인 까닭에 산 사람 죽은 사람 가리지 않고, 세금 징수 앞에서는 피도 눈물도 보이지 않는다. 국가가 이렇게 세금에 목을 매는 이유는 세금이 곧 국가의 생존 기반이기 때문이다. 국민의 피 같은 돈이라고 해서 세금을 혈세라고 부르기도 한다. 사실, 세금이 없으면 국가도 존립 자체가 불가능하기에 세금은 혈액과 같은 것이다. 이런 까닭에 국가는 가급적 국민으로부터 많은 세금을 거둬서 늘 재정이 풍부해지길 원한다. 그렇다고 터무니없이 세금을 거둬들일 수는 없는 노릇이다. 그랬다간 폭동이 일어나 정부가 전복되는 사태에 직면할 수 있기 때문이다. 그래서 정부는 늘 최대한의 세금을 걷되, 불만은 최소화하려고 안간힘을 쓴다.

그렇다면 정부는 어떤 형태로 세금을 거둘까? 이를 알기 위해서는 우선 세금의 종류부터 알아야 한다.

세금의 종류는 크게 직접세와 간접세 두 가지다. 직접세는 납세의무자가 국가나 지방자치단체에 직접 내는 세금으로 소득세나 법인세 등이 대표적이고, 간접세는 납세자의 돈을 받아 사업자 등이 내는 세금으로 소비세, 주세 등이 대표적이다. 따라서 세금은 소득이나 소비에 항상 따라붙는 그림자 같은 존재임을 알 수 있다. 누군가가 돈을 벌거나 돈을 쓴다면 항상 세금의 굴레에서 벗어날 수 없다는 뜻이다.

이를 회사원 A군의 하루 일과를 통해 한 번 살펴보자.

[A군의 세금]

A군은 아침에 승용차로 출근하다 휘발유 50,000원어치를 주유했다. 그리고 식당에서 10,000원짜리 설렁탕 한 그릇을 점심으로 사먹었다. 또한 마침 이날이 월급날이었고, 300만 원의 월급을 받았다는 기쁨에 자축할 요량으로 10,000원짜리 맥주 500밀리리터 네 캔을 사서 집으로 돌아왔다.

A군은 과연 이 단순한 일과를 통해 어떤 세금을 얼마나 냈을까? 우선 휘발유값으로 낸 50,000원을 살펴보면, 그 속에 교통세, 에너지세, 환경세, 교육세, 주행세, 부가세 등의 다양한 세금이 들어 있고, 이 세금의 총합은 휘발유 가격의 약 50퍼센트 정도 된다. 말하자면 25,000원 정도의 세금을 낸 셈이다. 다음으로 점심으로 먹은 설렁탕 값 10,000원 속에도 역시 부가가치세 10퍼센트, 즉 1,000원의 세금이 포함되어 있다. 그리고 퇴근길에 산 맥주값 10,000원 속에도 주세 1,660원이 포함되어 있다. 정리해보면 A군이 이날 70,000원을 소비

했는데, 27,660원의 간접세를 낸 셈이다.

그런데 A군은 이날 월급 300만 원을 받았다. 그렇다면 월급 300만 원에 대한 세금은 얼마나 될까? 월급을 타면 내야 하는 세금은 소득세와 지방세다. 300만 원의 월급에 대한 세금은 소득세는 151,000원이고, 지방세는 15,100원이다. 이것은 정부와 지방에 직접 내는 세금이므로 직접세이다. 따라서 A군은 이날 직접세 166,100원과 간접세 27,660원을 낸 셈이다.

이렇게 국가가 자국 국민들로부터 직접 또는 간접적으로 국가가 거둬들이는 세금을 통칭하여 내국세라고 한다.

이 내국세는 세금을 거두는 주체가 누군가에 따라 국세와 지방세로 나뉜다. 국세는 국가가 거둬들이는 세금으로 주무관청은 국세청이고, 지방세는 지방자치단체가 거둬들이는 세금으로 주무관청은 각 지방의 행정기관이다.

국가 수입 세금 = 국세 + 지방세 + 관세

그런데 국가 수입의 세금 중에는 국세와 지방세 외에도 하나가 더 있다. 국세와 지방세 같은 내국세 외에도 국가의 세금 수입원이 하나 더 있다는 말이다. 바로 관세다. 관세는 국제무역에서 거래되는 상품에 부과되는 세금으로 징수 기관은 세관이다. 이렇게 보면 국가가 거둬들이는 세금은 직접세와 간접세로 이뤄진 내국세와 관세가 전부라고 할 수 있다.

정당과
진영투쟁

밥그릇 전쟁의 전초기지 '정당'

경제가 생존활동에 관한 모든 것이고, 정치는 경제를 조정하는 행위라고 했는데, 사실 이것은 다소 고상한 표현이다. 보다 노골적으로 말하자면 정치는 근본적으로 밥그릇 전쟁이다.

정책을 내세울 때 숱한 미사여구를 붙이는 것 역시 보다 효과적으로 밥그릇을 챙기기 위한 전술일 뿐이다. 그리고 그 전쟁의 전초기지가 바로 정치 집단인 정당이다.

사람들은 흔히 국회의원들에게 '제발 그만 싸웠으면 좋겠다'고 말한다. 하지만 그것은 국회의 본질을 모르고 하는 말이다. 국회는 근본적으로 국민을 대신해서 밥그릇 전쟁을 벌이고 곳이고, 국회의원은 그 전선에 선 전사들이며, 국회는 전쟁터이다.

조선을 대표하는 실학자 이익은 『성호사설』에서 조선의 붕당들이 서로 헐뜯고 싸운 근본적인 이유를 관직의 부족 때문이라고 분석한 바 있다. 조정의 관직은 한정되어 있는데, 관직에 오르고자 하는 사람은 많기 때문에 정쟁이 일어난다는 뜻이다. 한마디로 밥그릇 싸움이라는 것인데, 매우 정확한 분석이다. 하지만 이익은 붕당이 갈라져 싸우는 것을 매우 비판적인 시각으로 바라보았는데, 이는 정치의 본질을 모르고 하는 소리다. 정치판은 근본적으로 싸움판이기 때문이다. 만약 정치판의 당파들이 서로 싸우지 않는다면 어떤 일이 벌어질까? 이에 대한 결과는 우리의 참담한 역사가 증명한다.

흔히 많은 한국인이 당쟁 때문에 조선이 망했다고 생각하지만 이는 역사적 사실과 거리가 멀다. 조선의 당쟁은 선조 때인 1575년에 사림이 동인과 서인으로 분열되면서 시작됐고, 이후 225년간 지속되다가 1800년에 정조가 죽으면서 종식됐다. 그리고 순조, 헌종, 철종 대의 외척 독재 60년 동안은 당쟁이 완전히 사라졌고, 그것은 곧 망국으로 치달았다. 결국 조선을 망하게 한 것은 당쟁이 아니라 당쟁을 완전히 없애버린 외척독재였다는 것이다.

선조 이후 붕당의 싸움이 가장 치열하게 전개된 때는 숙종, 영조, 정조 시대였다. 이 시기의 정치인들은 목숨을 내걸고 피 튀기는 정쟁을 일삼았지만 백성들의 삶은 안정되고 풍성했다. 당파가 서로 팽팽하게 대립하고 왕은 균형자 역할을 하며, 그들의 대립을 발전의 수단으로 삼았을 때, 백성의 삶은 더 좋아진다는 것을 증명한 셈이다. 이는 정치투쟁이 치열하게 전개되고 당파 간의 팽팽한 세력 균형이 이뤄질 때, 국가는 오히려 발전한다는 것을 의미한다.

사실 정치는 근본적으로 시끄러운 것이며, 싸움판이다. 그러나 시끄럽게 싸운다고 해서 나라가 망하는 것은 아니다. 오히려 정치판이 시끄럽다는 것은 정치가 건강하다는 반증이다. 정말 무서운 것은 정치투쟁도 없고 소란도 없는 독재의 현장이다. 우리 역사 속에서 외척 독재 60년이 그랬고, 박정희와 전두환의 군부독재 정치 시절이 그랬다. 즉 정당 간의 치열한 투쟁이야말로 국민을 안심시키는 일이라는 뜻이다.

그렇다면 정당은 어떤 방식으로 싸우는가? 당파라는 것이 정치 패거리인 만큼 정당의 싸움은 당연히 패싸움이다. 그 패거리를 고상한 말로 진영이라고 부른다. 또 나라마다 진영은 대개 보수와 진보로 나뉜다. 한국 역시 마찬가지다.

정치 패거리의 진영투쟁 '보수와 진보'

정당은 같은 정치적 목적을 위해서 하나로 뭉쳐진 세력을 의미한다. 그런 만큼 정당마다 추구하는 이념이 있기 마련이다. 이 이념을 다른 말로 표현하면 '국가 운영 매뉴얼'이라고 할 수 있다. 매뉴얼이란 곧 사용설명서인데, 국가 운영의 사용설명서는 국가 운영 주체의 정치 이념에 따라 다르게 만들어진다. 여기서 이념이란 곧 밥그릇을 어떻게 나눌 것인가에 대한 사고방식을 의미하며 이것이 곧 진영투쟁이다.

현대 민주주의 정치 이념은 보수와 진보라는 두 가지 축을 중심으로 이뤄져 있다. 물론 보수와 진보의 장점을 모두 취하자는 취지에서 형성된 중도라는 이념도 있을 수 있다. 하지만 중도 역시 보수와 진보의 일환이기 때문에 보수와 진보를 이해하면 중도는 자연스럽게 알 수 있을 것이다.

먼저 보수란 보수주의(保守主義, Conservatism)를 줄인 말로 이에 대한 사전적 의미는 '관습적인 전통 가치를 옹호하고, 기존 사회 체제의 유지와 안정적인 발전을 추구하는 정치이념'이다. 보수에 대한 인식은 국가 또는 사회에 따라 상당한 차이가 있지만, 그 바탕에 깔린 핵심은 크게 두 가지로 추릴 수 있다. 첫째는 충분한 검증을 거치지 않은 혁신에 대한 불신이고, 둘째는 전통사회 체제에 대한 신뢰이다. 즉 변화를 싫어하고, 기존의 가치를 지키려는 태도가 곧 보수주의인 셈인데, 이는 쉽게 말해서 기득권을 지키려는 것이다. 여기서 기득권이란 자기가 이미 확보한 밥그릇을 보장받는 권리를 말한다. 이미 확보한 밥그릇은 내 것으로 인정하고, 나머지 밥그릇만 가지고 알아서 나눠 먹으라는 논리인 셈이다.

이에 반해 진보주의(進步主義, Progressivism)의 사전적 의미는 '기존 정

내 밥은 나만 먹고,
니들은 남은 밥 나눠 먹으면 되겠네

너만 다 먹냐,
제발 나눠먹고 살자!

보수주의자

진보주의자

치·경제·사회 체제에 대항하면서 변혁을 통해 새롭게 바꾸려는 성
향이나 태도를 가진 정치 이념'이다. 따라서 진보의 핵심은 변화와
개혁이라 할 수 있다. 그것도 점진적인 변화가 아니라 혁신적인 변
화를 추구한다. 때문에 기존의 가치와 충돌하고, 새로운 가치를 도
입하려는 태도를 갖는다. 쉽게 말해서 기존 세력의 기득권을 해체하
려는 것이다. 여기서 기득권을 무너뜨린다는 것은 밥그릇 싸움에만
한정되지 않는다. 국가마다 처한 환경과 이권이 다르기 때문에 다소
다른 양상이 되기도 한다.

　진보와 보수의 개념을 탄생시킨 유럽에서는 대개 경제적 자유주
의를 비롯한 자유주의 이념을 보수로 평가하고, 사회주의나 사회민
주주의 등을 진보로 평가한다. 그래서 유럽의 보수주의 정당들은 대
개 자유주의 성향을 표방하고, 진보주의 정당들은 사회주의 성향을

표방하고 있다. 그러나 미국은 사회주의 내지 공산주의를 금기시하고 있기 때문에 전반적으로 자유주의 이념에 바탕하고 있다. 그래서 여성, 복지, 노동자 등에 우호적인 태도를 보이는 것만으로도 진보로 평가된다. 그런 반면, 유럽에서는 이 정도는 보수로 평가되는데, 미국은 보수 색채가 워낙 강하다 보니, 이런 현상이 일어나는 것이다.

이렇게 보수와 진보 개념은 다소 복잡해 보인다. 하지만 본질은 간단하다. 보수란 어떻게 해서든 힘센 놈들이 자유롭게 힘을 더 키울 수 있게 만들자는 세력이고, 진보란 그 강자들의 틈을 파고들어 약자들이 설 자리를 조금이라도 넓혀 보겠다는 세력이다. 여기서 힘이란 곧 밥그릇을 선점할 수 있는 영향력을 의미한다.

한국의 보수와 진보

그렇다면 한국에서는 보수와 진보를 어떻게 구분하고 있을까? 한국 역시 미국과 마찬가지로 공산주의나 사회주의를 금기시하고 있기에 전적으로 자유주의 이념의 토대 위에 진보와 보수가 형성되었다. 한국 보수의 핵심 키워드는 반공, 친미, 성장이라 할 수 있고, 진보의 키워드는 실리, 탈미, 분배라 할 수 있다. 그래서 보수 세력은 사상적으로 반공주의를 기반으로 미국과의 동맹 아래 북, 중, 러를 적대시하는 한편, 정책적으로는 기업 중심의 성장주의를 옹호한다. 반면에 진보 세력은 미국 중심주의에서 벗어나 북, 중, 러에 대해 실리적인 시각으로 접근하는 한편, 정책적으로는 노동자 및 소상공인 중심의 분배를 추구하는 태도를 지니고 있다.

여기서 '성장주의'란 기업의 수익이나 규모를 키우는 것을 최우선시하는 태도를 의미한다. 즉, 가진 자의 상징인 대기업의 성장이 먼저 이뤄진 후에 경제 발전을 도모하려는 대기업 중심주의라 할 수 있다. 이는 경제가 좋아지면 분배 문제는 자연히 해결될 것이라는 인식에 바탕하고 있다. 이를 흔히 '낙수효과' 중심의 경제 정책이라고 한다.

낙수효과는 대개 두 가지로 구분하는데, 하나는 대기업의 성장으로 인한 임금 인상이 중소기업의 임금 인상을 유도하여 결과적으로 모든 노동자의 임금이 인상됨으로써 전체 소득이 늘어난다는 개념이고, 두 번째는 고소득층의 소득이 증대되면 결과적으로 경제가 성장하고, 자연스럽게 그 혜택이 저소득층에게 돌아간다는 개념이다. 하지만 이런 경제 구조에서는 경제 성장이 이뤄져도 그 이익이 골고루 분배될 수 없다는 문제가 발생한다. 이는 소득의 양극화와 중산층 붕괴 등을 유발함으로써 사회 갈등을 심화시킬 수 있다.

이런 성장주의 정책의 문제점을 비판하며 등장한 것이 '분배주의'다. 분배주의란 개인의 과다한 부의 축적을 방지하고 생산 이윤을 가능한 한 많은 사람들에게 배분하려는 태도다. 이런 분배주의 정책의 핵심은 낙수효과가 아닌 '분수효과'를 일으키는 것이다. 분수효과란 곧 못 가진 자의 상징인 저소득층을 위한 경제와 복지 정책을 강화하여 아래로부터 소비가 촉진되는 것을 의미한다.

그런데 이런 분수효과를 일으키기 위해서는 반드시 부유층에 대한 세금을 늘려 저소득층의 복지를 강화하고, 최저 임금을 올려 저소득층의 수입을 높여야 한다. 그러나 이런 정책은 반드시 부유층과 기업의 저항에 직면하기 마련이다. 부유층은 세금을 더 내야 하기에 반대할 것이고, 기업은 노동자에게 더 많은 임금을 줘야 하니 역시 반대할 것이다. 이것은 곧 기업의 투자의욕을 약화시키는 결과로 이어질 소지가 크다.

한국 보수 = 반공 + 친미 + 성장 (낙수효과)
한국 진보 = 실리 + 탈미 + 분배 (분수효과)

이렇듯 한국의 보수와 진보는 정책적 측면에 있어서 확연한 차이를 보이고 있다. 보수는 외교적으로는 친미반북의 성향을 드러내는 한편, 정책 면에서는 친기업적인 성장주의 노선을 견지하고 있어 되도록 기업이나 부유층의 세금을 약화시키려고 한다. 이에 반해 진보는 외교적으로는 미국의 품에서 벗어나 실리를 취하는 경향을 드러내는 한편, 정책 면에서는 친서민적인 분배주의 노선을 견지하고 있어 기업이나 부유층의 세금을 강화하려고 한다. 그래서 보수는 되도록 세금이 많이 소요되는 복지정책을 약화시키려는 경향을 띠고, 진보는 반대로 세금을 많이 거둬서 복지 정책을 강화시키려는 경향을 띠는 것이다.

이런 진보와 보수의 태도는 시장의 관리에 있어서도 차이를 보인다. 보수는 되도록 기득권을 가진 대기업이나 부유층에 유리한 시장의 자유화를 강화하려는 경향을 띠고, 진보는 반대로 기득권을 무너뜨리고 서민층이나 소상공인을 보호하기 위해 시장에 대한 관리를 강화하려는 경향을 띤다. 그래서 보수는 시장에 대한 정부의 간섭을 줄이기 위해 작은 정부를 지향하고, 진보는 시장에 대한 관리를 강화하기 위해 큰 정부를 지향한다.

결국, 보수는 적자생존 및 약육강식의 정글의 법칙을 시장에 그대로 적용하자는 것이고, 진보는 약자를 보호할 수 있는 최소한의 장치를 마련하여 강자의 독식을 막아보자는 것이다. 소수의 힘센 놈과 다수의 힘없는 놈의 싸움이 곧 보수와 진보의 진영투쟁인 셈이다.

그런데 한국의 진영 대결에서 특이한 점이 있다. 그것은 진보와 보수 양쪽 진영보다 진영이 없는 중도세력의 수가 더 많다는 점이다. 그래서 대개 진보와 중도, 보수의 비율이 '30:40:30'으로 이뤄져 있다고 본다. 때문에 승패는 결국 중도의 표심이 결정한다. 말하자면 양쪽 진영의 싸움을 중도세력이 중재하는 형국인 셈이다.

이 외에도 지역감정이나 세대 간 갈등도 진영 대결의 한 축으로 작용하고 있으니, 이런 문제는 이미 진보와 중도, 보수의 구분 속에 포함된다. 어쨌든 진보와 보수보다 중도세력이 더 많은 것은 한국 정치를 매우 건강하게 만들고 있다. 진보와 보수 그 어느 쪽도 극단으로 가는 것을 철저히 막아주기 때문이다.

경제와 정치의 총합
역사

역사란 무엇인가?

경제와 정치에 관한 기초적인 내용을 살펴보았으니, 이제 인류생존의 3요소 가운데 마지막 분야인 역사를 살펴보자. 우선 역사가 경제, 정치와 어떤 관계에 있는지 알아보자.

앞서 말했듯이 경제란 '생존활동에 관한 모든 것'이고 정치는 '경제를 조정하는 모든 행위'를 지칭한다. 그렇다면 경제와 역사는 어떤 관계에 있을까? 우선 역사의 사전적 정의부터 살펴보자.

이 문장처럼 역사란 기본적으로 인간의 삶 자체와 그 삶에 대한 기록이다. 그런데 이 문장만으로는 역사가 정치경제와 어떤 연관성을 가지고 있는지 알 수 없다. 하지만 이 문장을 자세히 풀어보면 역사가 정치경제와 어떤 관계에 있는지 알 수 있다.

'역사는 인류의 삶 자체'라고 하는데, 삶이란 생존을 바탕으로 이뤄진다. 생존 없는 삶이란 성립될 수 없는 까닭이다. 그래서 삶이란 생존활동을 전제할 수밖에 없다. 그런데 '생존활동에 관한 모든 것'은 곧 경제이기 때문에 삶이란 경제를 기반으로 이뤄져야 한다. 이는 곧 역사가 경제에 바탕하고 있음을 의미한다.

말하자면 경제와 정치는 '인류의 삶 자체'이고, 경제와 정치가 인류의 삶 자체라면 경제와 정치가 곧 '역사'라는 의미다.

물론 역사 속에는 우리가 흔히 문화라고 일컫는 요소들이 있을 수 있다. 하지만 문화 역시 근본적으로 정치와 경제의 부산물이다. 연극이나 연주처럼 사람의 감정을 움직이는 예술과 같은 요소들도 엄밀히 따져보면 결코 경제나 정치와 무관하다고 할 수 없기 때문이다. 종교나 철학 역시 마찬가지다. 말하자면 인간의 감정을 건드리는 모든 행위나 신앙과 관념의 질서를 세우는 일도 근본적으론 경제와 정치의 연장선상에 있다는 것이다. 그런 의미에서 보자면 인간의 모든 행위는 경제와 정치를 벗어날 수 없다. 다시 말해 '경제와 정치가 인류의 삶 자체'라는 것이다. 따라서 역사는 다음과 같이 규정해도 크게 틀린 것은 아닐 것이다. 이는 역사는 경제와 정치의 총합이라는 뜻이며, 역사의 요체가 정치와 경제일 수밖에 없다는 것을 의미한다.

경제 + 정치 = 역사

역사를 구성하는 세 가지 요소

그런데 역사는 인류의 삶 자체만으로 완성될 수 없다. 반드시 인류의 삶에 대한 기록이 필요하다. 때문에 역사는 경제와 역사의 총합에 대한 기록이다. 그러나 역사는 과거만 기록할 뿐 미래를 기록하지는 않는다. 말하자면 이미 일어난 일에 대한 것은 기록할 수 있어도 미래에 일어날 일에 대한 예측을 하지는 않는다는 뜻이다. 그런 의미에서 보자면 역사는 본질적으로 과거의 객관적 사실을 되돌아보는 일이다. 19세기 독일의 역사가 레오폴트 폰 랑케가 '있었던 그대로의 과거를 밝혀내는 것이 역사가의 사명'이라고 한 것은 바로 이런 의미일 것이다.

하지만 역사가 과거의 일이라고 해서 현재와 무관하다는 뜻은 아니다. 왜냐하면 우리의 현재는 항상 과거의 영향으로부터 자유롭지 못하기 때문이다. 현재 한국이 남북으로 갈라져 대립하고 있는 것도 과거의 역사에서 비롯되었고, 오늘날 중국이 거대 국가를 형성하고 있는 것이나 미국이 세계의 초강대국으로 군림하고 있는 것도 모두 과거의 역사에서 비롯되었다. 이런 까닭에 역사는 과거에 대한 객관적 사실의 기록이지만 늘 현재에 영향을 끼친다. 그런데 역사가가 어떤 관점으로 과거의 사실을 보느냐에 따라 역사는 다르게 기록될 수 있다. 말하자면 객관적 사실이라고 믿고 있는 그것이 역사가의 시각이나 선택, 또는 기술에 따라 달라질 수 있다는 것이다. 이는 역사가가 어떻게 해석하느냐에 따라 전혀 다른 역사로 남을 수 있으며, 역사가의 시각에 따라 역사는 늘 재해석된다는 의미이기도 하다. 때문에 역사에 대한 서술은 시대의 상황이나 관점의 변화에 따라 늘 달라질 수 있다. 20세기 영국의 역사학자인 에드워드 핼릿 카가 '역사는 현재와 과거 간의 끊임없는 대화'라고 한 것은 바로 이런 점을 강조한 말이다.

이렇게 볼 때 역사의 기록은 과거의 객관적 사실, 현재와의 연계성, 역사에 대한 시각 등 세 가지로 요소로 이뤄져 있다.

역사 기록의 세 가지 요소
= 과거의 객관적 사실 + 현재와의 연계성 + 역사에 대한 시각

서양 중심의 역사관

그런데 이 역사 서술의 3요소는 모두 나름의 문제를 안고 있다. 첫 번째 요소인 '과거에 일어난 객관적 사실'은 모두 기록과 유물에

의존하고 있는데, 기록은 왜곡의 소지가 많고 유물은 새로운 유물의 등장에 따라 새로운 해석을 낳을 여지가 많다는 점이 문제다. 두 번째 요소인 '현재와의 연계성' 문제에서는 역사적 사실들이 현재와 연관될 경우, 관련 국가 또는 집단의 이해관계 때문에 객관성이 결여되거나 사료들이 은폐될 가능성이 높다는 문제가 있다. 세 번째 요소인 '역사가의 관점'에는 주관이나 개인의 이해관계, 또는 역사가가 속한 국가의 이해관계가 개입될 소지가 크다는 문제가 있다.

사실, 현재 우리가 배우고 익힌 역사들은 이 세 가지 문제를 고스란히 안고 있다. 과거에 일어난 객관적 사실들이란 것이 알고 보면 승자의 입장에서 쓴 것들이 대부분이고, 현재와 관련된 기록들 또한 승자들에게 유리한 면을 위주로 기록되어 있으며, 역사가의 관점 역시 승자 중심의 관점으로 기술되어 있다.

이런 까닭에 현재 통용되고 있는 세계사는 대부분 18세기 산업혁명 이후 승자의 자리를 굳힌 서양의 입장과 관점 중심으로 서술되어 있다. 세계사라는 제목으로 나오는 역사서들이 서양사 중심으로 다뤄지는 것은 이미 일반화되었고, 역사의 발전과정도 '원시-고대-중세-근세-근대-현대'식의 유럽사 단계를 동양사에 그대로 적용하여 동양사를 서양사의 틀에 억지로 구겨넣은 형태를 취하고 있다. 이는 곧 현재의 세계사가 객관적 시각이 아닌 18세기 이후의 승자, 즉 유럽의 역사적 시각에 의존하는 서술방식을 취한다는 뜻이다.

이런 서양 중심의 시각에서 벗어나기 위해서는 무엇보다도 역사의 시대 구분법을 손질할 필요가 있다. 왜냐하면 시대 구분법이 곧 역사 읽기의 틀이고, 그 틀이 곧 우리의 생각을 제한하기 때문이다.

　대개 인류 역사를 시대별로 나눌 때 우리는 인류가 사용한 도구의 재료를 기준으로 석기시대, 청동기시대, 철기시대 등으로 구분 짓는다. 이런 방식의 시대 구분은 대개 고고학에서 사용한 것인데, 현재는 역사학에서도 흔히 사용한다. 하지만 도구의 재료를 기준으로 나눈 이런 방식의 시대 구분은 역사를 제대로 이해하는 데 매우 방해가 된다. 예컨대 석기시대만 하더라도 구석기와 중석기, 신석기 등으로 다시 세분화되고, 구석기시대를 다시 전기, 중기, 후기로 나누고 있는데, 그 기준도 무척 애매하다. 특히 역사의 근간이 되는 경제와 정치에 대해서도 제대로 해석할 수 없고, 청동기시대와 철기시대 역시 그 시대의 경제와 정치에 대한 특성이나 공통점을 끌어내기 힘들다. 단지 도구를 만드는 재료에 기준을 두다 보니 정작 중요한 정치와 경제를 간과하게 만드는 것이다.

　그래서 다른 방식으로 시대를 구분한 것이 다음의 구분법이다.

원시시대 - 고대 - 중세 - 근세 - 근대 - 현대

　이 같은 시대 구분법은 유럽인들이 르네상스시기에 역사를 고대, 중세, 근대의 삼분법으로 나누면서 시작되었다. 이 삼분법에서는 고대의 특징을 노예제로, 중세의 특징을 봉건제로 정의했다. 이후 국가 개념이 없던 원시시대와 현대, 그리고 중세와 근대 사이에 근세가 추가됨으로써 앞의 여섯 단계의 구분법을 사용하게 된 것이다.

그런데 이러한 시대 구분에도 한계가 분명하다. 이 구분에 따른다면 한국을 비롯한 중국문화권에서는 노예제가 19세기까지 이어지기 때문에 중국문화권에서 19세기는 고대에 속하게 된다. 게다가 봉건제를 시행한 적이 없었기 때문에 중세는 아예 적용도 안 된다. 또한 근세의 개념도 동양사에 적용하긴 애매하다. 말하자면 중국문화권에서는 역사가 고대에서 근대로 바로 넘어온 셈이다. 그런 까닭에 이 구분법을 적용하여 세계의 역사를 모두 포용한다는 것은 매우 부적절하다. 그래서 최근에는 유럽 중심의 삼분법을 극복하기 위한 여러 시도가 있었지만 아직까지 마땅한 구분법을 찾지 못한 상태다.

동서양을 아우를 수 있는 새로운 시대 구분법

그렇다면 동서양을 모두 아우를 수 있는 시대 구분법은 없을까? 이런 고민 끝에 필자는 동서양의 역사에 모두 대입해도 문제가 없는 경제 발전과정에 근거한 새로운 시대 구분법을 고안해 보았다.

경제는 근본적으로 인간의 생존활동에 관한 모든 것이다. 그렇다면 인간의 생존활동은 무엇으로부터 비롯될까? 생존을 위해 인간에게 가장 필수적 조건은 음식, 즉 식량이다. 인간은 먹지 않으면 살 수 없는 동물이고, 먹거리를 확보하는 것은 최소한의 생존조건일 수밖에 없다. 때문에 경제의 변화와 발전은 일차적으로 먹거리를 확보하는 수단의 진전을 통해 이뤄질 수밖에 없다.

인류의 경제 발전과정을 보면 문명이 발생하기 전에는 모두 채집에 의존한 경제였다. 이 시대에는 경작이라는 것이 없었고, 산업이라는 것이 존재하지 않았다. 당시 인류는 오직 자연에서 모든 먹거리를 채집을 중심으로 구할 수밖에 없었다. 물론 수렵이나 어로에도 일부 의존하고 있었지만 대다수의 경제활동은 채집에 의존했다. 인류는 지구에 출현한 이후 무려 400만 년이나 이런 시대를 지속했다. 그래서 필자는 인류 역사 발전의 첫 단계를 채집시대로 규정했다.

인류가 채집을 경제활동의 중심에서 밀어낸 것은 경작을 시작하면서부터였다. 흔히 신석기 혁명으로 불리는 농업의 등장이 바로 채집시대를 종결시킨 것이다. 이 시대는 서기전 8천 년부터 시작되어 19세기까지 약 1만 년 동안 지속되었다. 이 시기에는 드디어 산업이 등장했고, 도시와 국가, 그리고 문명이 출현했다. 국가의 형태는 군주제였으며, 주된 경제활동은 농업이었다. 그래서 인류 역사 발전의 두 번째 단계를 농업시대라고 규정했다. 물론 농업시대에도 일부 지역에서는 채집 중심의 경제활동이 이뤄지고 있었지만, 인류 경제의 중심은 농업으로 이동한 상태였다.

하지만 18세기 이후 유럽에서 산업혁명이 일어나면서 인류의 경제활동은 공업으로 옮겨간다. 물론 그렇다고 농업이 사라졌다는 것은 아니다. 경제의 중심이 농업에서 공업으로 이동했다는 뜻이다. 이 시대는 산업혁명 이후 약 200년 동안 지속된다. 그래서 이 시대를 역사 발전의 세 번째 단계로 설정하고 공업시대로 규정했다.

공업시대가 지속되는 가운데, 인류는 대량생산 시스템을 갖추게 되고 이로 인해 수요보다 상품 공급량이 지나치게 늘어나는 현상을 겪는다. 이 여파로 이른바 경제 대공황을 겪게 되는데, 이후 인류는 생산 중심의 경제에서 매매 중심의 경제로 전환한다. 생산량 확대보다 시장 개척과 이윤 확대가 더 중요해진 것이다. 이는 경제의 중심이 공업에서 상업으로 이동했음을 의미한다. 이런 시대는 컨베이어시스템이 개발되었던 20세기 초에 시작되어 현재까지 이어지고 있으며, 이 시대를 역사 발전의 네 번째 단계인 상업시대로 규정했다.

이후 상업시대는 현재까지 지속되고 있지만 퍼스널 컴퓨터가 대중화된 20세기 말부터 선진국을 중심으로 새로운 경제 흐름이 나타나기 시작했다. 이른바 지식정보산업이 인류 경제의 중심으로 자리매김하고 있는 것이다. 컴퓨터·반도체·통신기기를 비롯한 하드웨어산업, 소프트웨어 산업, 정보처리업, 정보통신업 등 컴퓨터와 직접·간접으로 관련된 정보기술(IT)산업 등 지식산업이 경제를 선도하게된 것이다. 그래서 이 시대를 역사 발전의 다섯 번째 단계로 설정하고 지식시대로 규정했다.

이런 역사 발전 단계를 간략하게 요약하면 다음과 같다.

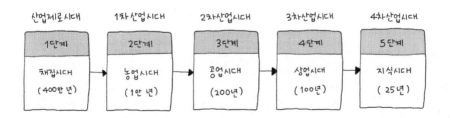

2
장

단번에 깨치는
세계사

HISTORIOGRAPHY

역사란 기본적으로 인간의 삶 자체이자 그 삶에 대한 기록이다. 역사는 인류의
생존을 바탕으로 이루어진다. 그래서 삶이란 생존활동을 전제할 수밖에 없다.
또한 이것은 역사가 경제에 바탕하고 있음을 의미한다.

2장

단번에 깨치는 세계사

역사가 경제와 정치의 총합이라는 전제 아래 인류 역사를 '채집시대 - 농업시대 - 공업시대 - 상업시대 - 지식시대'의 5단계로 설정했는데, 이제 이에 대한 구체적인 내용들을 살펴볼 차례다.

채집시대는 400만 년이라는 오랜 시간 동안 진행되었으나 유물만 있고 기록은 없는 시절이다. 또한 유물도 기껏해야 인류의 유골 화석과 도구가 전부다. 때문에 서술할 내용은 인류의 화석과 도구에 대한 짧은 언급이 전부가 될 것이다.

농업시대 1만 년의 역사는 인류가 남긴 기록 중에 가장 많은 분량을 차지하고 있어 다른 시대에 비해 서술이 비교적 긴 편이다. 왕조시대로 불릴 정도로 군주정치가 중심이 되었던 이 시대의 핵심내용은 문명의 발생과 확대, 그리고 국가의 등장과 대제국의 성립, 대제국 및 각 지역 왕조의 흥망성쇠 이야기다.

공업시대는 산업혁명 이후 200년 남짓 진행된 때로 흔히 근대사로 불리는 시기다. 이 시기는 현대문명의 기반이 된 기계화가 본격화되는 시점이고 동시에 서구 세력이 공업발달에 따른 자원 확대를 위하여 아프리카와 아시아를 식민지로 삼아 제국주의를 구가하던 때다. 따라서 제국주의 열강들이 약소국을 식민화하는 과정과 그 결과에 대한 이야기가 중심이 된다.

뒤에 자세히 밝히겠지만 상업시대는 여전히 100년 이상 진행 중이고, 지식시대가 시작된 것이 이제 겨우 25년에 불과하다. 때문에 상업시대와 지식시대는 같은 단락에서 함께 다룰 것이다. 이 시대의 역사는 흔히 현대사로 불리는 20세기 이후의 이야기다. 이는 우리에게 가장 익숙한 내용이기에 구체적인 사건보다는 현상에 대한 분석이 중심이 되었다.

화석과 석기로 남은
채집시대 400만 년

채집시대의 특징과 핵심내용

인간의 식량 확보 행위는 처음에는 당연히 자연에만 의존한 것이었다. 그 과정에서 인간은 생존에 보다 유리한 잡식동물로 성장했다. 잡식동물은 생존경쟁에 있어서는 적어도 초식동물이나 육식동물보다 유리했다.

잡식동물인 인간의 먹거리 확보는 식물의 열매나 잎을 따는 채집과 동물을 사냥하는 수렵을 통해 이뤄졌으며 환경에 따라 어로 행위도 간간히 곁들여졌다. 말하자면 모든 경제활동을 자연에 의존했던 것이다. 그래서 이 시대를 인류 역사 발전의 제1단계로 보고 그 명칭을 '채집시대'로 명명했다. 그 시대 사람들이 먹거리 확보를 위해 가장 많이 한 활동이 곧 채집이었기 때문이다.

채집시대는 인류가 출현한 이후 무려 400만 년 이상 지속되었다. 이 시대에는 이른바 산업이라는 것이 없었다. 산업이란 생존을 위한 필수품을 생산하는 일을 의미하는데, 채집시대의 인류는 모든 생필품을 자연에서 얻었을 뿐 인위적으로 생산하지 못했다. 따라서 채집시대는 다른 말로 '산업제로시대'라고 표현해도 좋을 것이다.

이 기간 동안에도 인류는 도구를 사용하여 채집과 사냥의 능률을 높였다. 채집과 사냥도구를 만드는 재료는 대개 자연 속에서 얻은 나무나 돌이었다. 하지만 당시 사용하던 석기는 그다지 발달하지 못한 상태였다. 농업이 시작되기 전이라 정교한 도구가 필요하지 않았기 때문이었다. 그래서 이 기간은 대개 뗀석기를 사용하던 '구석기시대'와 일치한다.

채집시대의 인류는 주로 숲에서 생활했다. 숲이 채집과 수렵에 가장 유리한 곳이었기 때문이다. 따라서 이 시대 인간들의 생존활동은 생존 터전인 숲을 방어하고 관리하거나 유지하는 행위에 한정되었다.

숲은 그 특성상 관리 지역을 넓히는 데 한계가 있었다. 때문에 당시 인류의 활동지역은 거주지가 마련된 숲에 한정되었고, 그에 따라 활동지역의 범위는 매우 좁은 편이었다. 전쟁도 숲속의 주도권 다툼

수준을 넘어서지 못했다. 따라서 이 시대의 사회는 큰 숲을 차지하여 부족을 형성한 일부 세력을 제외하고는 대개 씨족의 한계를 벗어나기 힘들었고, 그 형태도 기껏 마을 공동체에 불과했다.

당시에도 종교는 있었다. 신앙의 대상은 주로 숲에서 가장 강한 존재로 여겨지는 동물이나 수령이 오래된 나무였다. 흔히 말하는 토테미즘이나 애니미즘에 한정된 신앙이었던 셈이다. 이러한 신앙은 제사 의식을 동반하는데, 제사를 주관하는 제사장이 정치를 주도했다. 따라서 정치 형태는 종교와 정치가 분리되지 않은 제정일치의 신권 정치, 즉 신정시대였던 셈이다. 또한 제사 의식 속에는 주문이나 음악, 무용 등의 요소가 가미되었는데, 이것은 훗날 예술의 기초가 된다.

화석으로 남은 인류사 400만 년

흔히 원시시대, 또는 구석기시대로 불리는 채집시대는 인류 역사의 대부분을 차지하지만 이 시대는 문자 발명 이전의 시대였다. 때문에 이 시대에 관한 기록은 전무하다. 따라서 이 시대의 인류 역사는 오로지 인류의 유골 화석과 유물에 의지할 수밖에 없다.

이 시대를 산 사람들의 유골 화석과 유물 중에 시간적으로 더 오래된 것은 화석 쪽이다. 화석을 통해 알려진 가장 오래된 인류는 오스트랄로피테쿠스류라고 불리는 그룹이다. 이 명칭은 라틴어로 '남쪽의 원숭이'라는 뜻이다. 이들 그룹은 약 400만 년 전부터 100만 년 전까지 지구에서 가장 번성했던 인류였다. 이들이 남긴 가장 오래된 화석은 발자국이었다. 그리고 가장 완벽한 형태로 남아 있는 오스트랄로피테쿠스 화석은 루시라는 이름을 얻은 여인의 골격이었다. 루시는 대개의 유인원과 달리 직립보행을 했으며 도구를 사용했다.

1974년에 아프리카 에티오피아의 아파르 지역에서 고인류학자 도널드 조핸슨이 이끄는 탐사 조사단에 의해 발견된 루시는 120센티미터의 키에 스무 살 남짓한 여인이었다. 그녀의 이름은 비틀스의 '루시 인 더 스카이 위드 다이아몬드(Lucy in the Sky with Diamonds)'라는 노래에서 따왔다. 화석 탐구자들이 그녀의 발견을 축하하고 있을 때, 누군가가 그 노래가 담긴 테이프를 틀었던 것에서 비롯됐다.

루시의 발견을 전후로 아프리카에서는 많은 오스트랄로피테쿠스 화석들이 발견되었다. 덕분에 학자들은 오스트랄로피테쿠스의 키가 110~120센티미터 내외라는 것과 뇌용량이 400~700cc 정도라는 것, 그리고 날씬하고 키가 작은 소형 체격과 탄탄하고 키가 큰 대형 체격을 중심으로 여섯 가지 종이 있다는 것을 파악했다. 하지만 아프리카 이외의 어느 지역에서도 오스트랄로피테쿠스류는 발견되지 않았고, 이들보다 오래된 화석도 발견되지 않았다. 그런 까닭에 인류의 탄생지를 아프리카로 여기고 최초의 인류를 오스트랄로피테쿠스로 단정하게 된 것이다.

그런데 1964년에 아프리카 탄자니아 세렝게티 국립공원의 올두바이 협곡에서 오스트랄로피테쿠스와는 다른 인류가 발견되었다.

학자들은 그들에게 '재주 있는 인간'이라는 뜻의 호모하빌리스라는 명칭을 부여했다. 그들의 신장은 평균 130~150센티미터였으며 뇌 용량은 약 600~850cc였다. 이들은 약 250만~140만 년 전에 살았으므로 오스트랄로피테쿠스보다 늦게 출현하여 동시대를 살다 갔으며, 오스트랄로피테쿠스보다 지능이 높았고, 보다 발전된 도구를 사용했다. 하지만 학자들은 이들을 현생 인류의 직계 조상으로 보지 않았다.

현생 인류의 직계 조상은 호모하빌리스 이후에 나타난 호모에렉투스였다. '직립 인간'이라는 뜻을 가진 이들은 170만 년 전부터 10만 년 전까지 존재했으며, 아프리카를 벗어난 최초의 인류였다. 그들의 화석은 아프리카는 물론이고 중국, 유럽, 시베리아, 인도네시아 등지에서도 발견되었다. 이들의 두뇌용량은 1,000cc 전후였으며, 다양한 형태의 석기를 사용하여 짐승을 사냥했고, 화덕을 사용하여 고기를 불에 익혀 먹었다.

호모에렉투스 다음으로 나타난 인류는 '지혜로운 사람'이라는 뜻의 호모사피엔스다. 호모사피엔스는 네안데르탈인과 크로마뇽인으로 구분된다.

네안데르탈인은 10만~3만 5천 년 전쯤에 아메리카 지역을 제외한 전 세계에 퍼져 있었던 인류인데, 1856년 독일 네안더(Neander) 계곡의 한 동굴에서 화석이 처음 발견되어 '네안데르탈인'이라고 불리게 되었다. 이들은 도구나 불을 사용한 것은 물론이고 종교도 가지고 있었다. 하지만 3만 5천 년 전쯤에 모두 절멸하거나 사라졌다.

오스트랄로피테쿠스 (남쪽의 민꼬리 원숭이)	호모하빌리스 (손 쓴 사람)	호모에렉투스 (곧 선 사람)	호모사피엔스 (슬기 사람)	호모사피엔스사피엔스 (슬기 슬기 사람)
110~120 cm	130~150 cm	160 cm	170 cm	166~170 cm
최초로 직립보행을 한 인류의 조상으로 구분정한 모습으로 걸어다녔으며 유인원과 비슷한 형태이다.	돌로 도구를 만들어 사용하였으며 인류에 비해 털이 많고 구부정한 모습이다.	곧게 일어서서 직립보행을 했으며 불을 사용하여 음식을 익혀 먹은 최초의 인류이다.	뇌의 크기가 커져 도구를 응용하게 되었으며 죽은 사람을 애도하거나 장례를 지내기도 했다.	바위에 그림을 그려 기록을 남기는 등 현재 인류와 가장 근접한 외모를 띤다.

[인류의 진화 단계]

다만 현생 인류의 유전자 속에 그들의 유전자가 포함되어 있는 것
에 근거하여 사라지는 과정에서 현생 인류와 결합이 되었을 것이라
는 학설도 있다.

크로마뇽인은 3만 5천 년 전에서 1만 년 전에 살던 인류로, 그들

의 유골이 최초로 발견된 프랑스 남서쪽의 크로마뇽 동굴에서 명칭이 유래됐다. 이들은 '호모사피엔스사피엔스'라고 부르는 현생 인류와 거의 유사하다. 뇌 용량은 현대인보다 다소 큰 1,600cc 정도였으며, 골격이 단단하고 억세며, 키는 166~170센티미터였던 것으로 추정된다. 이들은 네안데르탈인보다 한층 발전된 도구를 사용했으며, 종교는 물론이고 예술성도 드러냈다. 그래서 동굴에 여러 종류의 벽화를 남기기도 했다.

인류의 채집시대는 이들 화석 인류, 즉 오스트랄로피테쿠스로부터 시작하여 호모하빌리스, 호모에렉투스를 거쳐 네안데르탈인과 크로마뇽인으로 대변되는 호모사피엔스에 이르러 종결되었다. 이후의 현생 인류는 농사를 도입함으로써 농업시대를 전개하게 된다.

영토 확장과 대제국 건설에 주력한
농업시대 1만 년

농업시대의 특징과 핵심내용

채집시대 다음으로는 제2단계인 농업시대가 도래한다. 잡식동물인 인간은 두 가지 형태의 농업을 일궈낸다. 채식을 충족하기 위해 밭에서 곡식을 경작하였고, 육식을 충족하기 위해 울타리를 쳐서 가축을 길렀다. 또 어업과 광업이 함께 발전하면서 1차 산업시대가 열린다.

이런 농업시대는 서기전 8천 년경에 시작되어 19세기까지 약 1만 년 동안 이어졌다. 농업시대가 시작된 뒤에도 지역에 따라서는 여전히 수천 년 동안 채집시대가 지속되고 있었다.

농업시대의 먹거리 확보는 농사를 통해 이뤄졌기에 이 시대 인류의 경제활동은 농업에 집중되고 생존활동은 농토 확대를 중심으로 이뤄졌다.

농업시대에 인류는 넓은 농토를 확보하기 위해 숲을 벗어나 평야로 이동하기 시작했다. 그래서 자연스럽게 큰 강의 하류지역에 형성된 범람원으로 모여들었다. 강 하류의 범람원은 넓은 평야를 제공할 뿐 아니라 농사에 필수적인 물을 구하기도 쉬운 곳이었기 때문이다.

인류가 주거지를 숲에서 강으로 옮겨가면서 생겨난 도시들은 마침내 황허문명, 메소포타미아문명, 인더스문명, 이집트문명까지 4대 문명을 형성했다. 이렇듯 인류의 문명은 처음에는 거대 하천을 중심으로 형성되었다가 점차 바다와 대륙으로 나아갔다. 하천문명은 선박의 발달에 힘입어 육지 주변의 해안으로 퍼져나가는 한편, 수레의 발달에 힘입어 대륙으로도 확산되었다. 이후 인류문명은 해양문명과 대륙문명의 양대 축을 중심으로 발전하였고, 그 과정에서 문명의 이합집산이 일어났다.

강 하류에서 성장한 도시들은 곧 국가의 형성으로 이어졌다. 초창기의 국가는 씨족연맹체인 부족국가 형태를 띠었고, 이어서 농토 확장 전쟁을 통해 여러 부족국가가 결합되면서 부족연맹체인 소국들이 발생했다. 소국은 국력이 강한 나라를 중심으로 다시 연합체를 이뤄 소국 연맹국가를 형성했고, 소국연맹국가는 다시 중앙집권국가로 변모했다. 중앙집권국가의 성립으로 농토 확장 경쟁은 더욱 치열해졌고, 먼저 중앙집권화에 성공한 국가가 소국연맹국가들을 병합시키면서 그리스, 로마, 진, 한 같은 거대한 전제군주국가를 일궜다. 이후로 이들 제국들은 분열과 통합을 반복하며 중앙집권화된 왕조시대를 이어간다.

농토 확장과 함께 노동력 확대 정책도 이뤄졌다. 승전한 국가는 확대된 농토를 경작하기 위해 패전국의 주민들을 끌고 와서 노예로 삼았다. 또한 씨족의 결합을 통해 부족이 형성되고, 부족의 결합을 통해 국가가 형성되면서 신분과 계급이 발생했다. 게다가 국가 내부에서는 부족장들의 권력다툼이 이어지면서 승자는 왕으로 군림하였고, 그것은 곧 왕족이라는 특권층을 유발했다. 이후로 대다수의 국가는 왕족, 귀족, 평민, 노예 등의 신분 구조 속에 놓이게 되었다. 물론 국가 구성원의 대다수는 하층민인 평민과 노예였다.

농업의 성장은 노동의 능률성을 높이기 위한 도구의 발전을 낳았다. 도구를 다양화시켰을 뿐 아니라 도구의 재료도 돌에서 청동으로, 청동에서 철로 변모하였다. 이른바 석기시대를 넘어서 청동기시대를 거치고 철기시대를 구가했다. 그 도구들은 대부분 가정에서 손으로 만들어졌다. 가정에서 만들어 공급하기 힘든 것들은 작은 규모의 공장에서 생산되기도 했다. 하지만 도구를 만드는 과정은 대부분 손기술에 의한 것이었다. 그 과정에서 초기 단계의 기계들이 만들어졌고, 이는 공업의 발달을 촉진한다.

농업의 도구뿐 아니라 주거공간과 의복에도 많은 변화와 발전이 있었다. 게다가 서로가 생산한 농산물을 교환하면서 시장이 발생하고, 이는 상업의 발달로도 이어졌다. 인류의 경제가 보다 다양화되고 복잡해진 것이다.

이런 경제의 복잡성은 종교에도 그대로 반영된다. 숲에서 나온 인류는 토테미즘이나 애니미즘 대신 좀 더 고등한 종교에 의존하게 되었다. 숭배하는 신은 숲속에 있던 존재에서 태양이나 하늘 등 좀 더 먼 존재로 확대되고, 그것은 다시 보이는 대상에서 보이지 않는 대상으로 확대된다. 이에 따라 신을 불러들이는 존재인 샤먼, 즉 무당 또는 제사장을 등장시킨다. 이후 종교는 다시 학문의 발전과 함께 복잡한 교리를 갖춘 기독교, 불교 등의 고등종교로 진화한다.

이 농업시대는 인류가 남긴 역사 기록에서 가장 많은 분량을 차지하는데, 그 기록의 중심에는 대제국의 흥망성쇠가 있다.

인류 문명과 대제국의 출현

문명의 발생과 확대

서기전 8천 년경부터 인류는 생존을 위한 먹거리 확보 전선에 새로운 길을 열었다. 자연을 대상으로 채집과 수렵에만 의존하던 인류는 씨를 뿌려 밭을 일구고 야생동물을 가축으로 기르기 시작했다. 농사와 목축이라는 새로운 방법으로 식량을 확보하기 시작한 것인데, 이러한 일들이 간석기(마제석기) 중심의 신석기시대에 일어났다고 하여 '신석기혁명'이라고 부른다. 농업을 통하여 인류가 식량 확보 작업에 혁명적인 전환기를 맞이했기 때문이다.

농업의 발달은 인류의 문명에 엄청난 변화를 일으켰다. 가장 먼저 변한 것은 농사도구였다. 농사를 짓기 시작한 인류는 작업의 효율성을 높이기 위해 농기구를 만들었고, 그 과정에서 도구는 한층 세밀하고 정교해졌다. 이후 농기구는 얼마간 석기에 의존하다가 이내 석기를 밀어내고 청동기를 거쳐 철기로 나아가게 된다.

농업의 발달 이후 인류는 자연스럽게 농토를 찾아서 숲에서 나와 넓은 평야가 형성된 강 주변으로 몰려들었다. 이 때문에 큰 강 주변에는 도시들이 형성되었고, 그 도시들은 곧 인류문명의 중심지가 되었다.

인류가 강의 하류에 형성한 문명 가운데 가장 대표적인 것은 메소포타미아, 이집트, 인더스, 황허의 4대 문명이었다. 이 문명들은 인류의 활발한 이동에 힘입어 영역을 확대하면서 서로의 결합과정을 거쳐 거대한 문명으로 발전한다.

문명의 결합과 확대는 인류의 이동으로 동양과 서양 양쪽에서 동시다발적으로 이뤄졌다. 우선 서양과 중동의 문명 형성을 살펴보자면 이집트문명과 메소포타미아문명이 그리스에서 결합되어 에게해문명으로 확대되었고, 에게해문명은 다시 로마에 의해 지중해문명으로 확대되었다. 이후 지중해문명은 남쪽과 북쪽으로 확대되어 북아프리카문명과 유럽문명, 서아시아문명을 형성했다. 따라서 서양문명과 중동문명은 기본적으로 지중해 중심의 해양문화를 중심으로 발달했음을 알 수 있다.

한편, 동양에서는 인더스문명이 동쪽으로 이동하여 갠지스문명과 결합함으로써 인도문명을 형성했고, 황허문명은 남쪽의 양쯔문명, 북쪽의 랴오허문명과 결합하여 다시 중국문명을 형성했다. 이후 인도문명이 인도차이나를 타고 올라가 중국문명과 결합하였고, 중국문명은 중앙아시아 유목민에게 전해진 후, 그들의 확장과 이동에 의해 중동과 인도로 밀려들었다. 따라서 동양문화는 중국과 인도 중심의 대륙문화를 기반으로 발달했음을 알 수 있다.

이렇듯 인류문명은 유라시아 대륙과 아프리카 북부지역을 중심으로 발달했는데, 유라시아 대륙의 동쪽, 동아시아 지역의 문명은 시베리아를 타고 북동쪽으로 흘러가 아메리카문명의 뿌리인 올메카문명을 형성하였다.

이러한 문명의 형성과 확대는 대개 메소포타미아문명이 시작된 서기전 8천 년에서 올메카문명이 형성된 서기전 1500년 사이에 이뤄졌다.

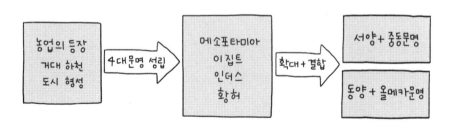

[세계문명 형성과정]

98

대제국의 출현

문명의 확대와 함께 농업시대는 국가를 출현시켰다. 초기의 국가들은 대개 하천을 주변으로 형성된 도시국가들이었다. 이들 도시국가들이 확대되면서 왕조가 출현했고, 각국의 왕조들은 농토 확대와 더불어 농토에서 일할 인력을 조달하기 위해 끊임없이 영토 확대 전쟁을 일삼았다.

이런 영토 확대 전쟁이 지속되자, 국가 간에 약육강식 현상이 일상화되었고, 그것은 결국 최강국만이 살아남는 결과를 낳았다. 이처럼 약육강식의 각축전에서 살아남은 최강국은 대제국이 되었다. 이렇게 형성된 대표적인 대제국으로는 유럽의 헬레니즘제국과 로마제국, 중동의 이슬람제국, 인도의 마우리아제국과 굽타제국, 무굴제국 등이 있었고, 중국 대륙에서는 진, 한, 위진, 수, 당, 송, 요, 금, 원, 명, 청 등이 있었다.

이 같은 대제국의 형성은 농토 확대를 가장 중요한 생존활동으로 여기던 농업시대의 특징적 현상이었으며, 이들의 흥망성쇠는 곧 농업시대의 근간이 되었다.

유럽의 대제국

에게해의 패권 다툼

지중해 중심의 서양에서 처음으로 대제국을 건설한 나라는 마케도니아였다. 마케도니아가 대제국으로 성장한 배경에는 에게해문

[에게해 지도]

명을 일궈낸 그리스의 도시국가들이 있었다. 그들 가운데 맨 처음으로 최강의 도시국가로 군림한 나라는 미케네였다. 미케네는 서기전 1400년경에 강력한 라이벌이었던 크레타를 공격해 멸망시킨 이래 200년 동안 나머지 주변 도시국가들을 차례로 병합하였고, 서기전 1200년에 이르러서는 하나의 왕국을 건설한다. 이후 미케네는 북쪽으로 세력을 확대하며 에게해를 중심으로 영토 병합 전쟁을 지속한다. 하지만 전쟁이 끊임없이 계속되는 바람에 미케네는 점점 황폐화되고 말았다.

그렇게 약 800년이 지난 뒤에 에게해 주변의 패권을 쥔 나라는 아테네와 스파르타였다. 이들 두 나라는 주변 도시국가들을 식민화하거나 또는 연맹을 맺고 서로 세력 대결을 벌였고, 결국 이들의 패권 다툼은 펠로폰네소스전쟁으로 이어졌다.

펠로폰네소스전쟁은 서기전 431년에서 404년까지 아테네 주도의 델로스 동맹과 스파르타 주도의 펠로폰네소스 동맹 사이에 일어난 전쟁이었다. 이 전쟁은 결국, 스파르타의 승리로 끝났고, 이후 지금의 그리스와 터키 사이에 위치한 에게해의 주도권은 스파르타가 가지게 되었다. 하지만 스파르타는 또 다른 라이벌이었던 테베에 패배하여 패권을 상실하였고, 이후 테베는 신흥강국 마케도니아왕국에 패권을 내주게 된다. 그리하여 서기전 340년에 이르면 마케도니아왕국이 그리스의 주도권을 장악한다.

헬레니즘제국

당시 마케도니아의 왕은 필립포스였다. 그는 그리스의 패권을 장악한 뒤, 그리스 연맹을 만들어 동방에서 또 하나의 제국을 형성하고 있던 페르시아 정벌을 선언했다. 하지만 필립포스는 페르시아 정벌에 나서지 못하고 암살되었고, 그를 이어 스무 살의 젊은 왕 알렉산드로스가 즉위했다. 알렉산드로스는 아버지 필립포스왕의 유지를 받들어 페르시아 정벌에 나섰다.

당시 페르시아는 그리스에게는 가장 위협적인 존재였다. 당시 페르시아는 지금의 이란 땅을 비롯하여 동쪽으로는 아프가니스탄과 파키스탄, 서쪽으로는 이라크, 시리아, 요르단, 아르메니아 등을 차지하고 있던 중동의 대제국이었다. 또한 페르시아는 늘 그리스 땅을

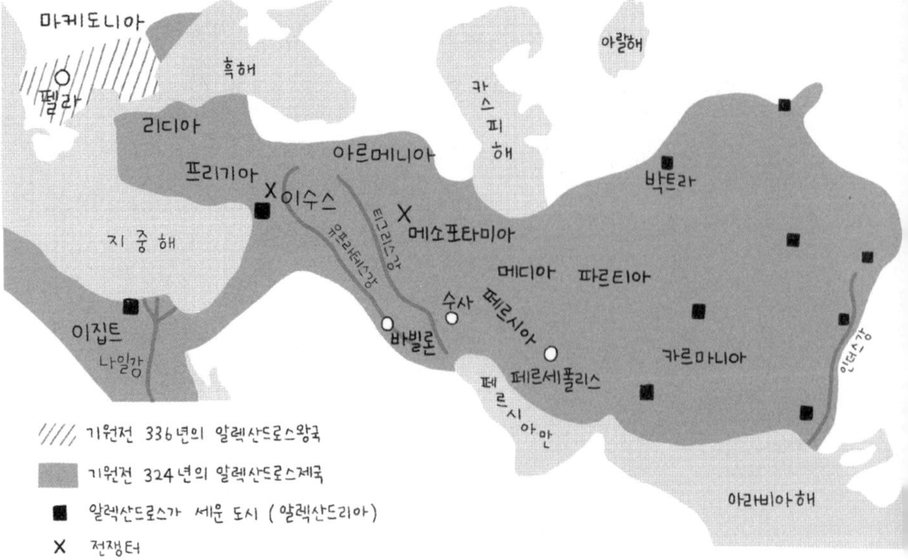
마케도니아
펠라
흑해
아랄해
카스피해
리디아
아르메니아
프리기아
이수스
박트라
지중해
메소포타미아
티그리스강
유프라테스강
메디아
파르티아
수사
페르시아
바빌론
이집트
나일강
페르세폴리스
카르마니아
인더스강
페르시아만
아라비아해
기원전 336년의 알렉산드로스왕국
기원전 324년의 알렉산드로스제국
알렉산드로스가 세운 도시 (알렉산드리아)
전쟁터

[헬레니즘 제국 지도]

넘보며 침략의 기회를 엿보았다. 그래서 서기전 490년의 다리우스 대왕 시절에는 그리스 정벌에 나서기도 했다. 이것이 마라톤전쟁으로 유명한 제1차 페르시아전쟁이다. 하지만 제1차 전쟁에서 페르시아는 패했고, 이후 그리스와 페르시아는 평화조약을 맺었다. 이후 페르시아는 서기전 480년에 다리우스의 아들 크세르크세스왕의 주도로 제2차 페르시아전쟁을 일으켰다. 그러나 페르시아는 살라미스해전에서 다시 패배하여 그리스 정벌에 실패하고 말았다.

알렉산드로스의 페르시아 원정은 과거 두 번에 걸친 페르시아의 공격에 대한 응징이었다. 알렉산드로스는 서기전 334년에 6만 명의 그리스 연맹군을 이끌고 지금의 터키 땅인 소아시아로 진군하여 페르시아를 공략했다. 이후 알렉산드로스와 페르시아의 다리우스 3세의 대결이 본격화되었고, 결과는 알렉산드로스의 대승이었다.

알렉산드로스는 기세를 몰아 소아시아, 페니키아, 시리아, 이집트를 차례로 정복하고, 다시 페르시아로 진군했다. 그리고 승전을 거듭한 끝에 페르시아를 궤멸시켰다. 그 과정에서 페르시아의 왕 다리우스 3세는 부하에게 목숨을 잃었다. 이로써 알렉산드로스는 대제국을 이뤘는데, 이를 헬레니즘제국이라고 부른다.

한편, 페르시아의 수도 페르세폴리스를 점령하고 궁궐까지 불태운 뒤에도 알렉산드로스는 동쪽으로 계속 진군했다. 서기전 326년에는 인더스강을 건너 인도 중부 펀자브 지방까지 이르렀고, 여기에서 회군하던 중에 병을 얻어 3년 뒤인 서기전 323년에 생을 마감했다. 이렇게 해서 알렉산드로스의 동방원정은 12년 만에 막을 내렸다.

알렉산드로스의 동방원정을 통해 동서양 문화가 하나로 합쳐졌고, 그래서 탄생한 것이 헬레니즘문화였다. 또한 헬레니즘문화와 인도 문명이 만나 불교의 간다라 미술을 낳기도 한다.

그러나 알렉산드로스의 제국은 그가 죽은 뒤에 불과 13년밖에 버티지 못하고 이란과 소아시아 지역에 걸쳐 형성된 셀레우코스왕국, 이집트의 프톨레마이오스왕국, 그리스 본토의 안티고노스왕국 등으로 분열되고 말았다.

로마제국의 탄생

헬레니즘제국에 이어 대제국의 바통을 이은 나라는 로마였다. 헬레니즘제국이 분열된 이후인 서기전 291년에 로마는 주변의 여러 나라와 전쟁을 치른 끝에 이탈리아반도의 중부를 모두 차지했다. 이후 로마는 그리스의 식민지였던 남부를 병합하고, 다시 북진하여 서기전 272년에는 이탈리아반도 전체를 차지했다. 그러자 로마는 점점 지중해 일대로 세력을 넓혀갔고, 급기야 지중해에서 가장 강력한 국가였던 카르타고와 충돌했다.

이후 로마와 카르타고는 무려 80년 동안이나 지중해의 패권을 두고 세 차례에 걸친 전쟁을 벌였는데, 이것이 서기전 264년에서 서기전 146년까지 지속된 포에니전쟁이다. 서기전 264부터 13년 동안 지속된 1차 전쟁에서는 로마가 큰 이득을 보았다. 카르타고 영토였던 시칠리아를 차지하고 평화조약을 맺었기 때문이다. 하지만 서기전 218년에 시작된 2차 포에니전쟁에서는 카르타고의 장수 한니발에게 대패하여 한때 로마까지 위기에 처했다. 그런데 로마의 집정관 푸블리우스 스키피오가 카르타고 본토를 공략하는 바람에 한니발은 급히 이탈리아에서 회군했고, 이후 로마군의 급습을 당한 카르타고는 결국 패배하고 말았다.

이렇듯 포에니전쟁에서 승리한 로마는 카르타고가 장악하고 있던 스페인을 비롯한 유럽의 모든 영토를 로마에게 넘겨주어야 했고, 그 덕분에 로마는 지중해 일대를 완전히 장악하게 되었다.

카르타고는 서기전 149년에 제3차 포에니전쟁을 일으켜 잃었던 옛 땅을 수복하기 위해 나섰다. 하지만 이번에는 로마에게 완전히 패배하여 카르타고 본토마저 잃었다. 로마군은 2년 동안 카르타고 도시를 함락한 뒤, 주민을 완전히 축출했으며 도시를 모두 불태우고 소금을 뿌려 폐허로 만들어버렸다.

그 무렵, 로마는 헬레니즘왕국들도 모두 차지한 상태였다. 심지어 알렉산드로스의 본토 마케도니아까지 모두 로마의 수중에 떨어져 있었다. 이후 로마는 아프리카로 진군하여 이집트의 프톨레마이오스왕국까지 병합함으로써 헬레니즘제국 전체를 병합해버렸다.

이 과정에서 로마 공화정 내부에서는 치열한 권력다툼이 진행됐다. 원래 로마는 왕정국가였으나 서기전 510년경 왕정을 폐지하고 이후 450여 년간 원로원 중심의 공화정이 이뤄졌다. 그런데 로마가 주변국들을 병합하는 과정에서 세력을 형성한 율리우스 카이사르, 그나이우스 폼페이우스 마그누스, 마르쿠스 리키니우스 크라수스 등 세 사람이 원로원의 눈을 피해 결탁한다. 이것이 기원전 59년경에 이뤄진 제1차 삼두정치였다. 그런데 세 명의 우두머리로 이뤄진 삼두정치는 카이사르의 배신으로 무너졌고, 결국 카이사르는 나머지 두 사람을 물리치고 중앙집권화를 확립한 뒤, 황제 격인 종신 독재관이 되었다. 그러자 기원전 44년경 브루투스 중심의 원로원 의원들이 카이사르를 암살하였다. 하지만 로마는 다시 내전을 겪은 끝에 카이사르의 양자인 가이우스 옥타비아누스가 서기 27년에 권력을 완전히 장악하고 황제가 되었다. 그가 바로 로마의 초대 황제 아우구스투스이며, 그 이후 로마는 1500년의 역사를 구가한다.

로마의 전성기와 동서 분열

로마의 역사는 1500년이나 이어졌지만, 전성기는 약 90년에 불과했다. 초대 황제인 옥타비아누스가 아우구스투스로 거듭난 이래 로마는 테오도시우스까지 약 400여 년간 거대한 대제국을 유지했다. 400년 중에 12대 황제인 마르쿠스 코케이우스 네르바(95~98년)로부터 트라이아누스, 하드리아누스, 안토니누스 피우스를 거쳐 철인 황제로 불리었던 16대 마르쿠스 아우렐리우스(161~180년)에 이르는 5현제 시절이 로마의 최전성기였다. 이들을 전후로 네로(재위 54~68년)와 같은 폭군이나 콤모두스(재위 180~192년) 같은 우둔한 황제도 등장하고, 군인들에 의해 황제들이 살해되는 군인황제시대도 거쳤다. 이후 로마제국은 대제국을 유지하다가 395년에 동서로 분열됨으로써 점차 힘을 잃었다.

로마제국이 동서로 분열된 주된 이유는 영토가 너무 컸기 때문이다. 지중해를 중심으로 유럽은 물론이고 소아시아와 팔레스타인, 시나이반도, 이집트를 비롯한 북아프리카 해안지역을 차지했으니, 이 광대한 영토를 하나의 통치 조직으로 지배한다는 것이 여간 어렵지 않았던 것이다. 그나마 로마가 강력한 통치력을 가졌기 때문에 이 거대한 영토를 400년이나 지배할 수 있었다.

동서분열의 발단은 330년에 콘스탄티누스대제가 수도를 로마에서 오늘날의 이스탄불인 비잔티움으로 옮긴 것에서 비롯되었다. 그는 비잔티움으로 천도한 이후 그곳을 콘스탄티노플로 개명하고, 권력과 부와 문화 등 로마의 모든 중심축을 비잔티움으로 이동시켰다.

[로마의 전성기와 동서 분열]

이후로 로마제국은 로마와 콘스탄티노플이라는 두 개의 중심축을
가지게 되었다. 그리고 395년에 테오도시우스대제가 죽자, 로마는
그의 두 아들 아르카디우스와 호노리우스가 각각 동부와 서부를 맡
으면서 동서분열이 현실화되었다.

　　당시 동로마는 다키아(루마니아와 몰도바 지역)로부터 마케도니아, 아시
아, 폰토스, 오리엔트(이라크, 시리아, 요르단, 이스라엘 등), 트라키아(불가리아 남
부, 그리스 북동부, 터키의 유럽 쪽 영토), 이집트 등으로 이뤄져 있었다. 또 서
로마는 서쪽으로는 히스파니아(이베리아반도)와 아프리카 북부, 북쪽으

로 갈리아(현재의 프랑스, 벨기에, 스위스 서부, 그리고 라인강 서쪽의 독일을 포함하는 지방), 브리타니아(오늘날 영국의 그레이트브리튼섬), 게르마니아(라인강 동쪽의 독일, 폴란드, 체코 등), 그리고 본국 이탈리아와 로마를 포함한 영역이었다.

서로마의 붕괴와 유럽 고대의 종말

로마의 동서 분열 이후 서로마는 불과 80년 만에 무너지고 만다. 서로마 몰락의 원인은 세 가지였다. 우선은 중앙아시아의 유목 민족인 훈족의 침략이었고, 다음으로는 훈족에게 밀려난 게르만족의 대이동에 따른 혼란, 마지막으론 자체 내분이었다. 그래서 476년에 황제 로물루스 아우구스투스가 게르만 용병대장 오도아케르에 의해 쫓겨나면서 서로마는 몰락하였다. 이후로 로마는 비잔티움을 중심으로 로마제국 동부지역을 지배하며 약 1천 년의 세월을 더 이어간다.

이 무렵, 무너진 서로마 지역에는 여러 왕국들이 건국되었다. 스페인에는 서고트왕국, 이탈리아에는 동고트와 롬바르드왕국, 아프리카 북안에는 반달왕국, 남프랑스 지역에는 부르군트왕국, 영국에는 앵글로색슨왕국, 북프랑스 및 독일에는 프랑크왕국 등이 들어섰다. 게르만족의 일파인 고트족과 프랑크족이 가장 큰 세력을 형성한 셈이다. 이들은 훗날 스페인, 포르투갈, 영국, 프랑스, 독일, 이탈리아 등의 서유럽 국가와 모로코, 알제리 등의 아프리카 국가들을 형성하게 된다.

대개 유럽의 역사에서는 서로마가 멸망하기 전까지를 고대라고 지칭하고, 서로마 멸망부터 르네상스가 일어나던 시기인 15세기까지 약 1천 년을 중세라고 칭한다. 또한 중세와 근대 사이, 즉 르네상스와 산업혁명 사이의 300년을 근세라고 부른다. 말하자면 농업시대를 고대와 중세, 근세로 구분했던 셈이다. 그래서 현재의 세계사는 유럽의 이런 시대 구분법에 따라 '원시시대-고대-중세-근세-근대-현대' 등으로 구분한다. 하지만 이미 언급했듯이 중세는 유럽의 역사에만 있었기 때문에 다른 곳의 역사에 대입하기 마땅치 않고, 근세 또한 동양의 역사에 대입하기엔 무리가 있다. 그렇지만 유럽의 역사를 이해하기 위해서는 중세와 근세의 개념을 익혀둘 필요가 있어 별도로 언급하고자 한다.

영주와 교황의 시대 - 중세

서로마가 붕괴된 이후 유럽은 이른바 중세시대를 맞이하게 되는데, 중세시대의 특징은 봉건영주제와 기독교의 지배, 두 가지로 요약될 수 있다.

기독교가 유럽을 지배하게 된 배경에는 콘스탄티누스대제의 기독교 공인과 테오도시우스대제의 기독교 국교화가 있다. 로마는 원래 기독교를 금지했으나 교세가 확장되고 교인이 늘어남에 따라 정치적 필요성에 의해 공인하고 국교로 지정하기까지 했던 것이다. 이후 기독교의 힘은 더욱 강력해져서 급기야 교황이 황제의 권력을 능가하기에 이르렀고, 이후 유럽사회는 철학, 과학 같은 학문은 물론이고 교육, 문화와 관습에 이르는 모든 영역이 기독교의 틀에 한정되었다. 때문에 중세시대를 암흑시대라고 부르기도 한다.

이렇듯 유럽은 기독교의 지배하에 봉건영주제를 정착시켰다. 이 제도는 황제와 지방의 영주가 군신 관계를 맺고, 지방의 관리권을 영주가 갖는 대신 황제는 영주의 충성을 보장받고 그들을 보호하는 구조다. 이런 관계는 황제와 각국의 왕, 왕과 대영주, 대영주와 소영주 사이에 맺어진 일종의 피라미드식 계약관계를 통해 성립되며 그 계약의 매개체는 영주가 지배하는 땅인 장원이다. 영주는 자신의 장원과 그곳 주민에 대한 지배권을 얻는 대신 왕 또는 황제에게 충성을 다한다. 또한 대영주는 소영주를, 소영주는 더 작은 장원의 소영주를 지배하는 피라미드식의 계층적 권력구조를 형성한다. 이런 봉건제 아래에서는 왕이 영주들보다 더 많은 직할지를 소유함으로써 경제력과 권력을 유지한다.

이런 중세시대가 약 1천 년 동안 이어지는 과정에서 서유럽의 각국들은 동로마제국과 여러 차례 마찰을 일으켰다. 서로마 붕괴 이후 동로마는 한때 유스티아누스 1세에 의해 서로마의 상당 지역을 회복했지만, 중동의 강자로 성장한 아랍인들의 공격을 받는 바람에 국력이 약화되었고, 설상가상으로 프랑크왕국의 힘이 강화되어 신성로마제국이 등장하는 바람에 세력은 더욱 위축되었다. 이후 신성로마제국과 동로마의 패권 다툼이 지속되었다.

이렇듯 신성로마제국과 동로마가 각축전을 벌이는 가운데 중동에도 큰 변화가 일어났다. 이슬람교가 일어나 아랍을 중심으로 세력을 키워 이집트와 아프리카 북부 해안지역을 모두 차지하고 이탈리

[중세시대 지도]

아 남쪽의 시칠리아마저 점령했다. 그런 상황에서 중앙아시아의 튀르크족이 남하하여 아랍을 압박했다. 튀르크는 서아시아와 이집트 및 북아프리카 해안지역을 장악하고 이어서 동로마를 위협했다. 이에 동로마는 로마 가톨릭 교황에게 도움을 청했고, 로마 교황은 성지 예루살렘 탈환을 주장하며 여덟 차례에 걸친 십자군 원정을 단행했다. 이후 무려 180년 동안 십자군전쟁(1096~1270년)이 지속되면서 기독교와 이슬람 세계의 갈등은 더욱 심화되었다. 또한 제4차 십자군 원

III

정 때에는 십자군이 동로마로 쳐들어가 보물을 약탈하는 사건이 벌어지면서 십자군의 성격이 크게 변질되기도 했다.

십자군전쟁은 결국, 이슬람의 승리로 종결되었고 그 여파로 교황의 권위는 나락으로 떨어졌다. 심지어 교황이 프랑스의 아비뇽에 연금되는 지경에 이르렀고, 그 이후 한동안 로마가 아닌 프랑스에 교황이 머무는 사태가 지속되었다.

그런 가운데 신성로마제국의 패권은 합스부르크 왕실이 장악했으며, 그로 인해 서유럽은 프랑스와 합스부르크 왕실 사이의 패권경쟁으로 치달았다. 이는 곧 봉건제도와 기독교의 지배로 대변되는 중세의 종막을 의미하는 것이었다.

르네상스, 중상주의, 시민계급이 등장한 시대 - 근세

교황의 힘이 무너지자, 유럽은 르네상스가 시작되면서 근세로 접어든다. 문예부흥 또는 문화혁신운동 등으로 해석되는 르네상스는 이탈리아 중부 피렌체에서 시작되었다. 피렌체는 지중해 무역이 번성하여 동로마나 중동지역을 장악하고 있던 이슬람문화의 영향을 많이 받은 덕에 인문주의, 즉 신 중심에서 사람 중심의 생각으로 바뀌기 시작했다. 이는 결과적으로 건축, 회화, 조각, 음악 등에서 인간 중심의 문화를 낳았다.

이탈리아의 인문주의 경향은 이내 유럽 각국으로 전파되어 프랑스, 독일, 영국, 스페인, 폴란드, 네덜란드 등에서도 르네상스가 활발하게 전개되었다.

서유럽에서 르네상스가 전개되고 있는 사이 오스만튀르크제국은 세력을 확대하여 1453년에 동로마의 수도 콘스탄티노플을 함락했다. 이로써 1500년 동안 지속되던 로마제국의 역사에 종지부를 찍었다.

한편 유럽의 르네상스는 약 130여 년간 지속되다가 1517년에 마틴 루터가 종교개혁을 일으키면서 종결된다. 종교개혁 이후 서유럽의 교회는 로마 가톨릭교회와 개신교로 분열되었고, 이것은 다시 신·구교 사이의 종교전쟁인 30년 전쟁(1618~1648년)으로 이어진다.

30년 전쟁은 신교와 구교를 지지하는 국가들 간의 종교전쟁이자 전제군주정과 봉건제도의 대립이기도 했다. 이는 결과적으로 신성로마제국 황제를 배출하고 있던 합스부르크왕가와 프랑스의 싸움이기도 했다. 30년 동안 지속된 이 전쟁은 인류의 전쟁사에서 가장 잔혹한 전쟁으로 기록되었으며, 전쟁으로 인한 사망자 수는 무려 800만 명이나 되었다.

종교개혁을 통한 로마 가톨릭의 약화는 각국 왕들의 힘을 강화시켰다. 당시 유럽에서는 왕의 권한은 신으로부터 부여받았다는 왕권신수설이 유행했는데, 각국의 왕들은 이를 이용하여 왕권을 극대화했다. 이를 절대왕정이라고 하는데, 왕들은 절대왕정을 위해 군대를 확대하고 관료의 수를 늘렸다. 하지만 이를 위해서는 막대한 재정이 필요했다. 그래서 왕들은 재정을 확보하기 위해 상업과 무역 활동을 강화하여 국가의 부를 증진시키고자 했다. 이를 흔히 중상주의 정책이라고 한다.

중상주의 정책의 핵심은 국내 산업을 보호하고 육성하여 경제를 비약적으로 발전시키는 것이었다. 이 때문에 수출은 장려하지만 수입은 금지하거나 억제했고, 그 수단으로 높은 관세를 부과했다. 또한 해외시장을 확보하기 위해 식민지 건설에도 적극적이었다. 이는 결과적으로 신항로 개척과 신대륙 진출을 가속화하였으며 대자본을 축적하여 상업이 급속하게 발전되면서 시작되었다.

　상업의 발달은 상인의 힘을 강화시켰고, 상인의 성장은 다시 시민 계급을 등장시켜 시민혁명을 유발했다.

　시민혁명의 시작은 영국에서 이뤄졌다. 영국 시민은 의회파와 왕당파의 내전 끝에 청교도혁명(1640~1660년)을 일으켜 찰스 1세를 참수하고 혁명정부를 세웠다. 하지만 혁명의 선봉에 섰던 크롬웰이 독재를 일삼는 바람에 크롬웰이 죽은 뒤 다시 찰스 2세가 왕위에 올랐다. 찰스 2세와 그의 아들 제임스 2세는 청교도를 몹시 박해했는데, 청교도 중심의 영국 의회는 이에 대한 반발로 네덜란드의 오렌지공 윌리엄 세력을 불러들여 제임스 2세를 내쫓아버렸다. 이후 영국의회는 권리장전을 마련하여 윌리엄에게 서명하게 한 뒤, 그를 영국 왕으로 삼았다. 이 사건을 흔히 명예혁명이라고 부른다.

　한편, 청교도혁명의 영향으로 유럽 각지에서는 농민과 시민들의 봉기가 이어졌고, 이로 인해 시민의식이 급성장했다. 그런 가운데, 유럽은 르네상스에 기반하여 과학을 빠르게 발전시켰다. 그 배경에는 이성중심의 철학들이 있었다. 합리주의와 경험주의로 대변되는 이 시대의 철학은 과학적 사고를 이끌어내는 데 중추적인 역할을 했다. 특히 베이컨이 주창한 영국의 경험주의는 기계문명의 발달을 촉진시켰다.

이 시대 과학 발달의 촉진제 역할을 한 것은 천문학과 물리학이었다. 코페르니쿠스의 지동설과 갈릴레이의 천체망원경, 뉴턴의 만유인력의 법칙이 대표적이었다. 이런 과학적 사고는 영국에서 기계문명의 발달로 이어졌고, 그것은 다시 산업혁명을 일으켰다. 영국의 산업혁명은 프랑스, 독일 등으로 퍼져나가 유럽을 새로운 시대로 이끌었다. 인류사에서 농업시대를 종결시키고 공업시대를 개창한 것이다. 이 공업시대와 함께 이른바 근세가 막을 내리고 근대가 시작되었다.

이슬람의 대제국

이슬람제국의 형성

로마에 의해 기독교가 국교화되면서 유럽에는 기독교 중심의 문화가 형성되었는데, 이런 상황에서 이집트문명과 메소포타미아문명에 기반을 둔 중동은 이슬람교 중심의 문화가 형성된다. 중동이라고 하면 대개 지중해 동쪽부터 페르시아만까지의 영역을 포함하는 아시아의 서부지역을 일컫는데, 보다 넓은 의미로는 이슬람 문화가 형성된 중앙아시아와 북아프리카의 국가들까지 포함한다. 이 지역에 속한 국가는 모두 37개국이며, 영토는 유럽보다 넓고 인구도 유럽에 뒤지지 않았다.

프랑크왕국

비잔티움 제국

흑해

아랄해

카스피해

탈라스

콘스탄티노플리스

코르도바

지중해

다마스쿠스 ○ 바그다드

카이로

페르시아만

아라비아

메디나

홍해

메카

아라비아해

/// 무함마드 사망시까지의 정복지

정통 칼리프 시대의 정복지

우마이야왕조 시대의 정복지

아바스 왕조의 최대 영역

[이슬람제국 지도]

이 광대한 영토를 지배한 이슬람제국의 기반은 무함마드가 창시한 이슬람교였다. 무함마드는 7세기 초에 이슬람교를 창시한 이후 아라비아반도 중부의 메디나를 중심으로 세력을 키워 제정일치사회인 이슬람국을 세우고 아라비아반도의 대부분을 차지한 인물이다. 632년에 그가 죽자, 이슬람국은 새로운 지도자 아부바크르를 칼리프로 삼고 세력을 확장하여 아라비아반도와 시리아를 차례로 점령했다. 이후 이슬람국은 세력을 더욱 확장하여 동으로는 페르시아를 무너뜨리고 서로는 이집트와 북아프리카 지역의 동로마 영토까지 차지해버렸다. 이로써 광대한 영토의 이슬람제국이 형성된 것이다.

116

이슬람의 내분과 갈등

이슬람제국의 영토 확장은 그 이후로도 계속되었고, 8세기 초에 이르러서는 이베리아반도까지 손안에 넣었다. 이렇듯 이슬람국은 불과 100년도 되지 않는 짧은 시간에 아라비아반도와 메소포타미아, 페르시아, 북아프리카, 이베리아반도까지 차지하며 대제국으로 성장했던 것이다. 그러나 대제국으로 확장되면서 내분이 일어났다.

이슬람교는 근본적으로 교인만 되면 혈통이나 민족에 상관없이 평등하게 대하는 종교였기 때문에 여러 민족 출신의 정치 지도자들이 섞여 있었다. 그 때문에 자연스럽게 파벌이 형성되고 정통성 시비까지 일어났다.

혈통에 대한 정통성 시비는 이슬람 세력을 무함마드의 혈통만이 지도자인 칼리프가 될 수 있다고 주장하는 시아파와 혈통에 상관없이 칼리프가 될 수 있다는 수니파로 갈라놓았다. 그래서 시아파는 무함마드의 사위 알리를 섬기는 양상을 띠었고, 수니파는 혈통에 상관없이 칼리프를 선택했다. 이후로 시아파와 수니파는 서로 영토를 다투며 대립했고, 결국 별도의 왕조를 세우기에 이르렀다.

이슬람제국은 원래 칼리프시대를 시작으로 옴미아드왕조를 거쳐 아바스왕조에 이르는 정통 왕조가 있었는데, 이는 정통 칼리프파인 수니파를 중심으로 형성된 왕조였다. 그런데 이에 불만을 품은 혈통 중심의 시아파는 10세기에 이르러 북아프리카를 중심으로 새로운 왕조를 만들어 수니파와 대립하게 되었다. 이것이 무함마드 알리의 딸인 파티마의 이름을 딴 파티마왕조이다.

이후 아바스왕조와 파티마왕조는 전쟁까지 치르며 패권 다툼을
지속했고, 아바스왕조는 파티마왕조와의 전쟁에서 여러 차례 패배
하여 힘을 잃었다. 그러자 여기저기에서 새로운 세력들이 일어나 왕
조를 건설했다.

셀주크제국

그 무렵 중앙아시아의 튀르크족이 남하하여 이슬람교를 믿기 시
작하면서 새로운 왕소들이 생겨났다. 튀르크족이 세운 왕조 가운데
가장 강력한 세력을 형성한 것은 셀주크왕조였다. 셀주크왕조는 종
이호랑이로 전락한 아바스왕조의 힘을 능가하는 강력한 세력으로
성장하였고, 기어코 셀주크제국이 건설되었다. 시리아, 이라크, 이
란 지역을 모두 차지한 셀주크제국의 세력 확장은 동로마를 위협
했고, 이것은 결국 십자군전쟁으로 이어졌다. 그런데 십자군전쟁의
와중에 셀주크제국은 내전이 일어나 여러 세력으로 나눠지는 상황
에 처했다.

셀주크가 내전에 시달리고 있을 무렵, 파티마왕조의 운명도 꺼져
가고 있었다. 쿠르드족 출신의 장수 살라딘이 1169년에 군대를 이끌
고 가서 파티마왕조를 무너뜨렸다. 이후로 아프리카의 이슬람제국
은 살라딘의 수중에 놓이게 되었는데, 그는 십자군과의 전쟁을 이어
가며 이집트에 아이유브왕조를 세웠다.

그런데 십자군전쟁이 막바지에 이르렀을 땐 가까스로 명맥만 유

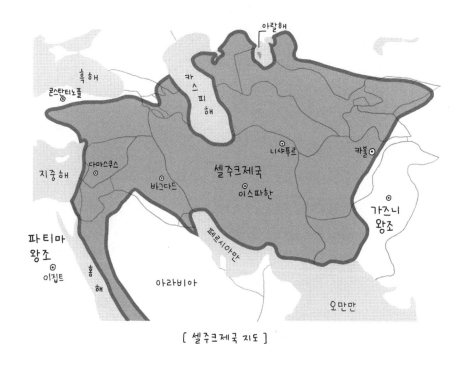

아랄해
흑해
콘스탄티노플
카스피해
다마스쿠스
지중해
바그다드
니샤푸르
카불
셀주크제국
이스파한
가즈니
왕조
파티마
왕조
이집트
홍해
페르시아만
아라비아
오만만

[셀주크제국 지도]

지하고 있던 아바스왕조와 실질적인 지배 세력이었던 셀주크왕조도
붕괴되었다. 이들을 한꺼번에 무너뜨린 것은 몽골군이었다. 몽골은
중국을 장악한 뒤에 다시 중앙아시아를 정복하고 남진하여 1258년
에 바그다드를 함락시키면서 서아시아와 페르시아 지역의 이슬람제
국을 장악해버렸다.

일거에 이슬람제국을 무너뜨린 몽골의 장수는 칭기즈칸의 손자
홀라구였다. 그는 서아시아 일대에 일칸국을 세웠고, 이후로 몽골은
무려 100년 동안이나 이곳을 지배했다.

오스만제국

한편, 몽골군이 바그다드로 향할 무렵에 아프리카에서는 살라딘이 세운 아이유브왕조도 사라졌다. 1250년 노예출신 군인 맘루크가 반란을 일으켜 맘루크왕조를 세운 것이다. 이후로 아프리카 이슬람 제국은 1517년까지 맘루크왕조가 지배했다.

몽골군대는 이 맘루크왕조도 공격했다. 훌라구는 바그다드를 점령한 여세를 몰아 아프리카로 향했고, 결국 몽골군과 맘루크군은 팔레스타인에서 일전을 벌였다. 결과는 의외로 맘루크의 승리였다. 이후 몽골군은 더 이상 아프리카를 넘보지 못했다.

그렇다고 맘루크군이 서아시아로 진군한 것은 아니었다. 서아시아 지역은 여전히 일칸국이 지배하고 있었다. 그런데 일칸국이 지배한 지 40년의 세월이 흘렀을 때, 소아시아(지금의 터키) 지역에 새로운 나라가 하나 건설되고 있었다. 바로 오스만튀르크였다. 이들은 몽골족을 피해 소아시아 지역으로 달아나 웅크리고 있었는데, 몽골의 힘이 약화되자, 세력을 확장하여 1299년에 나라를 세웠던 것이다.

이후 오스만은 소아시아 지역을 차지한 뒤, 세력을 급속도로 확대하여 유럽 발칸반도의 불가리아, 헝가리 지역을 수중에 넣었다. 하지만 오스만의 동쪽에는 여전히 칭기즈칸의 후손 티무르가 세운 칸국이 버티고 있었다. 오스만은 1402년 티무르와의 앙카라전투에서 패배하여 한때 몰락할 지경까지 내몰리기도 했다.

그런데 다행스럽게도 당시 몽골의 대원제국 상황이 극도로 악화되었다. 원나라는 중국에서 주원장이 세운 명나라에 패해 중원을 내

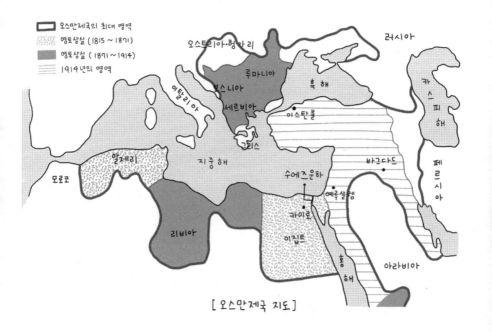

지도 내 라벨:

- 오스만제국의 최대 영역
- 영토상실 (1815 ~ 1871)
- 영토상실 (1871 ~ 1914)
- 1914년의 영역

오스트리아·헝가리
러시아
루마니아
보스니아
흑해
세르비아
이탈리아
이스탄불
카스피해
그리스
지중해
바그다드
페르시아
알제리
수에즈운하
모로코
예루살렘
카이로
리비아
이집트
홍해
아라비아

[오스만제국 지도]

주고 북쪽으로 달아난 상황이었고, 이 때문에 티무르는 본국을 지원하기 위해 군대를 이끌고 몽골로 향했다. 그러자 칸국의 힘은 크게 약화되었고, 덕분에 오스만은 칸국의 위협에서 벗어날 수 있다.

그러자 오스만은 군대를 이끌고 동로마로 쳐들어갔다. 발칸반도의 여러 지역을 장악한 상황이라 동로마의 수도 콘스탄티노플을 공략하는 것도 가능하다고 보았다. 오스만의 군대가 몰려오자, 동로마는 신성로마제국에 손을 내밀어 연합군을 형성했다. 그리고 로마 연합군과 오스만군은 코스보에서 일전을 치렀다. 두 차례에 걸친 전투 끝에 승리는 오스만군이 차지했다. 이에 오스만은 곧바로 콘스탄티노플로 진군하여 일거에 동로마를 함락시켜버렸다. 1453년 오스만은 그렇게 1500년을 구가한 로마 역사에 종지부를 찍는다.

그 이후 오스만은 동로마의 영토를 모두 차지했다. 서쪽으로 다시 진군하여 신성로마제국과 전투도 지속했다. 그러자 기독교 국가들은 모두 연합군을 형성하여 저항했다. 하지만 파죽지세로 밀고 드는 오스만군을 막기엔 역부족이었다. 이에 오스만은 1538년 프레베자 해전에서 기독교연합 함대를 대파하여 지중해 해상권을 장악해버렸다. 뿐만 아니라 아프리카로 진군하여 이슬람 세력을 하나로 결집했으며, 동쪽과 남쪽으로도 세력을 확대하여 아라비아반도의 서쪽 해안을 모두 차지하고 페르시아만까지 영토를 확장했다. 그야말로 다시 한 번 이슬람 대제국을 건설한 셈이다.

하지만 1571년에 레판토해전에서 기독교연합군에 참패를 당하면서 오스만의 기세도 꺾이기 시작했다. 그후 오스만제국은 1529년 신성로마제국의 심장부인 빈을 공격하여 패배를 설욕하려 했지만 이번에도 실패하고 말았다. 그 이후로는 유럽 기독교 세력이 강하게 단결하는 바람에 힘을 발휘하지 못했고, 그것은 곧 오스만제국의 전성기가 종막에 이르렀음을 의미했다.

오스만제국은 그 뒤로 몇 번이나 재기를 다지며 유럽을 공격했지만 번번이 패배하고 말았다. 18세기 이후 북방의 러시아가 새로운 강대국으로 부상하면서 오스만제국은 더욱 궁지에 몰렸다.

오스만은 18세기 이후 누차에 걸쳐 러시아와 전쟁을 치렀지만 단한 번도 이기지 못했고, 그 이후에도 러시아를 비롯한 영국, 프랑스 등 유럽 강국들에게 유린당하는 신세로 전락했다. 오스만제국의 영화는 그렇게 끝났다. 이는 산업혁명 이후 공업시대에 이르러 오스만이 서양 세력에 의해 갈기갈기 찢길 것이라는 예고이기도 했다.

인도의 대제국

마가다제국

유럽과 중동에서 로마와 이슬람 세력이 대제국을 형성할 당시 인도에서도 대제국의 역사가 시작되고 있었다. 인도 역사에서 처음으로 제국의 반열에 오른 나라는 서기전 6세기에 형성된 마가다제국이었다.

마가다제국 이전에는 인도 대륙에 16대국 시대가 전개되었는데, 마가다는 16국 가운데 하나였다. 그런데 16국 사이에 치열한 각축전이 전개되면서 마가다국이 주변의 여러 나라를 병합하여 대제국을 형성하게 되었다.

마가다제국시대에는 인도를 대표하는 힌두교, 불교, 자이나교, 시크교 등 4대 종교 중에 불교와 자이나교가 탄생한 시기이기도 하다. 또한 인도의 대표적인 제국인 마우리아왕조와 굽타왕조도 마가다제국에 뿌리를 두고 있다. 그런 의미에서 보자면 마가다제국은 인도 민족의 뿌리를 형성했다고 볼 수 있다.

마가다제국을 지배한 대표적인 왕조는 하리얀카왕조, 시슈나가왕조, 난다왕조 등이었다. 이 세 왕조 중에 난다왕조 시절에 가장 번성했다. 하지만 난다왕조의 위세는 마우리아왕조에 미치지 못했다.

인도 역사에서 실질적인 최초의 대제국은 마우리아왕조에 의해 건설되었기 때문이다.

마우리아제국

마가다제국 이후 인도의 대제국 건설은 마우리아왕조에 의해 성립되었는데, 이는 알렉산드로스의 침입 이후 무주공산이 된 인도 서북부를 장악하면서 시작되었다. 알렉산드로스가 군대를 이끌고 인더스강을 넘어 인도 대륙 중부까지 휩쓸다가 죽음을 맞이하자, 마우리아왕국의 찬트라굽타왕은 인도 서북부로 진군하여 그리스 세력을 몰아내고 서북 인도를 완전히 평정했다. 이후 급격히 세력을 확대한 굽타왕은 서기전 317년에 인도 대륙 영토의 대부분을 차지하여 대제국을 건설했다.

이렇듯 대제국을 건설한 마우리아제국은 찬드라굽타의 손자 아소카왕(서기전 260~서기전 218년)에 이르러 최전성기를 구가했다. 아소카의 치적(治績)은 주로 돌에 새겨진 비문들에 남아 있는데, 그는 독실한 불교 신봉자였다.

그가 불교를 믿게 된 것은 재위 9년째였다. 당시 그는 인도의 남동부지방을 정복했는데, 이 과정에서 전쟁의 참혹한 모습들을 보면서 불교를 믿게 되었다고 한다. 이후로 그는 무력정벌 전쟁을 벌이지 않는 대신 불법에 따라 살생을 삼가고 윤리를 권장하는 데 치중했다. 덕분에 그는 광활한 영토를 평화적으로 지배할 수 있었다.

하지만 마우리아제국의 영화는 아소카왕 대에서 끝나고 말았다.

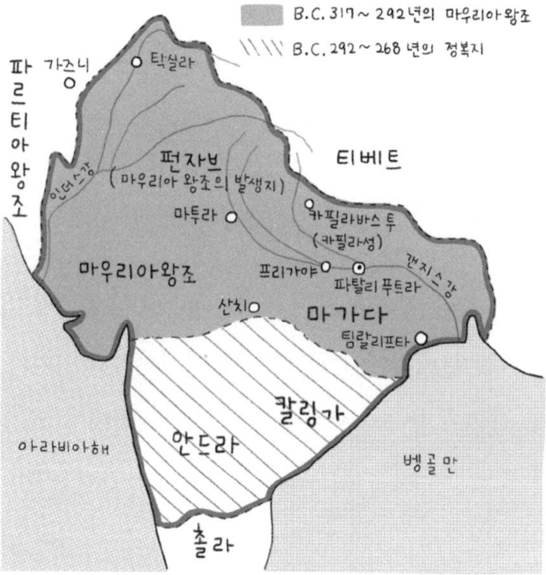
B.C. 317 ~ 292년의 마우리아왕조
B.C. 292 ~ 268 년의 정복지
파르티아왕조
가즈니
탁실라
인더스강
펀자브
(마우리아 왕조의 발생지)
티베트
마투라
카필라바스투
(카필라성)
마우리아왕조
프리가야
파탈리푸트라
갠지스강
산치
마가다
팀랄리프타
칼링가
안드라
아라비아해
벵골만
촐라

[마우리아제국 지도]

아소카왕이 죽은 이후 외침과 내분에 시달리다가 서기전 185년에 몰락했던 것이다.

마우리아제국을 무너뜨린 인물은 당시 군사령관으로 있던 푸샤미트라였다. 그는 반란을 일으킨 뒤 서기전 187년에 숭가왕조를 일으켰다. 그러나 숭가왕조는 100년 남짓 유지되다 멸망했고, 연이어 들어선 왕조가 칸바왕조였다. 칸바왕조는 숭가왕조의 재상 출신이 세웠는데, 이 역시 50년 만에 안드라 가문 세력에 의해 몰락했다.

그 이후 들어선 것이 안드라 가문에 의해 세워진 사타바하나왕조(서기전 230년~서기후 220년)였다. 이는 서기전 3세기 말에 시무카라는 인물에 의해 일어났는데, 데칸고원을 중심으로 번성했다. 사타바하나왕조는 흔히 안드라왕조라고 부르기도 한다. 사타바하나왕조는 숭가왕조를 병합 뒤에 250년 정도 유지되다가 3세기 초에 몰락했다. 이후 인도 대륙을 장악한 세력이 쿠샨왕조였다.

쿠샨제국

서기전 170년경, 한 무리의 세력이 흉노족의 압박에 밀려 인도 땅으로 들어왔다. 중국에서 월지족이라 부른 쿠샨족이었다. 그들은 원래 중국 서북부 감숙의 서쪽 끝에서 돈황 지역에 걸쳐 살고 있었다. 그런데 흉노족이 대대적이 침략을 가해오자, 그들은 서쪽으로 이동하여 인도 땅으로 밀려들었던 것이다.

쿠샨족이 밀려든 땅은 박트리아왕국이라는 작은 나라였다. 박트리아는 그들에게 땅을 나눠주고 함께 살았고, 시간이 지나면서 쿠샨족은 박트리아의 다섯 부족 가운데 하나가 되었다. 그리고 100여 년이 지나 쿠샨족은 박트리아 전체를 통일하고 쿠샨왕조라고 일컫게 된다.

이후 쿠샨족은 세력을 확대하여 인더스강 지역과 갠지스강 지역으로 영토를 넓혔고, 결국 인도 북부를 완전히 차지한다. 이곳에 대제국의 기틀을 이룬 왕은 서기 50년경 왕위에 올라 30년 가까이 재위한 카드피세스 1세였다. 그는 당시까지 인도에 남아 있던 그리스 세력을 완전히 소멸시키는 한편, 해상로를 장악하여 변방을 안정시켰다. 이후 그는 로마와 친선 관계를 맺어 문화를 교류하였고, 중국과는 대치하였다. 당시 후한시대였던 중국은 실크로드를 개척하여

[쿠샨제국 지도]

세력을 넓히면서 인도를 위협하고 있었기 때문이다.

이후 쿠샨제국은 거듭 세력을 확대하여 지금의 타지키스탄, 카스피해, 아프가니스탄, 갠지스강 상류 지역에 이르는 광대한 영토를 확보했다.

쿠샨제국은 문화적인 면에서 그리스의 영향을 많이 받았다. 그래서 그리스 문자를 쓰고, 그리스 동전을 본뜬 금화를 만들어 유통시키기도 했다. 또한 그리스 미술을 받아들여 이른바 간다라 양식의 불교 문화를 발전시키기도 했다. 덕분에 간다라 미술 속에 불상이 등장했는데, 이는 그리스의 조각 문화와 불교가 만난 결과였다.

쿠샨제국에서 불교가 가장 융성했던 시기는 최전성기였던 카니슈카왕(127~147년) 때였다. 그는 독실한 불교신자였고, 중국과 중앙아시아 티벳 등에 불교를 전파했다. 그가 재위하던 시절에는 수도인 푸르샤푸라(현재의 폐샤와르)와 카슈미르에 많은 불교사찰과 탑이 건립되어 아직까지 그 흔적이 남아 있다. 간다라 미술은 그가 재위했던 시절에 가장 융성했다.

카니슈카는 불교뿐 아니라 다른 종교도 자유롭게 허락했고, 특히 힌두교의 발전에도 크게 공헌했다. 덕분에 힌두교는 이 시기에 교리가 체계화되어 인도의 민족종교로 성장할 기틀을 마련했다.

그러나 카니슈카가 죽자, 쿠샨제국은 급속도로 쇠락했다. 그리고 3세기에 페르시아 사산왕조의 샤푸르 1세에 의해 정복되었고, 4세기 초에 완전히 멸망하고 말았다.

굽타제국

쿠샨제국이 사라진 후 새롭게 일어난 나라가 굽타제국(320~510년)이었다. 굽타제국은 4세기 초에 찬드라굽타 1세가 건국했으며, 6세기까지 유지된 나라로 '힌두 역사의 황금시대'로 간주된다. 굽타왕조 번성기의 영토는 북인도를 중심으로 인도 대륙 전체의 절반을 넘는 수준이었다. 그러나 6세기에 이르러 중앙아시아 유목민족들의 침입으로 몰락하게 된다.

굽타제국의 전성기는 사무드라굽타(330년경~380년) 때였다. 이 시기에는 북인도를 통일하고, 인도에 들어와 있던 이민족들을 거의 몰아

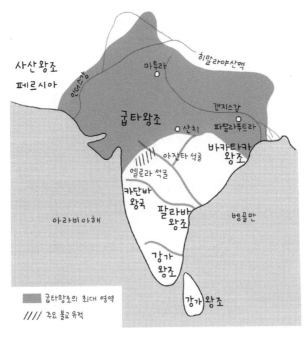

[굽타제국 지도]

냈다. 덕분에 인도는 이 무렵부터 본격적으로 민족의식을 갖게 되었
다. 민족의식 형성에 크게 기여한 것은 힌두교였다. 힌두교의 전신
인 브라만교 신자였던 사무드라는 힌두교를 강화시키고 불교를 억
압하였는데, 이 때문에 불교는 쇠퇴하게 된다. 그 여파로 굽타제국
에서 밀려난 불교 승려들이 중국으로 찾아들어 중국불교 융성의 기
반을 만들게 된다.

굽타제국이 남긴 문화적 유산으로는 십진법과 산스크리트 대서
사시, 힌두 미술을 비롯하여 천문학·수학·야금술 등 다양하다.

무굴제국

굽타제국이 멸망한 이후 인도에서는 대제국의 공백이 이어지다가 16세기가 되어서야 무굴제국이 수립되었다.

무굴제국은 인도를 침입한 몽골 세력으로부터 시작되었다. 칭기즈칸의 손자 티무르는 1398년에 인도를 공격하여 장악했고, 그 기반 아래 티무르의 5대손 바부르(1483-1530년)가 무굴제국을 일으켰다.

바부르가 무굴제국의 기반을 만든 뒤, 실질적으로 무굴을 대제국의 위치로 끌어올린 인물은 악바르황제(1542~1605년)였다. 그는 신속한 기동력을 바탕으로 북인도 전역을 장악함으로써 아프가니스탄 지역과 아라비아해, 그리고 북인도를 아우르는 대제국을 건설했다.

악바르는 다민족 국가였던 무굴을 효과적으로 통치하기 위해 결혼정책을 바탕으로 종족간의 타협을 이끌어냈다. 또한 이슬람문화와 힌두문화가 결합된 상황에서도 악바르는 종교적인 갈등을 조정하는 데 탁월한 능력을 발휘했다. 덕분에 그는 무굴제국의 최전성기를 구가할 수 있었다.

그러나 악바르가 죽은 후 무굴제국은 쇠퇴의 길을 걸어야 했다. 내부적으로 힌두교와 이슬람교의 갈등이 심화되었고, 외부적으로는 오스만튀르크, 페르시아 등의 압력이 만만치 않았기 때문이다. 게다가 인도 내부의 강력한 신흥세력인 마라타족의 저항과 도전도 한몫했다. 당시 마라타족은 그들의 영웅이자 지도자였던 시바지(1627~1680년)를 중심으로 끈질긴 독립운동을 전개했고, 결국 독립을 쟁취하고 세력을 확대했기 때문이다.

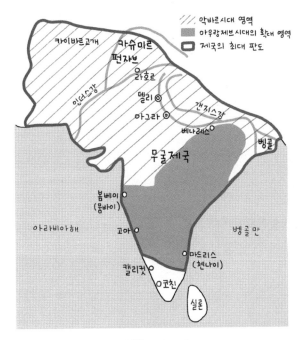

지도 레전드:
- 악바르시대 영역
- 아우랑제브시대의 확대 영역
- 제국의 최대 판도

지도 내 지명:
카이바르고개, 카슈미르, 펀자브, 라호르, 인더스강, 델리, 아그라, 갠지스강, 베나레스, 벵골, 무굴제국, 봄베이(뭄바이), 아라비아해, 고아, 벵골만, 마드리스(첸나이), 캘리컷, 코친, 실론

[무굴제도 지도]

급기야 마라타족은 1738년에 무굴제국의 중심인 델리를 공격하기에 이르렀다. 하지만 델리가 함락되는 사태는 가까스로 막았는데, 설상가상으로 1739년 페르시아의 나디르 샤의 델리 침공으로 무굴제국은 빈껍데기만 남은 상태가 되었다.

한편, 마라타는 1761년에 벌어진 아프가니스탄군과의 제3차 파니파트전투에서 패배하여 세력 확장에 실패했다. 이후 인도에서는 아프가니스칸과 무굴, 마라타 사이에 패권경쟁이 지속되었다.

이러한 무굴제국의 분열과 대립에 종지부를 찍은 것은 영국과 프랑스 등의 유럽 세력이었다. 특히 산업혁명으로 강력한 무기를 갖춘 영국은 동인도회사를 앞세워 프랑스를 물리치고 무굴제국을 제압함으로써 인도 전역을 식민지로 만드는 데 성공한다. 이로써 인도의 대제국 역사는 종식되었고, 동시에 인도는 공업발달의 기반 아래 강력한 세력으로 대두한 영국의 식민지로 전락하게 된다.

중국의 대제국

중국을 최초로 통일한 진나라

유럽에서 로마가 대제국을 건설하고 있을 무렵, 동북아시아의 중국 대륙에서도 진(秦)에 의해 대제국이 성립되었다. 진나라는 최초로 중국 대륙을 통일하고 중앙집권화를 확립한 국가였다. 진나라가 중국 대륙을 통일하기까지의 과정을 간단하게 요약하자면 이렇다.

중국 대륙의 역사는 흔히 삼황으로 불리는 복희씨, 여와씨, 신농씨 등의 신화적인 인물과 오제로 불리는 황제, 전욱, 제곡, 요, 순 등의 초기 도시국가 시절의 왕들에 관한 이야기로부터 시작된다. 이후 우왕이 건국한 하나라(夏, 서기전 2070년경~서기전 1600년경)가 최초의 세습 왕조로 기록되어 있고, 이어 상나라(商, 서기전 1600년경~서기전 1046년경)와 주나라(周, 서기전 1046~서기전 256년)가 건국되는데, 이를 하, 상(은), 주의 삼대시대라고 한다.

하, 상, 주의 국가 체계는 일종의 소국가 연맹체제였는데, 비교적 큰 국가인 하, 상, 주에서 천자로 불리는 왕이 배출되고, 나머지 소국들은 제후국의 형태를 띠는 관계였다. 하지만 제후국들은 하, 상, 주

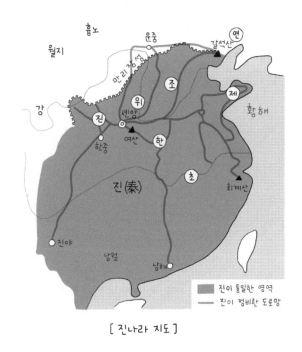

흉노

월지

윤중

갈석산 연

만리장성

조

위

제

함양

강

진

여산

황해

한중

한

초

진(秦)

회계산

진야

남월

남해

진이 통일한 영역
진이 정비한 도로망

[진나라 지도]

왕국에 정기적으로 곡식이나 토산물을 바치는 형태의 조공만 할 뿐
영토는 보장받는 구조였다. 그런데 주나라 중기인 서기전 770년경
에 주왕조의 힘이 약화되면서 각 제후국들이 영토를 다투는 약육강
식의 전란기를 맞이한다. 약 550년간 지속된 이 전란기를 역사적으
로 춘추전국시대라고 일컫는다.

　춘추전국시대에 주도권을 가졌던 국가를 흔히 오패칠웅(伍霸七雄)
이라고 하는데, 이는 춘추시대(서기전 770~서기전 403년)에 패권을 지녔던
제(齊) 환공, 진(晉) 문공, 초(楚) 장왕, 오(鳴) 합려, 월(越) 구천 등 다섯
인물과 전국시대(서기전 403년~서기전 221년)에 세력을 떨친 연(燕), 위(魏),
제(齊), 조(趙), 진(秦), 초(楚), 한(韓) 등 일곱 국가를 지칭하는 것이었다.

이 칠웅 중에 최종 승자는 진이었다.

진나라를 중국 대륙의 주역으로 만든 인물은 진의 31대 왕이었던 영정이었다. 그는 칠웅을 하나로 통일한 최초의 중국 대륙 지배자가 되었는데, 그래서 그는 스스로를 첫 황제라는 뜻의 시황으로 칭했다.

진시황이 중국 대륙을 통일한 때는 마흔 살 때인 서기전 221년이었다. 이후 시황은 중앙집권화를 이루기 위해 군현제를 실시하고, 도량형을 통일하였으며, 외적의 침입을 막기 위해 150만 명을 동원하여 만리장성을 쌓았다.

하지만 자신의 화려한 궁궐인 아방궁을 짓고, 70만 명의 인부를 동원하여 자신의 능묘를 건설하는 등 국가재정을 낭비했다. 또한 법가 사상을 통치이념으로 삼았는데, 이 때문에 유학을 배타하여 유학 서적을 불태우고 유학자들을 생매장시키는 분서갱유(焚書坑儒)를 단행하기도 했다.

그런 상황에서 그가 죽자, 진나라는 순식간에 권력 암투에 휘말려 서기전 206년에 몰락하고 말았다.

진나라가 몰락한 이후 대제국의 역사는 한, 위, 진, 수, 당, 송, 요, 금, 원, 명, 청 등이 2천 년을 이어간다. 이를 한, 위진남북조, 수당, 송금요원, 명청시대 등으로 묶어 간략하게 요약한다.

한나라시대

진나라 멸망 후, 중국 대륙은 한동안 군벌 세력들의 패권 다툼이 지속되었고, 결국 초나라 패왕 항우와 한나라 왕 유방의 대결로 압축되었다.

5년 동안의 초한전쟁 끝에 유방이 승자가 됨으로써 한나라는 진나라에 이어 다시 한 번 대제국의 주인이 되었고, 유방은 한황조를 개창하게 되었다. 이후 한나라는 전한과 후한을 합쳐 약 400년의 역사를 구가한다.

서기전 206년에 시작된 전한의 역사는 기원후 5년까지 211년 동안 지속되었는데, 5대 무제와 6대 선제 시절이 최전성기였다. 서기전 141년부터 서기전 87년까지 54년 동안 제위에 있었던 무제는 지방 세력을 약화시켜 조정의 권력을 강화하는 한편, 화폐를 통일시키는 등 경제적 안정을 구가했다. 또한 주변의 소수민족들을 안정적으로 관리하여 외침의 위협에서 벗어났고, 각국에 사신을 파견하여 외교적으로도 원만한 관계를 유지했으며, 유학을 기반으로 학문 발달을 촉진시켰다. 이러한 한나라의 영화는 선제가 재위했던 25년 동안에도 지속되었다.

그러나 전한의 영화는 무제와 선제 시절 80년이 끝이었다. 이후로 쇠락의 길을 걷던 서한 황조는 서기 6년에 외척 왕망에게 황위를 내주면서 몰락하였다. 이후 왕망은 신(新) 황조를 세웠지만 곳곳에서 반란이 일어나는 바람에 오래가지 못했고, 한동안 전국에서 세력 다툼이 벌어진 끝에 한나라 황실 세력인 유수가 전국을 평정하고 서기 25년에 황제로 등극하면서 후한시대가 시작되었다.

유수 광무제는 황제에 오른 후 10년 동안 지방의 할거세력을 평정한 후, 다시 한 번 한나라의 영화를 일궈냈다. 광무제 이후로 명

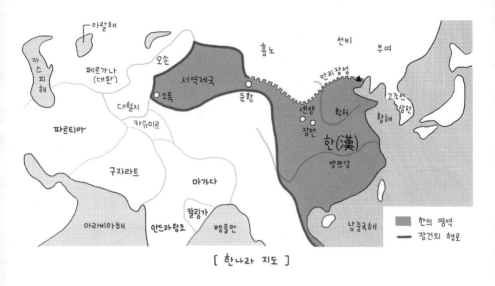

[한나라 지도]

제, 장제 시절 60년은 후한의 전성기였다. 그러나 열 살의 어린 나이에 황위에 오른 화제 시절부터 한황조는 외척에 의해 장악되었다. 이러한 외척의 시대는 서기 80년부터 146년까지 지속되다가 이후에는 황제가 권력을 회복했다. 그러나 이번에는 황제의 최측근들인 환관들이 권력을 장악하는 바람에 또다시 황제는 유명무실한 존재로 전락한다.

십상시(十常侍, 영제가 어린 나이에 즉위하여 통치 능력이 없자 정권을 잡아 농락한 10여 명의 환관)로 대표되는 환관들이 권력을 장악하자, 부정과 부패가 넘쳐났고, 이로 인해 전국 각처에서 농민봉기가 일어났다. 이러한 농민봉기는 결국 하나로 결집되어 황건군을 형성했고, 이후로 황건군과 관군의 대치가 일상화되었다. 이런 황건군의 대봉기는 무려 20여 년간 지속되었으며, 그 과정에서 각처의 군벌들이 일어나 조정을 장악했다. 이후 가까스로 황건군은 진압되었으나, 군벌들 간에 각축전이 벌어지면서 서기 220년 한황조가 몰락하고 이른바 위·촉·오 삼국이 대립하는 삼국시대가 전개된다.

위진남북조시대

조조와 유비, 손권의 세력으로 대표되는 위·촉·오 삼국시대는 삼국이 성립된 220년부터 촉한이 멸망한 263년까지 약 40년간 진행되었고, 삼국의 승자는 위나라였다. 하지만 위는 266년 사마염에 의해 멸망했고, 사마염은 진황조를 건립했다. 그가 바로 진의 무제인데, 이후로 무제 사마염이 280년에 오나라를 무너뜨리고 대제국을 건설했다.

무제가 일으킨 진을 흔히 서진이라고 하는데, 서진은 무제 사마염 시절에 이외에는 늘 혼란기였다. 무제 이후 서진에서는 각 지역의 분봉왕들 사이에 치열한 권력다툼이 벌어졌고, 서로 죽고 죽이는 혼란 끝에 316년경 몰락하고 말았다.

서진이 몰락한 이후 사마황실은 남쪽에서 사마예에 의해 가까스로 재건되었는데, 이를 흔히 동진이라고 한다. 이에 따라 중국 대륙의 북쪽은 흉노, 선비, 갈, 저, 강족 등의 세력들이 국가를 형성했는데, 이들 국가를 통칭하여 오호십육국(5호16국)이라고 한다.

한편, 지금의 강소성 남경시에 해당하는 건강에 도읍을 세운 동진은 317년부터 420년까지 약 100년 동안 유지되는데, 그 과정에 몇 차례 걸쳐 북쪽 땅을 회복하려 했으나 번번이 실패했다. 그리고 마침내 동진은 320년에 유유에 의해 패망했는데, 유유가 세운 국가가 곧 송이다.

한편, 송나라 건립 초기에는 북쪽에 위치한 서량, 북량, 북연, 서진, 하 등의 나라들이 경쟁하고 있었는데, 이들은 탁발선비(拓跋鮮卑)가 세운 북위에 의해 모두 몰락했다. 북위는 태무제 시절인 439년에 북량을 무너뜨리고 북방을 통일했다. 이로써 남쪽엔 송, 북쪽엔 북위가 지배하는 형국이 되었는데, 이후로 수나라에 의해 589년에 남북이 통일될 때까지의 250년을 남북조시대라고 한다.

남조는 송을 필두로 남제, 양, 진 등의 국가들이 황조를 이어갔으며, 북조는 북위를 시작으로 동위, 서위, 북제, 북주 등의 국가들이 황조를 이어갔다. 이들 국가들의 생명은 모두 100년 이내로 짧았다. 우선 남조부터 보면 송은 420년에 일어나 479년에 몰락함으로써 불과 59년밖에 유지되지 않았고, 제는 23년, 양은 55년, 진은 32년이었다.

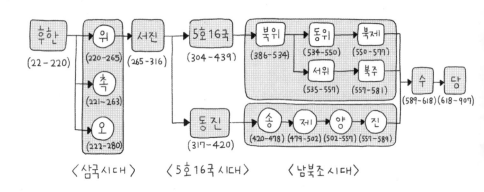

[위진남북조 시대의 중국]

그리고 북조의 북위는 439년부터 528년까지 약 90년, 동위는 16년, 서위는 22년, 북제는 27년, 북주는 24년 동안 유지되었다.

이렇듯 중국이 위진 및 삼국, 오호십육국, 남북조 등으로 분열된 상태로 서로 각축전을 벌이던 시대가 한국사의 고구려에는 최전승기였다. 중국 대륙에 절대 강자가 없었기 때문에 고구려는 세력을 사방으로 확대하여 가장 넓은 영토를 소유하던 시점이었다. 하지만 고구려의 영화도 수나라가 중국 대륙을 통일하면서 위기에 놓이고, 급기야 수나라에 이어 당황조가 들어서면서 몰락의 길을 걷는다.

수·당 시대

남북조시대를 종결하고 수나라를 세운 인물은 양견이었다. 그는 581년에 북주를 멸망시키고 589년에 남조의 진을 멸망시킴으로써 중국 대륙을 통일했다. 이후로 수문제 양견은 10년간 전국을 안정시키며 국가의 기반을 착실히 다졌다. 그러나 그는 후계 문제로 차남 양광과 갈등을 일으키다 604년에 병상에서 양광의 심복 장형에게 살해당했다.

문제에 이어 황위에 오른 양광이 곧 양제인데, 양제의 통치는 불과 14년 만에 종결되었고, 동시에 수나라도 몰락했다. 수나라 몰락에는 두 가지 요인이 있었다. 하나는 동방의 강국 고구려에 대한 무리한 정벌전쟁이었고, 두 번째는 동도 낙양 건설과 대운하 건설 같은 무리한 공사 진행이었다. 무리한 전쟁과 공사에 불만을 품은 백성들은 대규모 반란을 일으켰고, 617년에 귀족 이연이 태원에서 군사를 일으켜 도읍인 장안을 점령했다. 그리고 618년 봄, 양광이 강도에서 피살됨으로써 수황조는 붕괴되었다.

양광이 죽자, 이연이 당을 세우고 황제에 올랐는데, 그가 곧 당고조였다. 당황조는 618년에 일어나 907년에 몰락할 때까지 약 290년간 유지되었다.

618년에 당을 세운 이연은 5년 뒤인 623년에 지방의 할거세력을 모두 제압하고 중국 대륙을 통일했다. 이후로 당은 755년 현종시대의 안록산의 난이 일어날 때까지 130여 년간 전성기를 구가한다. 이는 중국 역사에서 가장 오랫동안 유지되었던 안정기였다.

당나라가 가장 융성했던 시기는 전성기 말기인 현종 대였다. 현종은 712년부터 756년까지 44년간 황위에 있었는데, 그의 재위 30년 동안 그야말로 태평성대를 구가했다. 그러나 현종의 영화는 측근들에 대한 지나친 신뢰 때문에 무너지고 있었다. 742년부터 이림보, 양국충 같은 측근들을 기용했는데, 이들은 사리사욕만 챙기다 백성들의 불만을 키웠다. 설상가상으로 현종은 총애하던 후비 양귀비에게 빠져 정사를 제대로 이끌지 못했다. 그리고 급기야 양국충과 양귀비의 세력 다툼으로 안록산의 난이 일어나는 바람에 나라는 내란의 소용돌이 속으로 빠져들었다. 이후 8년 동안 지속된 안록산의 난은 가까스로 진압되었지만, 당나라의 영화는 그것으로 끝났다.

이후로 전국 각지의 장수와 절도사들이 독자 세력을 형성하고 지방을 장악하는 상황이 지속되었다. 그런 상황에서 조정의 권력은 환관들이 장악했고, 대신들은 붕당을 형성하고 서로 싸우기에 바빴

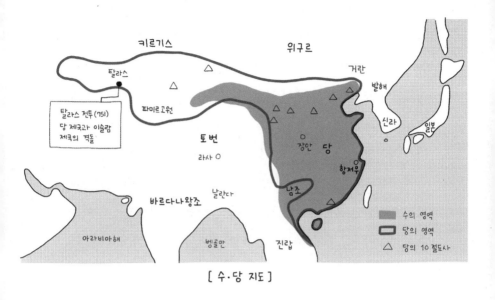

키르기스

위구르

탈라스

거란

발해

파미르고원

탈라스 전투(751)
당 제국과 이슬람
제국의 격돌

토번

라사 O

신라

장안

당

일본

항저우

남조

바르다나왕조

날란다

진랍

아라비아해

벵골만

수의 영역

당의 영역

△ 당의 10 절도사

[수·당 지도]

다. 그러자 전국 각지에서 농민은 물론이고 군인들까지 가담한 반
란이 일어나기 시작했다. 이 같은 반란사건 중에 가장 규모가 큰 것
은 왕선지의 난과 황소의 난이었다. 이 두 개의 난은 857년에 시작
되어 27년 동안이나 지속되다가 884년에 황소가 자결하면서 끝났다.

그러나 이미 당나라 황실은 유명무실한 상태였다. 환관들이 권력
을 장악하고 있었고, 조정은 파벌이 나눠져 끝없는 암투에 시달렸다.
그런 가운데 권력을 잡은 주온과 최윤이 환관들을 대량 학살하고 권
좌에 올랐다. 이후 주온이 907년에 당의 마지막 황제 애종을 폐위시
키고 양나라를 세움으로써 당은 완전히 몰락했다.

송·요·금·원시대

당이 몰락한 이후 5개의 짧은 황조들이 거쳐갔다. 주온이 세운 후

량이 16년, 이극용이 세운 후당이 13년, 석중귀가 세운 후진이 11년, 유지원이 세운 후한이 3년, 곽위가 세운 후주가 19년 남짓 유지되는 정도였다. 또 전국 각지에서 군벌들이 일어나 10개의 나라가 세워지고 사라져버렸다. 그래서 당나라 몰락 이후 5개의 황조와 10개의 나라가 세워졌던 약 60년을 오대십국(5대10국)시대라고 한다.

오대십국시대를 종결시킨 인물은 조광윤이었다. 후주의 금군대장 출신이었던 그는 후주를 무너뜨리고 송나라를 건설했는데, 이를 흔히 북송이라고 한다. 북송은 960년에 일어나 1127년까지 160여 년 동안 유지된 나라다.

북송이 성립될 당시 북쪽에는 거란족이 세운 요나라가 있었다. 거란의 족장 출신인 요나라 태조 야율아보기는 916년에 황제에 올랐다. 그는 제위에 오른 뒤에 끊임없이 세력을 확대했다. 동쪽으로 발해를 공격하여 926년에 발해 왕조를 무너뜨린 것도 그였다. 발해는 668년에 고구려가 당나라에게 망한 뒤 30년 만인 698년 대조영이 세운 국가였는데, 이때 요나라에 의해 무너짐으로써 228년의 역사에 종지부를 찍었다.

거란은 태종 시절인 947년에 국호를 요로 바꾸고 세력 확장에 더욱 박차를 가했다. 그리고 결국 북송과 국경을 맞대고 싸우기에 이르렀다. 요는 979년과 986년에 두 차례에 걸쳐 북송에게 승리하여 중국 대륙의 패권을 장악했다.

이후로도 요나라는 끊임없이 북송을 괴롭혔다. 북송은 요의 공격에서 벗어나기 위해 1005년에 요와 형제 관계를 맺고 매년 은 10만

냥과 비단 20만 필을 주기로 하는 내용의 우호조약을 맺었다.

이후 요는 북송과 평화 관계를 유지했는데, 그런 상황에서 요의 지배를 받고 있던 여진족이 일어나 금을 세웠다. 금을 일으킨 인물은 여진족의 족장 아골타였다. 아골타는 1115년에 금을 세우고 스스로 황제를 칭했다. 그리고 10년 뒤인 1125년에 금은 요를 몰락시키고 북방을 모두 차지했다.

요를 몰락시킨 금은 그 여세를 몰아 남진하여 송을 공격했고, 결국 1126년에 북송을 몰락시켰다. 그러자 북송의 마지막 황제 흠종의 동생 조구가 남경에 도읍을 정하고 황제에 올랐는데, 이 나라가 곧 남송이다.

남송 역시 금나라의 거센 공략에 시달렸다. 남송의 조구는 몇 번이나 도읍을 버리고 달아나기에 여념이 없었다. 그리고 결국 1139년에 금나라와 화의조약을 맺고 매년 은 25만 냥과 비단 25만 필을 바치기로 하고 금의 신하가 되는 조건으로 전쟁을 끝냈다. 이때 금과 송의 국경선은 화북 평원의 중심에 있는 회수였다.

이후 금나라 내부에서도 권력다툼이 심화되어 내분이 일어나 1149년에는 완안량이 희종을 죽이고 황제가 되기도 했다. 그가 곧 금나라 세종인데, 그는 황제 즉위 후에 곧바로 남송을 공격했다. 이에 남송은 이번에도 화의를 맺고 고개를 숙여 멸망을 면했다. 이후에 남송은 몇 차례 금을 공격하여 세력을 회복하려 했으나 성공하지 못하고 전쟁 배상금만 잔뜩 물곤 하였다.

그 이후 북방에서 새로운 세력이 일어나 중원의 패자로 군림했는데, 그 세력이 바로 몽골이었다. 몽골의 족장 테무친은 1206년에 모든 부족을 통일하여 칭기즈칸으로 불리며 세력을 확장했다. 그리고 1215년에 금나라 중도(지금의 북경)를 함락시켰다. 몽골은 그 여세를 몰아 지속적으로 금을 공략한 끝에 1234년에 금을 멸망시켰다.

몽골의 세력 확대는 비단 중국 대륙에만 머물지 않았다. 이미 1218년 칭기즈칸 시절에 서요를 멸한 뒤 서쪽으로 계속 진군하여 중앙아시아를 아우르고 유럽까지 세력을 넓혔다. 또한 칭기즈칸에 이어 그의 삼남 오고타이는 러시아를 패퇴시키고, 폴란드와 헝가리까지 정복했다. 게다가 남서쪽으로 진군하여 페르시아 땅까지 짓밟았다. 이후 서남아시아 지역 대다수가 몽골군 휘하에 들어갔다.

이후 몽골은 중국 대륙을 통일하기 위해 누차에 걸쳐 남송을 공략했다. 그리고 1276년에 마침내 남송을 멸망시키고 중국 대륙 전체를 수중에 넣었다. 이때 몽골의 황제는 세조 쿠빌라이였다. 그는 국호를 원으로 바꾸고 세력을 더욱 확대하여 인류 역사상 가장 광대한 영토를 가진 대제국을 일궈냈다. 이후, 원제국은 중동, 인도, 유럽 등 동서양 모든 나라에 영향력을 행사했다.

그러나 영토가 너무 넓은 까닭에 원제국의 영화는 그리 오래가지 못했다. 원이 남송을 멸망시킨 후 세조 말년과 성종시대까지 18년 정도는 전성기를 구가했으나 성종이 1294년에 죽자, 제위 쟁탈전이 심화되어 혼란이 지속되었다. 26년 동안 황제가 무려 9명이나 교체되었고, 기강이 흔들려 결국 몰락의 길을 걷게 되었다. 1333년부터 곳곳에서 농민 봉기가 일어났는데, 그 중심에 홍건군이 있었다. 홍건군은 지속적으로 세력을 키웠고, 급기야 1368년에 홍건군의 우두머리 주원장에 의해 원황실은 북방으로 내몰리고 말았다. 이후 주원장이 명나라를 세움으로써 원의 대제국 시절은 막을 내렸다.

명·청시대

명나라는 1368년에 주원장이 나라를 세운 이후 1644년까지 276년 동안 유지되었다. 명나라의 전성기는 태조 주원장으로부터 5대 선종에 이르는 67년 동안이다. 이 시기에 비록 곳곳에서 농민 봉기가 지속되었지만 비교적 태평성세를 구가했다. 특히 성조 영락제 시절이 최전성기였다.

하지만 1435년에 6대 영종이 아홉 살의 어린 나이로 즉위하면서부터 황실의 힘이 약화되고 환관들이 권력을 장악하는 바람에 정치적 혼란이 시작된다. 그러자 황실은 부패하고 그에 따라 전국 각처에서 농민봉기가 잇따랐다. 농민봉기는 100년 이상 계속되었고, 설상가상으로 사방에서 외세의 침입이 이어졌다. 특히 북방의 몽골은 끊임없이 변방을 위협했고, 요동의 여진족 또한 세력을 형성하고 지속적으로 공격의 기회를 노렸다.

이런 상황에서 1592년에 일본이 조선을 공격해왔다. 일본은 조선을 징검다리 삼아 중국에 진출하려 했고, 명나라는 별 수 없이 조선에 원군을 보내 일본군을 격퇴해야 했다. 이후로 일본과의 전쟁은 1598년까지 6년 이상 지속되었다.

1598년 일본군이 조선에서 완전히 퇴각함으로써 조일전쟁은 끝이 났는데, 이번에는 새로운 세력이 명나라를 위협했다. 요동 지역에서 세력 확대를 노리고 있던 여진의 족장 누르하치가 부족을 통일하고 나라를 일으켰다.

누르하치는 1583년에 건주위(建州衛, 명나라 영락제가 여진족의 침입을 막기 위해 설치한 위) 여진의 족장으로 선출된 이래 지속적으로 부족통일전쟁을 수행하여 마침내 1616년에 국호를 대금(후금)이라 칭하고 명나라와 대립했다. 이후 누르하치는 세력을 확대하여 1625년에는 심양으로 도읍을 옮겼고, 누르하치가 죽은 후에는 그의 아들 홍타이지(태종)가 국호를 대청으로 바꾸고 명을 지속적으로 공략했다. 그리고 청 태종에 이어 세조 순치제가 즉위하여 1644년에 명을 무너뜨리고 중국 대륙을 장악하면서 청황조시대가 열렸다.

명황조가 무너진 뒤에도 중국 남쪽을 중심으로 명나라 잔존 세력이 버티고 있었는데, 청은 1683년에 이들 잔여 세력을 완전히 무너뜨리고 중국 대륙을 통일했다.

청나라의 전성기는 중국 대륙을 통일한 성조 강희제로부터 세종 옹정제, 고종 건륭제에 이르는 130여 년 동안이다. 강희제는 약 61년간 재위하며 청나라의 경제력, 군사력을 강화하고 영토를 확장하였다. 이후 옹정제·건륭제까지 3대에 걸쳐 국력을 확대하고 주변 각국을 굴복시켜 조공국으로 삼았다. 이러한 청의 전성기를 일러 흔히 강건성세(康乾盛世)라고 한다.

그러나 인종 가경제 이후인 19세기부터 산업혁명으로 강력한 군사력을 일군 영국, 프랑스, 독일, 러시아 등 서양 세력들이 밀려오면서 청의 영화는 끝이 난다. 서구열강들은 앞다퉈 청을 공략했고, 청은 속수무책으로 서구 세력에게 유린당해야 했다. 특히 1840년에 영국과 벌인 아편전쟁에서 패배한 이후 청의 붕괴는 더욱 급속도로 진행되었다. 그러자 전국 각처에서 농민 봉기가 일어나 혼란을 가중시켰고, 특히 홍수전이 주도한 태평천국의 난은 전국 각지를 전쟁터로 만들었다.

이렇듯 청나라가 혼란을 거듭하자, 영국과 프랑스는 이 기회를 놓치지 않고 2차 아편전쟁을 일으켜 이권을 확대했다. 이후로 청나라는 서구의 각축장으로 전락했고, 청나라 조정은 유명무실한 상태가 되었다. 또한 러시아를 비롯한 서구열강은 청나라 영토를 강제로 점령하여 중국 곳곳을 식민지로 전락시켰다.

청나라 조정은 이런 상황에서 벗어나기 위해 군사력 강화를 목적으로 한 양무운동을 전개했으나 이미 쇠락의 길로 접어든 현실을 극복하지 못했다. 특히 1895년에 청일전쟁에서 패배하여 양무운동이 완전히 실패작이었음이 드러나자, 뒤늦게 일본의 메이지유신을 모델로 변법자강운동을 전개하여 국력을 되살려보려 했으나 역시 실패했다. 결국 청제국은 1911년에 쑨원이 중심이 되어 일으킨 신해혁명으로 인해 완전히 와해되었고, 이후 이름만 남아 있던 청황실은 1924년 펑위샹의 정변에 의해 청제국 건립 290년 만에 사라졌다. 이로써 중국 대륙에서의 대제국시대는 완전히 막을 내렸고, 중국의 농업시대도 종막을 고했다.

중국 대제국의 흥망성쇠가 한국사에 끼친 영향

서양사에서 그리스나 로마의 세력 확대가 지중해 주변국과 중동 및 인도 각국들의 패망과 식민화를 초래했듯이 진과 한에 의한 중국 대륙의 통일도 아시아 각국에 엄청난 영향을 끼쳤다. 중국 대륙을 통일한 진과 한은 동쪽으로는 이족, 서쪽으로는 융족, 남쪽으로는 만족, 북쪽으로는 적족을 오랑캐로 규정하고 적대시했다. 때문에 동쪽의 이족으로 규정된 고조선 또한 진과 한의 팽창 정책의 희생양이 될 수밖에 없었다.

동아시아 역사 속에서 중국과 한국의 관계는 중국이 하나의 국가로 통일되면 한국은 항상 패망하거나 축소되는 상황으로 내몰리고, 중국이 여러 나라로 분열되면 한국은 세력을 확대하여 안정기에 접어드는 형태였다. 진이 중국을 통일했을 때 고조선을 쳐들어와 흔드는 바람에 단군조선이 무너지고 위만조선이 형성되었고, 다시 한이 중국을 통일하여 위만조선을 공격하는 바람에 고조선 왕조 자체가 사라졌다. 그러다 한나라가 붕괴되고 중국의 세력이 갈라져 위진남북조시대와 오호십육국시대가 전개될 땐 고구려와 백제가 융성하였고, 다시 중국이 수와 당에 의해 하나로 통일되자 고구려와 백제가 패망했다. 또 고구려 멸망 이후 당나라의 약화를 틈타 발해를 일으켰으나 요나라가 대륙의 패권을 장악하자 멸망하였고, 이후 한국사는 한반도 속으로 축소되고 말았다.

하지만 이런 현상은 거기서 멈추지 않았다. 원나라가 중국을 통일했을 땐 고려가 원에 복속되었고, 명나라가 중국을 통일했을 땐 조선이 명의 조공국이 되었으며, 청이 중국을 통일했을 땐 인조의 굴욕이 있었다. 또한 중국이 공산국가로 통일되자 한반도는 남북이 분단되었다. 이렇듯 중국이 하나의 통일국가가 될 때면 한국은 위기를 맞이하곤 했다. 따라서 진시황이 중국 대륙을 하나의 국가로 통일하여 대제국을 건설한 것은 한국사로서는 불행의 시작이라 해야 할 것이다.

물론 이런 현상은 비단 대제국 시절에 한정되지 않는다. 현재도 강대국 주변의 나라는 약소국의 설움과 고통에서 벗어나지 못하고 있다. 세계 초강대국인 미국 때문에 중남미의 모든 나라들이 정치 경제적으로 신음하고 있고, 중국이나 러시아 같은 강대국 주변국들 역시 마찬가지다.

제국주의와 식민의 시대
공업시대 200년

공업시대의 특징과 핵심내용

농업시대에 접어들어 인류는 줄곧 노동의 능률을 올리고 효율성
을 강화하는 방책에 몰입했다. 덕분에 인류는 여러 농기구들을 만들
어냈다. 또한 농토 확대를 위한 전쟁을 승리로 이끌기 위해서 다양
하고 강력한 무기들을 개발했다. 그 과정에서 자연스럽게 농기구와
무기를 전문적으로 만들 수 있는 기술자들을 양산했고, 그들의 작업
장인 공장이 탄생했다. 게다가 물리학, 천문학, 화학 등의 과학의 발

전과 증기기관 방적기 등의 기계 발전이 더해져 공업의 발전으로 이어졌는데, 이것이 2차 산업시대의 시작이었다.

2차 산업시대는 18세기 중엽 산업혁명으로부터 비롯되어 20세기 중반까지 약 200년간 지속된다. 이 기간이 곧 인류 역사 발전의 제3단계인 공업시대다.

산업혁명 이후 유럽에서는 소규모의 수공업 공장들이 대규모 기계식 공장으로 변모했다. 기계식 공장으로 인해 상품의 생산속도가 빨라지면서 자원이 고갈되었다. 이에 영국을 필두로 공업시대에 합류한 유럽의 국가들은 자원 확대에 혈안이 되었고, 이를 해결하기 위해 제국주의의 깃발을 앞세우고 주변의 약소국들을 식민지로 삼아 자원을 수탈했다.

그 이후 영국과 프랑스, 독일 등의 유럽 강국과 미국, 일본이 아프리카, 아메리카, 아시아 지역을 상대로 치열하게 식민지 확대 경쟁을 전개했다. 그리고 이는 결국 인류를 피비린내 나는 전쟁의 소용돌이 속으로 몰아넣었다. 제1차 세계대전이었다.

1차 세계대전이 끝나자, 150년가량 지속되던 공업시대도 저물기 시작했다. 상품을 생산하는 것보다 생산품을 판매할 시장을 확대하고 관리하는 것이 더 중요한 경제적 가치가 되는 상업시대로 접어들면서 자원 확대를 통한 생산량 증가 정책은 빛을 잃었던 것이다. 그럼에도 일부 선진국을 제외하고는 여전히 공업시대가 지속되고 있었다. 특히 일본처럼 뒤늦게 제국주의 대열에 합류한 나라는 공업시대의 특징인 자원 확보를 위해 태평양전쟁을 일으키기도 했다. 그러나 제2차 세계대전이 마무리되면서 공업시대는 거의 종결된다.

한편, 공업시대가 지속되는 동안 공업 강국들은 제국주의의 깃발을 높이 들고 수탈을 통한 부를 축적하였고, 반대로 식민국들은 가난의 고통 속에서 신음해야 했다. 이러한 부익부 빈익빈 현상은 비단 국가 간의 문제만은 아니었다. 국가 내부에서도 자본가와 노동자, 지주와 소작농 사이에서 공공연히 재현되는 일이었다. 공장주인 자본가와 지주는 이윤과 생산량의 증가에 혈안이 되어 노동 착취를 일삼았고, 노동자와 소작농은 열악한 노동환경과 저소득에 시달리며 고통을 호소했다.

그러자 자본가와 지주를 타도하고 고통받는 노동자와 소작농의 나라를 만들어야 한다는 주장이 대두했다. 하층민인 프롤레타리아의 혁명을 통해 자본가들을 무너뜨리고 공평한 분배를 통한 평등한 사회를 만들자고 주장하는 사회주의 사상의 등장이었다. 이후 사회주의 사상은 유럽을 휩쓸며 자산가들을 위협하였고, 급기야 러시아에서 혁명이 일어나 사회주의의 기치를 내건 소비에트 연방이 형성됨으로써 세계는 어느덧 자본주의와 사회주의의 대립이라는 체제경쟁을 예고했다.

한편, 사회 계급과 정치 체제에도 공업시대의 여파가 이어졌다. 공업화를 통해 자본가의 힘이 강화되면서 상대적으로 왕의 힘은 약화되었다. 또한 중소 자본가와 상인들의 힘이 강화되면서 부르주아 계층이 성장하였다. 이는 곧 시민계급의 성장으로 이어졌고, 결국 거의 1만 년 동안 이어오던 왕정체제를 무너뜨리고 민주주의 체제를 성립시켰다.

이렇듯 공업시대는 불과 200년밖에 진행되지 않았지만 인류의 삶을 엄청나게 변화시켰다. 이에 18세기 산업혁명 이후부터 소련의 등장에 이르는 기간 중에 인류사에 지대한 영향을 끼친 주요 사건을 중심으로 공업시대 역사를 간략하게 살펴보려 한다.

18세기 서양을 변혁시킨 3대 사건(산업혁명, 미국독립, 프랑스대혁명)

공업시대가 시작된 18세기에 서양을 혁신적으로 변화시킨 사건은 산업혁명과 미국의 독립, 그리고 프랑스대혁명이었다.

산업혁명은 인류 역사를 1차 산업 중심인 농업시대에서 2차 산업 중심인 공업시대로 전환시킨 기폭제였다. 산업혁명의 전진기지 역할을 한 나라는 영국이었다. 영국은 유럽에서 가장 열악한 환경을 가진 섬나라였고, 프랑스나 독일 등의 대륙에 비해 문화적으로 뒤떨어진 나라였다. 하지만 이러한 결핍을 극복하는 과정에서 오히려 기계문명을 발달시켜 산업혁명의 전진기지가 될 수 있었다.

영국에서 시작된 산업혁명은 점차 프랑스, 독일 등으로 퍼져나가 유럽 전체의 산업을 변화시켜 나갔다. 산업혁명에 의한 변화는 공업 기술, 사회, 경제, 문화 등 총체적으로 일어났다.

공업 기술의 변화는 철이나 강철 같은 새로운 소재를 사용하게 만들었고, 석탄이나 증기기관, 전기, 석유 같은 새로운 에너지원을 이용하게 했으며, 공장제를 통한 기계적 대량생산을 가능케 했다.

이런 산업의 변화는 공업 인구를 늘리고 도시를 확대했다. 또한 노동자의 증가로 산업 부르주아지와 임금노동자라는 대립적인 계급을 만들어냈다. 이는 결과적으로 시민계급의 힘을 강화하여 군주제를 무너뜨리는 데 지대한 역할을 했고, 이는 왕족이나 귀족의 전유물이었던 정치권력이 자본가계급으로 옮겨가는 원인이 되었다.

산업혁명 못지않게 18세기 서양 사회에 변화의 바람을 일으킨 또 하나의 사건은 미국의 독립이었다. 당시 미국은 북아메리카 지역에 영국이 개척한 13개의 식민지로 이뤄져 있었다. 이 13개의 식민지가 제대로 형성된 것은 1732년이었다. 이 땅들을 식민지로 만드는 동안 영국은 네덜란드, 스페인 등과 힘겨루기를 지속했다.

하지만 영국이 이곳을 완전히 식민지로 정착시켰다고 생각했을 때, 또 하나의 도전을 받아야 했다. 1760년대부터 영국의 아메리카 식민지 주민들이 본격적으로 독립운동에 돌입했기 때문이다. 당시 이곳에 살고 있던 식민지 인구는 아메리카 원주민을 제외하고도 약 260만 명에 달했고, 이는 영국 인구의 3분의 1 수준이었다. 이들은 영국에 납부하던 조세를 거부하고 독립을 요구했으며, 이후 대륙군을 창설하고 영국과 전쟁을 벌였다. 이때 프랑스는 대륙군을 지원하였고, 덕분에 미국은 영국에 승리하여 1776년에 독립을 쟁취했다.

미국의 독립은 유럽에도 엄청난 파장을 일으켰다. 특히 미국이 왕정이 아닌 공화정을 통해 시민 국가를 형성하자, 유럽 각국에서도 왕정에 대한 반감이 확산되었다. 특히 미국의 독립에 가장 큰 영향을 끼쳤던 프랑스의 시민들은 미국에서 불어온 자유 사상의 영향으로 왕정에 대한 반감이 일어났고, 한편으로는 장 자크 루소나 볼테르 등에 의해 민주주의에 대한 열망이 확대되고 있었다.

그런데 당시 프랑스 국가재정은 엉망이었다. 루이 14세 말기부터 재정 상태가 약해진 후, 루이 16세에 이르면 파탄 위기에 몰린다. 루이 16세는 재정 파탄을 막기 위해 세금을 과중하게 거둬들였고, 이는 결국 왕족과 귀족들에 대한 시민들의 불만으로 이어졌다. 그런 가운데 설상가상으로 흉년이 거듭되자 마침내 시민들의 불만이 폭발하여 봉기에 이르렀다. 이것이 곧 1789년에 일어난 프랑스대혁명이다.

이후 프랑스는 우여곡절 끝에 왕정을 무너뜨리고 공화정을 성립시켰으며 보통선거를 제도화하여 민주주의의 초석을 다졌다. 한편, 루이 16세는 1793년에 파리의 혁명광장에서 단두대에 올라 처형되었고, 그의 왕비 마리 앙투아네트도 역시 처형되었다.

19세기의 동서양

자원 수탈에 혈안이 된 서구열강들

산업혁명 후 유럽의 강국들은 제국주의 깃발을 높이 들고 약소국을 대상으로 자원강탈을 위한 식민화 작업에 나섰다. 제국주의의 선봉에 선 영국은 발칸반도에서 밀려난 오스만제국(터키)을 압박하며 유럽에서의 영향력을 확대하고 아프리카로 진출하여 이집트를 차지하는가 하면, 네덜란드와 보어전쟁을 일으켜 아프리카 종단정책을 완성했다. 또한 영국은 인도를 침략하여 식민화하고 영국여왕 빅토리아는 인도의 황제를 겸하였으며, 아프가니스탄과 버마까지 장악하며 그야말로 '해가 지지 않는' 대제국을 건설했다.

한편, 북유럽의 최강국 러시아는 남하정책과 동진정책에 박차를 가하여 오스만제국의 영향력이 약화된 발칸반도에 입김을 강화했으며, 중앙아시아에까지 영토를 넓혔다. 또한 동진을 지속하여 중국의 요동 지역을 차지하는 한편, 한국에 대한 영향력을 확대하였다.

또한 프랑스는 아프리카에서 튀니지를 차지하기 위해 혈안이 되어 있었고, 마다가스카르를 차지했으며, 아시아에 대한 공략도 지속하여 베트남과 라오스를 지배하게 되었다. 또한 오스만제국과 전쟁을 치러 승리한 덕분에 유럽에서의 영향력도 크게 확대하였다.

유럽 대륙에서 러시아와 프랑스의 영향력이 확대되자, 독일은 이를 견제하기 위해 오스트리아-헝가리제국과 이탈리아를 끌어들여 3국 동맹을 맺었다. 이때 독일 역시 아프리카에서 카메룬과 위투를 차지하며 제국주의의 길을 걷고 있었다.

유럽이 이렇듯 식민정책을 가속화하는 동안 영국에서 독립한 미국도 영토를 확대하며 국력을 키운 뒤, 자원 확보를 위해 식민지 경쟁에 뛰어들었다.

몰락하는 중국과 떠오르는 일본

서구열강은 이렇듯 아프리카와 아시아에 대한 침략 정책을 강화해가면서 중국에 대한 공략도 지속했고, 이로 인한 중국의 혼란은 가중되었다. 특히 영국은 아편전쟁을 일으켜 중국 대륙을 지배하고 있던 청나라의 국가 기강을 뒤흔들었고, 그로 인해 청황실의 권위는 무너지고 관료사회와 민중은 혼란에 빠졌다. 그런 상황에서 기독교의 영향을 받아 일어난 태평천국의 난에 의한 내전이 14년 동안이나 지속되면서 청나라의 혼란은 극에 달했다.

이런 혼란을 틈타 밀려든 서구열강은 온갖 불평등조약을 맺어 이권 챙기기에 혈안이 되었고, 그로 인해 청나라의 국가 체계가 무너져 관리들의 횡포와 착취가 일상화되었으며, 생존의 기로에 선 민중들은 곳곳에서 민란을 일으켰다.

청나라는 이러한 위기상황을 극복하기 위해 양무운동을 벌여 스스로 강해져야 한다는 자강의 길을 모색하기에 이른다. 이에 따라 군대의 조직과 무기를 개선하고, 서구를 배우기 위해 유학생을 확충했으며, 군수공장, 광산과 철도, 전신시설, 방직사업 등을 발전시켜 근대화로 나아가려 한다. 하지만 중국의 정치사회제도를 그대로 둔 채 서양의 기계문명만을 받아들이려는 '중체서용(中體西用)'의 한계에 부딪쳐 큰 성과를 거두지 못했고, 결국 쇠락을 거쳐 망국을 향해 치달았다.

이러한 중국의 몰락과 달리 동아시아의 후진국이었던 일본은 신흥강국으로 부상했다. 일본은 미국에 강제적인 개항을 당하고 불평등조약에 따라 문호를 개방했지만, 스스로 메이지유신을 단행하여 시대의 변화에 보조를 맞췄다. 일본은 서양의 기계화된 문물을 수입하고, 고루하고 폐쇄적인 사고에서 벗어나 신문명 중심의 국가 체계를 형성한 덕분에 혁신적인 발전을 이룰 수 있었다. 이후 일본 역시 세계열강의 제국주의적 팽창정책을 고스란히 수용하여 주변의 약소국에 대한 침략에 혈안이 되고 있었다.

일본 제국주의의 첫 번째 제물은 류큐, 타이완, 한국 등 약소국들이었다. 일본은 메이지유신의 성공으로 서구화 작업에 소기의 성과를 거두자, 곧장 류큐와 타이완, 그리고 한국에 대한 정벌 계획을 세우고 실행에 옮기기 시작했다. 류큐, 타이완, 한국 순으로 국력이 약한 곳부터 정벌을 감행했던 것이다. 이후 일본은 20세기에 이르면 이 세 나라를 식민국으로 만든 뒤, 중국 땅까지 세력을 확대하여 만주 지역을 장악하고, 중국의 요충지를 지속적으로 공략하여 급기야 중일전쟁을 일으킨다.

20세기의 발칸전쟁과 제1차 세계대전

식민지 확대에 혈안이 된 유럽 열강들은 20세기에 접어들면서 전쟁의 소용돌이 속으로 빠져든다. 더 이상 차지할 식민지가 없게 되자, 서로 식민지 쟁탈전을 벌였고, 이는 전쟁으로 이어졌다.

전쟁은 발칸반도에서 시작되었다. 발칸(Balkan)이라는 말이 터키어로 '산맥'이라는 뜻이라는 사실에서 알 수 있듯이 당시 발칸반도는 오스만제국(터키)의 지배를 받고 있던 산악지대였다. 발칸반도에는 불가리아, 세르비아, 몬테네그로, 그리스, 알바니아, 루마니아, 슬로베니아, 크로아티아, 보스니아, 헤르체고비나, 마케도니아 등 10여개 나라가 뒤엉켜 있는 데다 종교도 이슬람교와 기독교, 그리스정교 등으로 나뉘어 있었다. 게다가 민족도 게르만계와 슬라브계로 나뉘어져 있어 갈등의 소지가 다분했다. 때문에 발칸반도는 '유럽의 화약고'로 불렸다.

그런데 이 발칸반도를 지배하던 오스만제국이 이탈리아와의 전쟁에서 패배하면서 힘이 약화되자 발칸의 여러 나라들은 독립을 선언했다. 이런 상황을 지켜보던 러시아는 재빨리 불가리아, 그리스, 세르비아, 몬테네그로 등을 묶어 발칸동맹을 맺었다. 이후 발칸동맹 국가들은 오스만을 상대로 선전포고를 했다. 이것이 1912년에 벌어진 제1차 발칸전쟁인데, 전쟁 중 독립을 염원하던 알바니아도 동맹국에 가담했다. 이 전쟁에서 러시아의 지원을 받은 동맹국들이 승리했고, 이후 오스만제국은 이스탄불 주변을 제외한 유럽의 모든 영토를 잃었다.

하지만 발칸전쟁은 이것으로 끝나지 않았다. 전쟁에 승리한 동맹국 사이에 전쟁으로 얻은 영토 배분을 놓고 다시 전쟁이 벌어진 것이다. 불가리아가 마케도니아 지방에서 세르비아보다 넓은 영토를 차지하자, 이에 불만을 품은 세르비아가 그리스, 루마니아와 연합하여 불가리아에 대항했다. 그러자 불가리아가 이참에 마케도니아 지역을 모두 차지할 속셈으로 세르비아와 그리스에 선전포고를 하여 제2차 발칸전쟁이 발발했다. 막상 전쟁이 벌어지자, 루마니아, 오스만제국, 몬테네그로까지 가세하여 불가리아를 공격했다. 결국 동시에 여러 국가를 상대하던 불가리아는 패전하고 말았다. 패전 후 불가리아는 마케도니아 지방 대부분을 세르비아와 그리스에 빼앗겼고, 도브루자 지역은 루마니아가 차지했으며, 오스만제국은 트라크야(트라키아)를 차지했다.

2차 발칸전쟁 후 불가리아는 세르비아를 적대시했고, 세르비아를 지원하던 러시아와도 멀어졌다. 그리고 당시 발칸반도를 노리며 동남쪽으로 영향력을 확대하고 있던 오스트리아-헝가리제국과 가까워진다. 당시 오스트리아는 1908년 이후 보스니아와 헤르체고비나 땅을 차지한 상태였고, 세르비아는 세르비아계 사람들이 많이 살고 있는 두 지역을 오스트리아가 차지한 것을 비난했다.

그런 가운데 1914년 6월에 오스트리아의 페르디난트 황태자 부부가 보스니아의 수도 사라예보를 방문했다. 그러자 세르비아계 대학생이 황태자 부부를 권총으로 저격하여 암살하는 사태가 벌어졌다. 이 소식을 들은 오스트리아는 세르비아에 선전포고를 하고 전쟁을 개시했다. 이것이 제1차 세계대전의 시발점이었다.

당시 유럽은 삼국동맹국과 삼국협상국으로 양분되어 있었다. 삼국동맹은 독일, 오스트리아-헝가리제국, 이탈리아 등 삼국이 맺은 비밀동맹이었다. 삼국동맹은 프랑스의 팽창에 대항하기 위해 독일을 주축으로 맺어진 동맹이었는데, 이를 견제하기 위해 형성된 것이 삼국협상이었다. 영국은 독일의 팽창을 견제하기 위해 러시아와 협상을 맺었고, 프랑스 또한 독일을 견제하기 위해 러시아와 동맹을 맺었다. 즉, 이들 모두가 독일을 견제하기 위해 삼국협상을 체결한 것이다.

이렇듯 삼국동맹의 일원인 오스트리아-헝가리제국이 세르비아를 공격하자, 세르비아와 발칸동맹을 형성하고 있던 러시아가 바로 전쟁에 개입했다. 그러자 독일이 즉각 러시아에 선전포고를 하며 개입했고, 프랑스가 러시아을 지원하기 위해 독일을 공격했다. 그리고 그때까지 전쟁이 확대되는 것을 막기 위해 노력하던 영국마저 러시아 지원에 나섰다. 여기에 러시아에 대해 원한을 갖고 있던 터키가 독일편에 서면서 전쟁은 걷잡을 수 없이 확대되었다.

그때 삼국동맹국의 하나인 이탈리아는 전쟁을 지켜보기만 했다. 그러자 오스트리아가 영토 일부를 줄 테니 자신들을 지원해줄 것을 요청했다. 그런데 삼국협상국 쪽에서도 전쟁에 승리하면 오스트리아에 속해 있던 지금의 북부 이탈리아는 물론이고 독일의 해외 식민지까지 주겠다고 제안했다. 이탈리아는 결국 삼국동맹을 탈퇴하고 삼국협상국 쪽의 제안을 받아들여 전쟁에 가담했다.

비록 이탈리아가 연합군에 합류했지만 전쟁의 양상은 일진일퇴를 거듭하며 팽팽한 상태로 전개되었다. 양쪽 진영의 승패는 대서양의 제해권(制海權)을 누가 차지하는가에 달려 있었지만 영국과 독일은 서로 이겼다는 주장을 할뿐 전력이 대등했다. 그런데 제해권을 놓고 치열한 싸움을 벌이던 중 의외의 사건이 터졌다. 독일의 잠수함이 미국의 상선을 침몰시켜버린 것이다. 이 사건은 중립을 지키고 있던 미국이 삼국협상국을 지원하는 계기가 되었다.

유럽에 한정되었던 전쟁은 미국의 개입으로 세계대전으로 확대되었다. 또한 미국의 개입으로 양쪽의 팽팽한 균형이 깨지면서 전쟁은 연합군의 승리로 끝났다.

1차 세대대전의 승전국들은 파리강화회의를 통해 패전국에 대한 일련의 조치를 전행하고 국제연맹을 발족했다. 이 과정에서 독일은 베르사이유조약에 따라 일본과 영국, 프랑스에 식민지를 모두 빼앗겼고, 전쟁 중에 발생한 모든 민간인들의 피해를 보상해야 했다. 이에 대해 독일인들은 강하게 반발하며 분노했다. 이는 훗날 독일이 다시 군국주의의 길을 걷는 배경이 된다.

　　독일과 함께 패전국이 된 오스트리아 역시 가혹한 처분을 감내해야 했다. 오스트리아-헝가리제국이 해체되고, 인구는 25퍼센트로 줄었으며, 체코슬로바키아, 유고슬라비아, 루마니아 등에 많은 영토를 내줘야 했다.

　　주요 패전국의 하나인 오스만제국 역시 해체되었다. 세브르조약의 결과, 1914년 이전의 영토를 대부분 상실하고 소아시아와 유럽의 일부만을 지니게 되어 유럽과 중동, 아프리카에 걸쳐 있던 대제국의 위상은 사라졌고, 현재의 터키 땅으로 축소되었다.

볼셰비키 혁명에 의한 소비에트연방의 등장

　　1차 세계대전이 막바지에 이른 1917년, 북유럽의 강국 러시아에서 또 하나의 역사적인 사건이 일어났다. 흔히 10월혁명이라고 불리는 볼셰비키혁명이었다. 이는 칼 마르크스의 사상에 기반한 최초의 공산주의 혁명이었다.

　　혁명의 중심이 되었던 볼셰비키는 블라디미르 레닌이 인솔한 러시아 사회민주노동당의 과격파였다. 당시 사회민주노동당은 과격파인 볼셰비키와 온건파인 멘셰비키로 나뉘어 대립하고 있었는데, 과격파가 정권을 장악한 것이다.

볼셰비키가 10월혁명을 일으킬 당시 러시아에는 이미 공화주의자들에 의해 혁명정부가 꾸려진 상태였다. 8개월 전에 일어난 2월혁명으로 로마노프왕조의 니콜라이 2세가 폐위되고 케렌스키 임시정부가 수립되었던 것이다. 이 정부는 기존 의회의 정치인들과 사회주의 세력이 연합하여 만들었는데, 볼셰비키 세력은 극소수만 참여할수 있었다. 또한 볼셰비키를 이끌고 있던 레닌은 케렌스키에 의해 스파이로 몰려 스위스에 망명한 상태였다. 이에 레닌은 은밀히 러시아로 잠입하여 다시 한 번 혁명을 시도한 끝에 마침내 성공했고, 그 와중에 케렌스키는 여장을 하고 미국대사관으로 망명함으로써 임시정부 체제는 붕괴되었다.

하지만 혁명의 성공이 곧바로 소비에트정부를 탄생시키지는 못했다. 정치세력 간에 내전이 일어났기 때문이다. 흔히 러시아 내전으로 불리는 이 전쟁은 1917년 11월부터 1922년 10월까지 무려 5년동안이나 지속되었다.

내전 세력은 크게 셋으로 삼분되었다. 첫째는 레닌이 이끄는 사회주의 볼셰비키를 지지하는 붉은군대였고, 두 번째는 군주제와 자본주의, 사회민주주의 및 반민주주의 연합세력을 형성한 백군이었으며, 세 번째는 이념이 없는 녹색군단과 사회주의에 반대하는 여러 군벌들이었는데, 이들은 백군과 붉은군대를 모두 적으로 간주했다.

러시아 내전에는 제1차 세계대전에서 연합군을 형성한 프랑스, 영국 등의 8개국과 이에 맞선 독일제국도 개입했다. 때문에 단순한 내전의 차원을 넘어 국제전쟁의 양상을 보였고, 결국 러시아내전은 1천만 명의 사상자를 낼 정도의 참혹한 전쟁으로 기록되었다.

5년 동안 진행된 이 전쟁은 결국 붉은군대의 승리로 끝났고, 1922년 12월 30일 러시아, 자카프카스(코카서스), 우크라이나, 벨로루시 등의 소비에트 세력이 통합되어 소비에트 사회주의 공화국 연방, 즉 소련이 탄생했다. 그리고 소련은 공산당 일당 체제를 채택했고, 레닌은 소련의 국가원수가 되었다.

하지만 레닌의 집권은 오래가지 못했다. 불행히도 그는 1923년 1월에 사망했고, 소련의 실권은 이오시프 스탈린이 잡았다. 스탈린은 이후로 1953년까지 무려 30년 동안 장기 집권했다. 스탈린 집권기 동안 소련은 제2차 세계대전에 연합군으로 참전하여 승전국이 되었다. 이후로 소련은 1991년에 붕괴될 때까지 냉전시대의 한 축이 되어 미국 및 서유럽 세력과 대립하며 세계 시장을 양분했다.

상업시대와
지식시대

상업시대 – 제3차 산업시대

상업이란 말 그대로 상품의 매매를 통해 생산자와 소비자 사이에서 재화를 전환시키며 이익을 얻는 경제활동을 의미한다. 따라서 상업시대에서 가장 중요한 요소는 이익 창출이며, 이를 위해서 상품을 판매할 시장을 확대하고 관리하는 것이 경제의 중심이 된다.

이런 상업시대의 씨앗은 16세기 유럽 절대왕정의 중상주의 정책을 통해 뿌려졌지만, 본격적인 상업시대는 공업시대가 야기한 과잉

생산의 문제를 해결하는 과정에서 시작되었다. 산업혁명 후 식민지에서 수탈한 자원을 바탕으로 공장의 생산량이 급격히 늘어나는 바람에 공급과잉 현상이 일어났고, 이는 결국 경제 대공황을 유발했다. 대공황을 경험한 세계 각국은 시장의 확대와 관리를 경제의 중심에 두었고, 그 이후 무역이 경제의 중심에 놓였다. 뒤이어 무역과 관련된 운수, 통신, 금융, 보험, 유통, 관광 등이 함께 발달하면서 이른바 3차 산업시대가 열린 것이다. 이런 상업시대는 1910년대에 시작되어 현재까지 약 100년 이상 지속되었으며, 이제 막바지에 이르렀다.

대공황과 2차대전

상업시대의 기폭제가 된 것은 1929년 미국에서 시작된 대공황이었다. 신흥국인 미국은 제1차 세계대전 승리 이후 경제적 호황을 누리며 성장을 지속했다. 이에 따라 기업들은 컨베이어시스템을 도입해 생산량을 늘리기 시작했는데, 이로 인해 공급량이 소비량에 비해 지나치게 늘어났다.

컨베이어시스템은 1913년에 미국의 포드자동차가 처음 도입했는데, 그 후로 10여 년 동안 이 시스템이 모든 공장으로 확산되면서 급격한 공급과잉 현상에 직면했다.

공급이 많으면 당연히 상품의 값은 떨어지고, 공장은 경영난을 겪을 수밖에 없었다. 그러자 공장주는 직원을 줄여 경영난을 극복하려

했고, 이로 인해 실업자가 대거 발행하면서 소비는 더 위축되고, 상품 판매량은 더욱 줄어들어 공장은 또다시 경영난에 시달리게 되었다. 많은 공장들이 줄도산을 하면서 시작된 1929년의 대공황은 불과 3년 만에 미국의 공업 생산량을 절반으로 떨어뜨렸고, 그 여파로 1,300만 명의 실업자가 발생했다. 또한 미국의 값싼 제품이 전 세계로 흘러들면서 대공황의 여파는 10년이나 지속되었다. 이 때문에 각국에서는 국수주의가 판을 쳤고, 특히 제1차 세계대전의 패전국이었던 독일은 히틀러의 주도 아래 극우 세력인 나치가 정권을 잡고 다시금 유럽전쟁을 일으켰다.

그 무렵 동아시아에서는 뒤늦게 식민지 경쟁에 뛰어든 일본이 자원 확보에 혈안이 되어 중국을 침략하였고, 급기야 태평양 연안 국가들의 자원을 독점하기 위해 태평양전쟁을 일으켰다. 이후 소련을 비롯한 전 세계의 강국들이 모두 전쟁에 가담하면서 제2차 세계대전이 전개되었다. 전쟁은 엄청난 물자를 요구했고, 그 과정에서 공급과잉의 문제가 해결되었다. 전쟁이 대공황의 여파를 잠식시킨 셈이다.

미국과 손을 잡은 소련, 영국, 프랑스 등의 승리로 전쟁이 종결되자 승전국들은 식민지를 해방시켰다. 더 이상 자원확대 정책이 필요 없게 된 것이다. 공급과잉으로 대공황을 겪은 서구 강국들은 이제 생산보다 시장을 더 중시하는 방향으로 정책을 전환했고, 이는 곧 공업시대가 저물고 상업시대가 본격화되었다는 의미였다.

냉전시대와 GATT 체제

상업시대의 본격화와 함께 세계는 사회주의와 자본주의의 대립에 의한 냉전체제에 돌입했다. 상업시대는 생산의 확대보다 시장의 확대와 안정에 주력했다. 외부 시장은 확대하고 내부 시장은 안정시키는 것이 성장의 요체라고 판단한 것이다.

그런데 시장의 관리방법을 두고 자본주의와 사회주의는 견해가 달랐다. 자본주의 체제는 시장의 원리, 즉 공급과 수요의 법칙에 맡겨두면 된다는 입장이었지만, 사회주의 체제는 국가가 시장을 관리해야 한다는 입장이었다. 이것이 곧 시장경제와 계획경제의 대립이었다. 이러한 체제 간의 대립은 소련 중심의 사회주의 국가들과 미국 중심의 자본주의 국가들로 시장을 양분시켰다. 그래서 유럽은 서구와 동구가 갈라지고, 아시아에서도 사회주의와 자본주의가 대립했다. 이후로 양쪽 진영은 내부에서 서로 동맹을 맺고 정치, 경제, 사회, 문화 모든 면에서 다른 길을 걸었다. 이른바 냉전시대의 도래였다.

그런 냉전의 대립 속에서도 세계는 미국과 서유럽의 주도 아래 GATT(관세 및 무역에 관한 일반협정)를 출범시켰다. GATT의 창설 목적은 보호무역의 장벽을 제거하는 데 있었다. 자유무역을 방해하는 관세 및 각종 비관세 장벽을 허물기 위한 조치였던 것이다.

GATT 창설논의는 1944년 미국 뉴햄프셔주의 브레튼 우즈에서 개최된 '브레튼 우즈 회의'에서 시작되었다. 이후 1947년에 스위스 제네바에서 23개국이 모여 관세와 무역에 관한 일반 협정을 체결하면서 1948년부터 GATT가 본격적으로 가동되었다. 그리고 1979년 도쿄라운드에 이르면 가입국이 102개국으로 확대된다. 그리고 1991년에 소련이 완전히 붕괴되고 냉전체제가 종식되면서 GATT에 가입한 회원국 수는 120개국을 넘어선다.

WTO체제와 절정에 이른 상업시대

그러자 더 이상 GATT 체제로는 세계 무역시장을 관리할 수 없는 상황이 되었다. 자유무역의 확대로 관세 중심의 시장관리는 무의미하게 된 것이다. 그래서 새로운 국제기구가 요구되었고, 결국 1995년에 76개국이 참여한 WTO(세계무역기구)가 창설된다. 이후 WTO 회원국은 160개국까지 늘어났다. 본격적인 자유무역시대의 전개를 의미했고, 상업시대가 절정에 도달한 셈이다.

이후로 국가 간의 자유무역협정(FTA)이 늘어나 경제의 중심이 시장의 확대에서 자본의 확대로 전환되었다. 이는 곧 무역시장에서 국경을 무너뜨리는 결과를 초래했고, 국가의 개념도 무너뜨렸다. 지구촌 시대가 본격화된 것이다.

자본의 확대를 위해서는 이윤을 극대화시켜야 했고, 이윤의 극대화는 생산비용의 최소화를 요구했다. 생산비용 중에 가장 많이 차지하는 것이 임금이다. 이 때문에 기업들은 노동력이 싼 국가를 찾아 생산지를 옮겨 다니기 시작했다. 게다가 비용절감을 위해 OEM 방식을 도입해 생산방식의 변화도 꾀했다.

OEM은 주문자 상표부착생산(Original Equipment Manufacturing)의 약자로 주문자의 상표명으로 부품이나 완제품을 생산하는 방식이다. 이 경우 값싼 노동력을 가진 나라에서 제품을 생산하지만 완제품 자체는 주문자인 유명 브랜드 이름으로 판매된다.

이러한 기업들의 생산비용 절감정책은 결과적으로 임금이 높은 선진국들의 경제 구조를 변화시켰다. 노동력 중심의 제조업 비중을 줄이고 고급 기술과 지식이 필요한 정보산업 육성에 집중하게 했던 것이다. 이후 경제의 중심은 정보, 의료, 교육, 서비스 산업 등 지식 집약 형태의 4차산업으로 이행하고 있다.

지식시대 – 제4차 산업시대

지식시대와 산업의 중심 이동

지식시대란 지식정보산업이 세계 경제의 중심이 되는 시대를 의미한다. 지식시대는 정보산업의 기반이 된 퍼스널 컴퓨터의 대중화로부터 시작되었다. 퍼스널 컴퓨터의 대중화는 1995년 WTO의 출범과 함께 본격화된다. 냉전시대의 종식으로 자유무역시장이 확대되고 컴퓨터 대중화는 경제를 빠른 속도로 지식시대에 진입시켰다.

지식시대를 선도한 분야는 컴퓨터·반도체·통신기기를 비롯한 하드웨어 산업, 소프트웨어 산업, 정보처리업, 정보통신업 등 컴퓨터와 직접·간접으로 관련된 정보기술(IT)산업이었다. 그런데 컴퓨터의 발달은 정보기술산업의 범위를 점차 확대하기 시작했다. 의료, 교육, 서비스 분야에 컴퓨터가 본격적으로 도입되면서 이 분야까지 모두 정보기술산업의 영역으로 들어간 것이다. 게다가 인터넷의 대중화로 지식의 축적과 탐색, 보완, 확산이 용이해지면서 정보산업과 지식산업이 하나로 결합되었고, 이는 엄청난 시너지 효과를 일으켰다. 컴퓨터, 인터넷, 지식이라는 세 가지 요소가 하나로 융합되어 '지식정보융합산업'이라는 새로운 경제 영토를 만들어낸 것이다. 이를 줄여 흔히 정보산업 또는 지식산업이라고 한다.

지식산업이 확대되자 1, 2, 3차 산업이 모두 컴퓨터와 인터넷 속으로 빨려 들어갔다. 말하자면 모든 경제가 분야를 막론하고 지식산업의 영향력 아래 놓였으며, 마침내 지식산업이 주도하는 4차 산업시대가 도래했다. 그런 까닭에 무역에서 가장 큰 비중을 차지하는 기업은 마이크로소프트, 애플, 삼성, 구글과 같은 지식정보 산업체가 되었다. 이제 세계경제와 무역은 그들이 주도하는 형국이 된 것이다.

지식시대의 특징과 미래

지식시대의 가장 중요한 경제활동은 지식 가공이다. 지식이 가장 중요한 먹거리가 된 셈이다. 따라서 인류는 지식을 어떻게 하면 좋은 상품으로 가공할 것인지 골몰하는 상황에 처하게 되었다. 이 때문에 치열한 지식정보 경쟁은 곧 엄청난 정보의 홍수를 일으켰다. 그야말로 정보 전쟁의 시대가 도래한 것이다.

이런 지식 가공 산업의 형태는 세 가지로 나눌 수 있다. 첫째는 정보기술업, 둘째는 웹사이트, 셋째는 지식콘텐츠업이다. 말하자면 지식산업의 핵심요소가 정보기술, 웹사이트, 콘텐츠 세 가지이며, 이 분야를 선도하는 쪽이 시장을 장악하게 된다.

지식산업의 발달은 지구 전체에 판로를 둔 글로벌 기업과 소수의 창업자가 중심이 된 핵기업의 발달을 촉진했다. 정보기술과 유통망 덕분에 지식기업들은 세계 어디에나 영향력을 확대할 수 있게 되었고, 소수의 엘리트들이 세계를 지배하게 된 것이다. 이에 따라 전 세계의 자본을 극소수가 장악하거나 지구 전체의 돈 중에서 90퍼센트 이상을 1천 명 이하의 소수가 차지하는 현상도 현실이 되었다. 상상하기 힘들 정도의 엄청난 빈부격차가 현실로 닥치고 있는 셈이다.

지식시대의 미래는 예측하기 쉽지 않다. 국가의 개념을 무력화시킬 수도 있고, 이웃과 친구와 지역 사회의 개념도 변화시킨다. 가족과 가정의 틀도 바꿀 수 있고, 시간과 공간의 개념도 달라진다. 시공을 초월하는 사건이 시시각각 일어나는 까닭이다. 가상국가와 가상세계, 가상기업, 가상화폐가 국가와 기업, 인류를 지배할 수도 있다. 가상이 현실이 되고 현실이 가상이 되는 상황에 처할 수 있다. 심지어 의사, 법관, 교사, 변호사, 기술자, 경비원, 파출부 등 모든 직업의 틀이 바뀌는 한편, 새로운 직업들이 속출하게 될 것이다. 물론 이미 그런 일들은 현실이 되고 있고, 인류는 그 현실에 빠르게 적응하고 있다.

3
장

인류생존의 행동지침
종교와 철학

종교와 철학이 추구하는 사상은 일맥상통한다. 불교나 힌두교에서는 선행과 수행을, 기독교나 이슬람교에서는 믿음과 기도를, 유학이나 칸트 사상에서는 순수한 인간적 의지와 선행을 필요로 할 뿐, 이들이 추구하는 본질은 같다는 것이다.

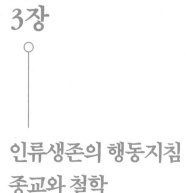

3장

인류생존의 행동지침
종교와 철학

경제, 정치, 역사에 이어 이번에는 인문학의 가장 핵심적인 영역인 종교와 철학을 알아보자. 경제, 정치, 역사는 기본적으로 인류의 생존활동이다. 그런데 이 생존활동을 원활하게 이루기 위해서는 반드시 필요한 것이 있다. 바로 행동지침이다.

인류는 근본적으로 사회적 동물이다. 인류가 사회를 형성한 이유는 당연이 그것이 생존에 유리하기 때문이다. 따라서 인류가 사회를 원활하게 유지하는 것은 생존의 필수조건이다.

그렇다면 인류가 사회를 유지하는 데 가장 우선적으로 필요한 것은 무엇일까? 그것은 모든 구성원이 믿고 따를 수 있는 행동지침이다. 만약 행동지침이 없다면 구성원들이 제각각 행동하기 때문에 사회는 제대로 유지될 수 없을 것이다. 따라서 사회 유지의 수단으로 행동지침의 마련은 필수적이다. 또한 이 지침은 가급적 영원히 변하지 않고, 어떤 상황에서도 보편적으로 적용할 수 있고, 절대적인 것일수록 좋다. 불변성, 보편성, 절대성 이 세 가지를 모두 갖춘 행동지침이 요구되는 것이다. 우리는 이를 진리라고 한다.

종교와 철학은 바로 이 진리에 대한 열망에 의해 탄생했다. 하지만 이 두 분야의 형성과 발전은 결코 쉽게 이뤄지지 않았다. 투쟁에 투쟁을 거듭하며 살아남은 것만이 인류의 행동지침이 되었다. 말하자면 종교와 철학은 인류가 생존을 위한 행동지침을 마련하기 위해 처절하게 몸부림치면서 흘린 피와 땀의 결정체인 셈이다. 이번 장에서는 이 피와 땀의 결정체인 종교와 철학의 탄생과정을 살피고자 한다.

절대적 행동지침
종교의 탄생

종교의 탄생 배경

불안과 공포를 희망으로 바꾸는 장치, 종교

　종교는 왜 만들어졌을까? 사실, 종교의 탄생 배경에는 인간의 불안이 숨어 있다. 바로 죽음에 대한 불안이다. 이 죽음에 대한 불안은 인간의 생존욕구를 한순간에 없애버릴 수 있다. 뿐만 아니라 그 불안이 증폭되면 공포로 돌변하여 인간을 무기력 속으로 몰아넣는다.

그래서 인간은 이 죽음에 대한 불안을 극복하기 위해 죽음을 다스리는 존재에 대해 고민하게 되었다. 죽음을 다스리는 존재를 섬기면 죽지 않을 수 있다는 착상을 하게 되고, 그 착상은 영원히 죽지 않으면서 동시에 인간을 지켜줄 수 있는 존재인 '신'을 만들어낸다. 신을 믿고 섬기면 영원히 살 수 있다는 희망을 가졌던 것이다.

종교는 영원히 살고자 하는 욕망의 열매였다. 죽음에 대한 불안과 공포를 삶에 대한 희망으로 바꿀 수 있는 장치가 바로 종교였다. 그렇기에 종교는 반드시 죽음 이후의 세계, 즉 내세관을 가질 수밖에 없었다. 내세라는 것은 육체가 죽어도 영혼은 영원히 살 수 있는 세계였다. 인간은 이를 통해 죽음에 대한 불안과 공포에서 헤어 나와 영원히 살 수 있는 존재로 재탄생한다. 이렇게 불멸의 존재가 될 수 있다는 희망이 곧 신앙의 바탕이 된 것이다.

인간들은 그런 신앙의 대상이 되는 존재, 즉 신을 처음엔 가까운 곳에서 찾았다. 숲에 한정된 생활을 하던 채집시대에는 숲속에서 신을 찾았다. 그래서 그 신은 나무가 되기도, 동물이 되기도 했고 때로는 숲 자체이기도 했다. 그 숲이야말로 인간이 먹고사는 모든 것을 제공했기 때문이다. 애니미즘과 토테미즘은 그렇게 탄생했다.

그러다 인간은 농사라는 새로운 생존법을 터득했다. 이제 숲에 의존하지 않고 인간이 경작을 통해서 양식을 얻을 수 있는 상황이 된 것이다. 이른바 농업시대가 시작되자, 인간은 농업에 절대적인 영향을 주는 기후에 주목했다. 그리고 기후에 절대적인 영향을 끼치는 태양이나 자연을 신으로 섬기기 시작했다. 인간은 그 자연을 우주 또는 하늘이라고 생각했다. 자연이 곧 신이며, 신이 곧 자연이라는 것이다. 이것이 바로 범신론의 탄생 배경이다.

하지만 인간은 거기에서 그치지 않았다. 지식이 축적되고 학문이 발달하면서 우주의 원리에 대해 조금씩 알게 되자, 인간은 보이는 세계를 신으로 섬기지 않았다. 보이는 모든 것은 언젠가는 사라진다는 것을 깨달은 후, 인간은 보이지 않는 존재를 신으로 섬기기 시작했다. 무엇이라고 규명할 수는 없지만 영원히 존재하며 늘 함께하는 존재를 신으로 규정했던 것이다.

이후 곳곳에서 그런 존재를 섬기는 무리들이 나타났고, 그들 무리가 신을 지칭하는 이름은 각자 달랐다. 그러다가 농업시대가 저물고 공업시대와 상업시대, 지식시대를 거쳐 2천 년 이상의 세월이 흐르면서 전쟁에 승리한 무리들이 숭배하는 신들만 살아남았다. 그것이 기독교와 불교, 힌두교, 이슬람교 등의 거대 종교들이다.

신은 하나인가 여럿인가

인간들이 만들어낸 종교는 크게 둘로 나뉘어졌다. 하나는 이 세계를 지배하는 존재는 오직 하나뿐이라는 신앙을 가진 유일신교였고, 다른 하나는 신들이 수없이 많다는 신앙을 가진 다신교였다.

유일신교는 척박한 땅에서 그것도 삶의 고통에 짓눌리며 사는 하층민 집단에서 탄생했고, 다신교는 풍요로운 땅에서 권력을 누리며 지배하는 상층민 집단에서 탄생했다. 그리고 무수한 종교 중에 살아

남은 것은 유일신교에서 하나, 다신교에서 하나였다.

유일신교에서 살아남은 종교는 이집트에서 노예생활을 하다가 가까스로 탈출하여 광야를 떠돌며 생을 도모하던 유대인들의 종교교였다. 척박한 땅에서 매일같이 죽음의 공포에 짓눌려 살던 유대인들은 자신들을 구원해줄 유일한 희망이 오직 신밖에 없었기에 유일신교인 유대교를 형성한 것이다.

이후 유대교에서는 새로운 분파가 형성되었다. 신의 아들을 자처하며 나타난 예수에 의해 예수교가 만들어졌고, 예수교는 다시 로마 제국의 힘에 의존하여 그리스 철학과 결합된 후, 기독교로 확대되어 유럽 전역을 장악했다. 이후 기독교는 로마 가톨릭, 동방정교회, 개신교 등으로 삼분되어 오늘날에 이르고 있다.

유대교에서는 예수교 외에 또 하나의 종교가 탄생했다. 예언자를 자처하며 나타난 무함마드에 의해 무함마드교가 창시된 것이다. 한국에서는 흔히 마호메트교로 알려진 무함마드교는 이슬람제국의 힘에 의존하여 이슬람교로 확대되어 역시 기독교 못지않은 대단한 세력을 형성했다. 이후 이슬람교는 시아파와 수니파로 양분되어 서로 갈등을 일으키며 오늘날에 이르고 있다.

한편, 다신교에서 살아남은 종교는 풍성한 자연환경에서 태어난 힌두교였다. 인도의 풍성한 자연환경은 인도인들에게 절대성보다는 다양성을 중시하게 만들었고, 그것은 다양한 신들의 창출로 이어져 자연스럽게 다신교를 형성했다.

이후 힌두교는 네팔 카필라왕국의 싯다르타 왕자에 의해 불교라는 새로운 종교를 탄생시켰다. 불교는 다시 인도차이나반도를 거쳐 중국으로 건너간 후 중국의 종교이자 철학인 노장 사상과 결합되면서 세력을 크게 확대했다. 이후 힌두교는 인도에서, 불교는 인도차이나와 티베트 그리고 한국, 중국, 일본 등의 중국문화권을 중심으로 세력을 유지하고 있다. 다양한 신들을 믿는 종교인만큼 힌두교는 불교 외에도 여러 종교를 더 양산했다. 그중에 살아남은 종교는 자이나교와 시크교다. 이들 두 종교는 비록 널리 확대되지는 않았지만, 수천만의 신자를 보유하고 있다.

이렇게 해서 인류는 유일신교인 유대교에서 기독교와 이슬람교를 탄생시켰고, 다신교인 힌두교에서 불교를 탄생시켜 5대 종교를 형성했다. 불교 외에도 힌두교에 뿌리를 두고 있는 종교는 자이나교와 시크교를 비롯해 여러 종교가 있지만, 대부분 힌두교와 대동소이하다. 그러면 이들 5대 종교를 유일신교와 다신교로 구분하여 간단하게 살펴보자.

유일신교인 유대교, 기독교, 이슬람교

유일신교의 뿌리 유대교

유일신교 중 가장 먼저 알아볼 종교는 기독교와 이슬람교의 모태가 된 유대교다.

유대교는 서기전 13세기경에 이집트에서 노예생활을 하고 있던 히브리인(유대인)들을 이끌고 홍해를 건너 시나이반도로 탈출시킨 모세라는 인물에 의해 형성된 종교다. 모세가 유대인들에게 전파한 신의 이름은 야훼였다. 야훼의 의미는 '되게 하는 존재' 즉, 창조주를 의미한다. 말하자면 우주를 만든 조물주 자체를 의미하는 것이다. 그래서 야훼는 이슬람교의 알라, 기독교의 하나님과 같은 의미의 신이다.

이후 유대인들은 야훼에 대한 신앙을 기반으로 이스라엘왕국을 세웠다. 이스라엘은 몇백 년간 왕조를 이어가다가 신바빌로니아와 페르시아 등의 지배를 받았고, 이후 다시 마케도니아를 거쳐 로마의 지배까지 받았다. 유대인들은 타 민족의 지배를 받던 시절에도 유대교를 신앙으로 간직했다. 오직 유일신 야훼만이 자신들을 구원할 것이라는 믿음에 의지해 핍박의 세월을 이겨낸 셈이다.

유대교 신앙의 핵심내용은 유일신 야훼가 언젠가는 메시아를 보내 그들을 구원할 것이며, 그 과정에서 여러 명의 선지자들이 나타나 구원을 예고하는 형식을 띠고 있다. 즉 야훼가 모세를 통해 전한 십계명을 잘 지키면서 선지자들의 예언을 믿으면 결국 구원받는다고 믿는 것이다.

그렇다면 유대교는 왜 인간이 구원받아야 한다고 설정했을까? 그것은 인간이 창조주 야훼에 의해 만들어졌는데, 첫 인간인 아담과 그의 아내 하와가 원죄를 저질러 모든 인간은 죽으면 영원히 불타는 지옥에 떨어질 신세였다. 이에 야훼는 언젠가 구세주를 보내 모든 인간을 구원할 것이니, 그런 믿음을 가지고 기다리라는 것이다.

이런 믿음을 유지하는 과정에서 유대교는 여러 파벌을 만들어냈다. 유대교는 탄생 이래 사두개파, 바리새파, 에세네파 등 크게 세 개의 파벌을 형성했다.

사두개파(Sadducees)는 성전을 중심으로 하는 유파로서, 서기전 6세기 말 바빌론에서 돌아온 유대인들이 예루살렘의 성전을 재건하면서부터 형성되었다. 이들은 그리스 로마 문화의 영향력 아래 있으면서도 유대교 본연의 순수성을 지키려고 애썼던 세력이다. 그 과정에서 예루살렘 성전의 제사장 자리를 차지하고 있던 레위 지파 세력과 충돌을 일으켰고, 결국 레위 지파를 몰아내고 자신들이 제사장 자리를 차지하게 된다. 그러나 이들은 로마제국이 서기 70년에 예루살렘 성전을 파괴하면서 급속도로 세력이 약해졌고, 결국 바리새파에 흡수되면서 사라졌다.

바리새파(Pharisees)는 서기전 2세기에 형성되었다. 이들의 중심 세력은 사두개파에 의해 축출되었던 레위 지파에 뿌리를 두고 있다. 이들은 원래 레위 지파 출신 학자와 제사장 출신들이었다. 하지만 사두개파에 의해 성전에서 밀려난 뒤로 주로 평민으로 살아가며 곳곳에 흩어져 있던 회당을 중심으로 교세를 이어갔다. 이들은 로마가 예루살렘을 장악할 당시 사두개파와 달리 로마제국에 협조함으로써 자신들의 회당이 파괴되는 것을 모면하였다. 덕분에 사두개파를 흡수하여 유대교 최대 파벌로 거듭나게 되었다.

에세네파(Essenes)는 유대교의 종파 중에서 가장 진보적인 성향을 가진 세력으로 신비주의적 철학에 기반하고 있다. 이들 역시 사두개파로부터 쫓겨난 레위 지파의 후손들이었는데, 이들은 바리새파와 달리 유대종교의 보수성에서 벗어난 길을 걸었다. 말하자면 유대교에서 벗어나고자 애쓴 세력이었으며, 대개 광야에서 공동체를 이루고 생활했다. 이른바 에세네 공동체를 형성했던 것이다. 하지만 에세네 공동체에 속하지 않은 일부 신자들은 일반적인 직업을 가지고 사회활동을 하기도 했다. 이들은 사두개파와 바리새파를 타락한 세력으로 규정하고 그들만이 정결한 신앙을 가지고 있다고 주장했다. 이 때문에 사두개파와 바리새파로부터 많은 견제를 받았다. 또한 에세네파는 순수한 신앙을 주장하며 로마에 대해 매우 적대적이었는데, 그 때문에 로마가 이스라엘을 멸망시킬 당시에 대부분의 성소와 기록들을 잃고 바리새파에 흡수되고 말았다.

한편, 에세네파에서는 젤로파라는 새로운 세력이 형성되어 분파되었는데, 젤로파는 가장 강력하게 로마에 저항한 세력이기도 했다. 이들은 로마의 이스라엘 지배에 반발하여 대대적인 무장 저항운동을 펼쳤는데, 그 때문에 로마군에 의해 철저히 궤멸되었다. 그래서 그들 역시 대부분 바리새파에 흡수되었고, 일부는 예수교에 흡수되며 사라졌다.

이렇듯 유대교는 로마의 이슬라엘 정벌 이후 바리새파만 살아남았다. 이후 바리새파는 그리스의 영향을 받은 문헌들을 모두 제외하고 그리스 이전의 문헌만을 바탕으로 경전을 만든다. 그 내용은 율법서, 역사서, 성문서 등 24권인데, 훗날 기독교는 이 경전들을 구약으로 명명하고 다시 편집한다.

이후로 유대교는 성전 중심이 아닌 경전 중심 종교로 다시 태어나 2천 년 이상 유지되고 있으며, 이스라엘의 유대인과 전 세계에 흩어져 있는 유대인을 중심으로 교세를 유지하고 있다. 현재 전 세계의 유대교 신도는 약 1,400만 명 정도로 알려져 있다.

예수를 구세주로 삼아 탄생한 기독교

유대교에서 메시아를 기다리는 동안 인류를 구원할 메시아가 드디어 왔다고 주장하는 세력이 생겼다. 그 메시아는 바로 야훼의 아들로, 사람들의 죄를 대신 지고 죽었다가 부활한 예수라는 것이다. 이 예수를 야훼의 아들이자 메시아로 섬기는 종교가 바로 기독교이다.

기독교의 '기독(基督)'은 그리스어로 구원자를 의미하는 '그리스도(Χριστός, 크리스토스)'의 중국어 음역인 '기리사독(基利斯督)'의 줄임말이다. 이에 대한 현대 북경어 발음은 '지리쓰두'이지만, 구개음화하기 전의 옛 발음은 '기리스도'에 가까웠다. 그래서 오늘날 한국에서는 기독교라고 부르고 있는 것이다. 따라서 기독교는 '그리스도교'라고 부르는 것이 정확한 명칭이다.

그리스도교라는 명칭은 '예수 그리스도'라는 표현에서 비롯되었다. 그래서 기독교의 신약성경에서는 '그리스도인'이라는 표현이 실제 등장한다. 여기서 그리스도인이란 예수를 구세주로 믿는 교인들을 지칭한다.

기독교인들에게 통상 '예수 그리스도'로 일컬어지는 이 명칭은 원래 그리스어 '예수스 크리스토스(IHCOYC XPICTOC)'에서 비롯되었고, 이는 또 히브리어의 고어인 아람어 '예수아 메시아'의 번역이다. 여기서 예수아는 '야훼의 구원'이라는 뜻을 지니고 있고, 메시아는 '기름부음을 받은 사람'이라는 뜻을 지니고 있다. 기름부음을 받은 사람이란 곧 어떤 직위를 받은 사람을 의미하는데, 왕이나 제사장도 마찬가지였다. 그런데 예수는 세상을 구원할 왕이었기 때문에 역시 기름부음을 받은 사람에 해당되었다. 때문에 그리스도는 곧 구세주라는 의미로 사용되었으며, 예수와 동일시하는 개념이 되었다. 그래서 오늘날 예수교를 그리스도교, 즉 기독교라고 하는 것이다.

이런 기독교는 서기 30년경에 예수의 등장과 함께 시작되었다. 예수는 유대인의 한 사람으로 유대교 속에서도 바리새파와 사두개파를 매우 비판했던 것을 보면 순결주의를 주장하던 에세네파에 뿌리를 둔 것으로 보인다.

예수는 스스로를 하느님의 아들이라고 규정하면서 자신이 구약성경에서 예언한 메시아로서 인류를 구원하기 위해 이 땅에 왔다고 하였다. 이 때문에 유대교에서는 예수를 이단시하여 배척하였지만, 그의 열두 제자들은 예수의 가르침을 이스라엘의 영역을 넘어 로마 전역으로 전파하였고, 그 내용은 27권의 책으로 묶였다. 이를 기독교에서는 신약성서라고 하고 유대교에서 형성한 구약성서 39권과 함께 성서의 반열에 올렸다.

기독교가 유대교와 가장 크게 다른 것은 삼위일체론을 믿는다는 점이다. 삼위일체란 곧 하나님인 성부와 아들인 예수, 그리고 성령이 모두 하나라는 논리다. 말하자면 예수를 야훼와 동격으로 만든 셈인데, 유대교와 이슬람교에서는 이를 받아들이지 않는다. 그들은 그저 예수를 선지자 중 하나로 여길 뿐이다.

로마제국은 이런 예수교에 대해 강하게 핍박하였으나 하층민을 중심으로 교인들이 늘어감에 따라 교세를 인정하여 결국은 예수교를 받아들이게 된다. 이후 예수교는 로마 세력을 등에 업고 기독교로 거듭나 유럽 전역을 아우르는 종교가 된다. 거대한 땅을 가진 로마의 지배욕구와 예수교의 절대적인 신앙이 합쳐짐으로써 강력한 지배이데올로기가 탄생한 셈이다.

기독교는 로마의 국교가 된 이후 점차 힘을 강화하여 황제의 힘을 능가하는 지경에 이른다. 말하자면 종교가 정치를 지배하는 상황에 이르게 된 것인데, 이는 황제의 지배력보다 기독교의 절대 신앙의 힘이 더 컸기 때문이었다. 유일신교를 국교로 택한 지역에서는 당연히 나타날 수밖에 없는 현상이었다. 훗날 유일신 알라를 섬긴 이슬람제국에서도 같은 현상이 일어난다.

한편, 로마제국은 기독교를 국교로 삼은 이후에 수도를 로마에서 콘스탄티노폴리스(지금의 이스탄불)로 옮겼으나, 이후 동로마와 서로마로 분열된다. 또한 교회도 콘스탄티노폴리스 중심의 동방정교회와 로마 중심의 가톨릭교회로 분열된다.

여기서 가톨릭이란 그리스어 형용사 '가톨리코스(καθολικός)'에서 유래했는데, 보편적 또는 일반적이란 의미다. 주로 기독교에서는

'교회'와 함께 사용되고 있으며, 그래서 흔히 천주교를 '가톨릭교회'라고 부른다.

로마제국의 분열 이후 서로마제국이 망하게 되는데, 이후 로마 가톨릭교회가 중심이 되어 서유럽 지역의 여러 나라들을 지배하게 된다. 흔히 이 시대를 서양사에서는 '중세'라고 일컫는다. 그래서 중세(中世, Medium aevum)는 유럽 역사에서 서로마제국이 멸망(476년)하고 게르만 민족의 대이동(4~6세기)이 있었던 5세기부터 르네상스(14~16세기)와 더불어 근세(중세와 근대 사이의 기간, 1500~1800년)가 시작되기 전까지, 즉 5세기부터 15세기까지 약 1천 년 동안을 일컫게 된다. 이 1천 년은 그야말로 기독교 중심의 세상이었던 것이다.

서유럽에서 중세가 지속되던 1천 년 동안 로마제국은 여전히 콘스탄티노폴리스를 중심으로 유지되고 있었는데, 서로마제국을 제외한 로마를 흔히 동로마제국 또는 비잔티움제국이라고 부른다. 동로마제국은 1453년에 오스만제국에 의해 멸망할 때까지 유지되었다.

이렇듯 기독교는 무려 1천 년 동안 로마 가톨릭과 동방정교회로 분리된 채 유지되었는데, 또다시 새로운 기류가 형성되었다. 독일에서 1517년에 마르틴 루터가 가톨릭의 개혁을 부르짖으며 종교개혁을 일으킨 것이다. 루터는 교황 중심의 교회를 거부하고 오직 성서 중심의 교회로 개혁되어야 한다고 주창했다. 이후 개혁에 찬성하는 세력을 중심으로 새롭게 일어난 것이 개신교다.

개신교 형성과정에서 종교개혁을 지지하는 세력과 반대하는 세력이 전쟁을 일으켰고, 이 전쟁은 30년 이상 지속되었다. 이를 '30년 전쟁'이라고 하는데, 이는 인류사에서 가장 잔혹한 전쟁 중 하나였다.

이후 기독교는 로마 가톨릭교회, 동방정교회, 개신교 등으로 분열되었다. 또한 개신교는 루터교회, 성공회교회, 장로교회, 성결교회, 감리교회, 침례교회 등으로 분파가 형성되었다. 그래서 현재 기독교는 가톨릭, 동방정교회, 개신교 등을 합쳐 모두 전 세계에 24억 명의 신도를 형성하고 있다.

무함마드를 마지막 예언자로 믿는 이슬람교

유대교는 기독교에 이어 또 하나의 종교인 이슬람교를 탄생시켰다. 이슬람이라는 명칭은 복종 또는 순종을 의미하는 '아살라마(Asalama)'라는 단어를 기초로 무함마드가 만든 용어다. 그래서 이슬람은 '신을 섬긴다'라는 의미로 쓰인다. 또 이슬람을 믿는 신자를 흔히 무슬림이라고 하는데, 이는 남자 신자를 지칭하는 것이고, 여자 신자는 무슬리마라고 구분하여 부른다.

이슬람교는 기독교의 예수를 메시아로 인정하지 않는다. 이슬람교에서는 예수를 최초의 인류인 아담 이후 신의 뜻을 지속적으로 전해왔던 선지자로 본다. 그러면서 신이 보낸 마지막 예언자는 바로 무함마드라고 주장한다. 이제 신은 최후의 심판이 있기까지 더 이상의 예언자는 보내지 않을 것이므로 무함마드의 말을 믿으라는 것이다(무함마드를 흔히 한국에서는 마호메트라고 하는데, 이는 무함마드를 영어로 쓴 것을 번역하는 과정에서 생긴 표현이다).

무함마드가 섬기는 신을 흔히 '알라'라고 부르지만 알라는 신의 이름이 아니라 그저 신 자체를 의미한다. 즉 알라는 신, 하느님, 야훼 등과 같은 의미인 것이다.

이슬람교도 유대교에 뿌리를 두고 있기 때문에 알라를 유일신으로 섬기는 것은 유대교나 기독교와 동일하다. 또한 그들은 유대교 경전도 인정하고, 기독교의 신약성서도 인정한다. 하지만 그들이 가장 중시하는 경전은 흔히 코란으로 부르는 쿠란이다. 쿠란은 '읽다' 또는 '낭송하다'라는 뜻을 가진 아랍어 '까라아'라는 동사의 명사형으로 '낭송'이라는 뜻을 지닌다.

쿠란의 내용은 무함마드가 알라로부터 받은 계시들로 채워져 있다. 무함마드는 마흔 살 때인 610년에 아라비아의 히라산 동굴에서 천사 지브릴(가브리엘)을 만나 처음으로 알라의 계시를 받았는데, 이후로 632년에 죽을 때까지 받은 모든 계시를 모은 것이 쿠란이다. 이후 쿠란의 내용은 무함마드의 제자들에 의해 정리되어 이슬람교의 정식 경전으로 사용했다.

모든 종교가 그렇듯이 이슬람교도 역시 분파가 형성되어 시아파와 수니파로 갈라져 대립하고 있다.

시아파가 생긴 과정은 이렇다. 무함마드가 죽은 후에 그의 제자 아부 바크로가 이슬람의 지도자가 되어 제1대 칼리프에 올랐다. 이후 아부 바크로의 후계자가 지도자를 의미하는 칼리프를 이어가게 되는데, 그러던 중 아부 바크로와 그의 후계자들이 칼리프가 된 것을 인정하지 않는 세력이 생겼다. 그들은 무함마드의 후계자는 반드시 무함마드의 혈통에서 나와야 한다고 주장했다. 그래서 무함마드의 사위 시아트 알리를 정통 후계자로 삼고, 알리의 후손들만이 칼리프 자격이 있다고 주장했다. 이 세력을 흔히 시아트 알리의 이름을 따서 시아파라고 한다.

이에 비해 수니파는 무함마드가 죽은 후에 정식 후계자가 칼리프가 되어야 한다고 주장하는 세력으로 역대 칼리프들을 무함마드의 계승자로 인정한다. 그래서 이들을 '순나(정통관습을 따르는 자)'에서 비롯된 단어인 '수니파'라고 부른다.

이렇듯 두 파벌이 형성되어 내려온 끝에 이슬람교는 현재 10억 명의 교세를 이루며 수니파와 시아파의 대립과 갈등이 지속되고 있다.

다신교인 힌두교와 불교

다신교의 요람, 베다

힌두교와 불교는 기독교, 이슬람교 다음으로 세계에서 신도가 많은 종교다. 그런데 힌두교와 불교를 이해하기 위해서는 먼저 베다에 대해 알아야 한다. 베다가 이들의 뿌리이기 때문이다.

베다(Vedas)는 '지혜' 또는 '지식'이라는 뜻을 가지고 있는데, 고대 인도의 신화와 종교, 철학을 망라한 문헌을 총칭한 것이다.

베다 문헌은 『상히타』, 『브라흐마나』, 『아란야카』, 『우파니샤드』,

『수트라』등 다섯 부문으로 분류할 수 있다. 이 다섯 문헌들은 다시 크게 슈루티(śruti)와 스므리티(smṛtir)로 나눠진다. 슈루티는 '들은 것'이라는 뜻으로 신의 말씀을 담은 것이고, 스므리티는 '기억된 것'이라는 뜻으로 인간이 남긴 말이다. 다섯 문헌 중에 『수트라』만 인간이 전한 말에 속하는 스므리티이고 나머지 네 부류는 모두 신이 남긴 말씀인 슈루티이다.

그런데 다섯 종류의 베다 문헌 중에 힌두교와 가장 밀접한 것은 『상히타』다. 『상히타』는 『리그베다』, 『야주르베다』, 『사마베다』, 『아타르바베다』등 네 종류로 이뤄져 있다. 이 네 개의 베다가 힌두교의 경전에 해당되는데, 그래서 특별히 이 네 종을 정식 경전이라는 뜻의 '투리야'로 부른다. 때문에 대개 베다라고 하면 투리야를 의미한다.

투리야 중 『리그베다』는 신들에 대한 찬가, 『야주르베다』는 제사 양식과 제사에 필요한 문구들, 『사마베다』는 제사에 필요한 노래, 『아타르바베다』는 복을 빌 때 사용하는 문구를 담고 있다. 말하자면 이 네 개의 베다로 이뤄진 투리야는 종교의식을 진행할 때 쓰이는 경전인 셈이다.

그렇다면 『상히타』이외의 베다 문헌에는 어떤 것들이 담겨 있을까? 우선 『브라흐마나』는 제사 의식과정에 필요한 수행방법을, 『아란야카』는 수련자를 위함 지침을, 『우파니샤드』는 힌두교의 이론과 사상을, 『수트라』는 스승들이 남긴 금언을 담고 있다. 따라서 힌두교의 사상적 배경을 이해하려면 『우파니샤드』를 파악해야만 했다.

힌두교 사상의 정수, 『우파니샤드』

『우파니샤드』는 신이 직접 내린 말씀을 의미하는 '슈루티'에 속하지만, 사실은 스승들이 제자들에게 가르치던 힌두 사상의 핵심 내용이다. '우파니샤드'라는 단어의 뜻도 '가까이 앉는다'라는 의미인데, 이는 스승 가까이 앉아서 받은 가르침을 말한다. 따라서 우파니샤드야말로 힌두교의 핵심을 설명해놓은 책이라고 할 수 있다. 그래서 우파니샤드를 '베다의 결론'이라는 뜻으로 베단타(Vedanta)라고도 부른다. 말하자면 우파니샤드만 이해하면 모든 베다와 힌두교의 본질을 이해할 수 있다는 것이다.

우파니샤드의 내용은 수백 년에 걸쳐 형성됐고, 분량도 수백 권이나 될 정도로 많지만 핵심 사상은 의외로 간단하다. 우주와 내가 하나라는 것이다. 이를 불교에서는 사자성어로 '범아일여(梵我一如)'라고 한다. 여기서 우주에 해당하는 것을 '브라흐만(Brahman)'이라고 하고 나에 해당되는 것을 '아트만(Artman)'이라고 한다. 물론 여기서 아트만이란 '나의 본체'를 의미하고 브라흐만은 '우주의 본체'를 의미한다. 따라서 둘 다 물질은 아니다. 모두 원리의 세계인 셈이다. 브라흐만은 전체의 원리이고 아트만은 개체의 원리일 뿐이다. 따라서 둘은 원리의 세계에서 하나일 수밖에 없다. 힌두교와 불교는 이 두 개의 원리가 하나가 될 때 곧 깨달음에 이르고 윤회를 멈출 수 있다고 주장한다.

다신교의 맏형, 힌두교

그렇다면 베다에서 비롯된 힌두교는 어떤 신앙체계를 가지고 있을까? 본질적으로 아트만과 브라흐만의 만남이 어떻게 이뤄지는가 하는 것이 핵심인데, 그 만남의 과정을 어떻게 설정하고 있을까?

이미 말했듯이 힌두교는 다신교이다. 이는 개인의 처지에 따라 아트만이 브라흐만과 일치될 수 있는 방도가 여럿이라는 뜻이다. 헤아릴 수 없을 정도로 많은 신이 있지만, 그 많은 신들의 중심에는 주요 신이 셋이 있다. 말하자면 우주의 근원인 브라흐만을 떠받치고 있는 신이 셋이라는 뜻이다.

이상하게도 모든 종교에서 숫자 3은 특별하다. 기독교가 성부, 성자, 성령의 삼위일체를 내세우고, 불교가 과거불, 현세불, 미래불을 내세우는 것도 피타고라스의 믿음처럼 3이 완전수라서 그런지도 모른다. 뿐만 아니라 힌두교도 세 명의 신을 앞세운다. 그들은 각기 창조, 관장, 파괴를 맡고 있다. 세상을 창조한 신은 브라흐마이고, 관장하는 신은 비슈누이며, 파괴하는 신은 시바다. 이렇다 보니, 힌두교의 파벌도 브라흐마파와 비슈누파, 시바파로 나눠진다. 신이 파벌을 형성한 셈이다.

현재 힌두교를 국교로 삼는 나라는 네팔이 유일하고, 힌두교 신자가 가장 많은 나라는 인도다. 이들 나라에서 힌두교인은 대개 비슈누파와 시바파로 나눠져 있는데, 비슈누는 주로 높은 계급이 신봉하고 시바는 낮은 계급이 신봉한다. 파괴는 곧 새로운 세상을 위한 변화를 의미하는 것이니 힘없고 돈 없는 하층민이 선호할 법하고, 관장은 현실을 유지하고 관리하는 것이기에 현실에 만족하는 돈 있고 힘 있는 사람들이 선호할 법하니 재미있는 구도가 아닐 수 없다. 게다가 창조의 신 브라흐마를 신봉하는 사람은 거의 없으니, 이 또한 재미있는 현상이다. 브라흐마의 역할을 세상을 창조한 것으로 끝났다고 본 것이다.

그러나 이 세 명의 신과 별개로 우주의 본질은 브라흐만이다. 따라서 브라흐마와 비슈누와 시바는 브라흐만의 부분으로 이해하면 된다. 말하자면 그들은 브라흐만의 역할을 나눠가진 존재인 셈이다. 이런 의미에서 보자면 힌두교도 다신교가 아니라 유일신교의 관점으로 해석할 수 있다.

물론 베다에 등장하는 신은 무수히 많다. 흔히 3억 3천의 신이 있다고 하는데, 그들은 브라흐마와 비슈누와 시바의 역할을 세분화하고 있다. 그런 신들은 브라흐만을 정점으로 피라미드 구조를 형성하고 있다. 뒤에 언급되겠지만, 이는 플라톤 철학의 이데아 개념과 흡사하다. 플라톤에 있어 이데아는 모든 것의 근원이다. 그런데 그 이데아의 맨 꼭대기에 제1이데아가 있고, 그 아래 이데아들이 피라미드 구조를 형성하며 무수히 존재한다. 비록 용어는 다르지만 플라톤의 이데아를 신으로 대치하면 형식은 동일한 구조다.

힌두교인들은 그 수많은 신들 중에 자신에게 가장 가깝고 자신의 현실에 가장 필요한 신을 믿으면 된다. 오직 유일신만을 믿는 유대교, 기독교, 이슬람교에 비해 선택의 폭이 넓은 것이다. 이렇듯 다양한 신을 숭배하는 힌두교의 핵심 사상은 브라흐만, 아트만, 다르마, 카르마, 삼사라, 모크샤 등의 단어로 대표할 수 있다.

브라흐만은 앞에서 설명했듯이 우주의 본질을 의미하고, 아트만은 개인의 본질을 의미한다. 그리고 다르마는 원래 떠받친다는 뜻으로 우주운행의 법칙을 의미하며, 카르마는 흔히 업(業)이라고 하는데 이는 행위를 의미한다. 이 행위는 과거, 현재, 미래의 모든 행위를 통칭하는 것으로, 이 행위들은 모두 인과관계에 놓여 있기 때문에 모든 인간은 카르마(karma, 업보)에서 벗어날 수 없다. 때문에 과거와 현재, 미래를 돌고 도는 삼사라(samsara, 윤회)를 지속한다. 이런 삼사라에서 벗어나는 유일한 방법은 모크샤(moksa), 즉 해탈이다. 몸과 마음의 고뇌와 속박의 원인인 번뇌로부터 해방되는 것 또는 해방된 상태를 말한다.

그렇다면 해탈은 어떻게 가능한가? 그것은 자신의 본질인 '아트만'이 우주운행의 법칙인 '다르마'를 깨달아 우주의 본질인 '브라흐만'과 일치되면 된다. 그리고 이를 위해서는 요가와 같은 수행이나 도덕적인 삶을 요구한다. 즉, 아트만이 브라흐만과 일치될 수 있는 방법으로 두 가지 방향을 제시한 셈이다. 하나는 수행을 통한 방법이고 하나는 선행을 실천하는 방법이다. 그래서 승려는 수행을 택하고 일반인은 선행을 택할 수 있는 것이다.

이렇듯 힌두교는 신도 많고 이론도 풍부하다 보니, 자연스럽게 새로운 종교들을 양산했다. 힌두교에서 비롯된 종교는 매우 다양하지만 그중 가장 대표적인 것은 불교, 자이나교, 시크교다.

깨달음의 종교, 불교

앞에서 말했듯이 힌두교는 베다 문헌을 기초로 형성된 종교다. 그래서 힌두교에서는 베다를 경전으로 인정하는 종교를 아스티카(āstika)라고 부르는데, 이는 정통파라는 뜻이다. 반면 베다를 인정하지 않는 종교를 나스티카(nāstika), 즉 이단이라고 부르는데, 가장 대표적인 것이 불교다. 따라서 불교는 베다를 경전으로 삼지 않는다. 하지만 불교의 핵심내용은 베다와 밀접한 관계에 있다. 이는 불교에 대해 조금만 알아봐도 쉽게 간파할 수 있다.

불교는 서기전 6세기경 네팔 지역 출신인 고타마 싯다르타가 창안한 종교다. 불교 교리의 핵심은 고통에서 벗어나 해탈에 이르는 것이다. 이는 본질적으로 힌두교와 크게 다를 것이 없다. 다만 해탈의 방법에 있어서 다소 차이가 있을 따름이다.

불교의 창시자 싯다르타는 지금의 네팔 지역인 룸비니에서 태어났으며, 카필라왕국 샤카족의 왕자 신분이었다. 그가 주로 활동했던 지역은 인도 북동부의 마가다왕국과 갠지스강 주변 지역인 슈라바스터왕국이었다. 이곳에서 10대 제자를 형성했고, 8대 성지가 마련됐다.

불교가 인도에서 크게 확대된 것은 서기전 4세기에서 2세기 사이에 인도를 지배했던 마우리아제국의 아소카왕에 의해서였다. 이후 중국에서 서역이라고 부르는 티베트와 페르시아, 아프가니스탄, 타클라마칸 등으로 전파되어 중국, 한국, 일본에까지 널리 퍼졌다.

불교의 목표는 깨달음을 얻어 궁극적으로 붓다(깨달은 자)가 되는 데 있다. 그 깨달음의 본질은 다르마, 즉 우주운행의 법칙이다. 불교에서는 이를 법이라고 부른다. 하지만 대개 불교에서는 아트만, 즉 개인의 본질을 인정하지 않는 것으로 알려져 있다. 아트만을 '자아'라고 번역하기도 하는데, 불교에서는 자아는 없다며 무아론을 주장한다. 자아란 그저 자신에 대한 집착이자 번뇌 덩어리에 불과하다는 것이다. 그래서 수행을 통해 번뇌를 벗어던지고 자기로부터 완전히 탈피하는 것이 곧 해탈에 이르는 길이라고 주장한다. 이 해탈을 곧 니르바나(열반)의 경지에 이르렀다고 표현한다.

그러나 깨달음의 본질은 형식이 아니라 마음에 달렸다고 하는 것이 불교의 가르침인 것을 보면 불교에서 아트만을 완전히 배제했다고 보기는 힘들다. 아트만은 단순히 자아가 아니라 개인, 즉 나의 본질을 의미하기 때문에 엄밀히 보면 힌두교의 아트만과 불교에서 말하는 마음은 동일한 것이라 할 수 있다. 불교의 깨달음이 본질적으로 깨끗한 마음에서 이뤄지는데, 이 깨끗한 마음이 나의 본질인 아트만과 다를 것이 없다는 뜻이다. 따라서 불교에서 말하는 무아(無我)라는 것은 자아가 없는 상태가 아니라 자아가 완전히 맑아진 상태를 의미하며, 이는 곧 순수한 마음이자 아트만인 셈이다.

불교는 기본적으로 인생을 고통이라고 규정한다. 그 고통 중에 대표적인 것은 생로병사, 즉 태어나고 늙고 병들고 죽는 네 가지다. 불교의 창시자 싯다르타는 이 네 가지 고통에서 벗어날 방도를 구하기 위해 출가했다. 그리고 고행을 지속하며 그 방도를 구했다. 하지만 고행을 아무리 지속해도 결코 그 방도는 구해지지 않았다. 이후 그는 몸에 고통을 주거나 쾌락을 얻는 것으로 고통에서 벗어날 수 없다는 것을 깨달았으며, 동시에 태어난 모든 생명체가 늙고, 병들고, 죽는 것이 우주의 법칙임을 깨우친다.

그러면서 그는 해탈에 이르는 네 가지 진리를 깨우치고 설파했다. 이렇게 내세운 해탈의 진리는 고집멸도(苦集滅道)로 요약되는데, 흔히 불교에서는 이를 사성제(四聖諦), 즉 '네 가지 거룩한 진리'라고 부른다.

사성제의 첫 번째 고제(苦諦)는 고통의 진리로서 붓다가 되지 못한 사람의 삶은 고통으로 이뤄질 수밖에 없다는 것, 두 번째 집제(集諦)는 고통의 원인에 대한 진리로서 고통은 업과 번뇌에서 비롯되며 그 본질은 자신에 대한 집착인 아집에 있다는 것, 세 번째 멸제(滅諦)는 고통을 제거하는 진리로서 번뇌의 근원인 아집을 벗어던지는 것, 네 번째 도제(道諦)는 고통을 제거하는 행동의 진리로서 수행을 실천하라는 것 등이다.

이 사성제에서도 아집을 벗어던진 상태란 자아에서 집착을 없애버린 상태를 의미하며 그것은 곧 순수한 마음이다. 이것은 힌두교에서 말하는 아트만, 즉 나의 본질과 동일하다. 따라서 무아의 상태로 만든다는 것은 곧 깨끗함의 본체인 마음에 도달하는 것이며, 이는 곧 아트만과 브라흐만이 일치되는 상태다.

그렇다면 어떤 수행을 통해 고통에서 벗어날 수 있는가? 이에 대해 불교는 여덟 가지 방법으로 제시하는데, 이를 팔정도(八正道)라고 한다.

팔정도를 나열하자면, 첫째 정견(正見, 바르게 보기), 둘째 정사(正思, 바르게 생각하기), 셋째 정어(正語, 바르게 말하기), 넷째 정업(正業, 바르게 행동하기), 다섯째 정명(正命, 바르게 생활하기), 여섯째 정근(正勤, 바르게 정진하기), 일곱째 정념(正念, 바르게 깨어 있기), 여덟째 정정(正定, 바르게 집중하기) 등이다.

이 팔정도를 실천하기 위한 여러 방도와 설명들이 곧 불경인데, 불경의 양은 베다를 훨씬 능가할 정도로 다양하다. 불교 경전이 다양해진 것은 시대를 더해가면서 계속 늘어났기 때문이다.

불교는 교세를 확대하는 과정에서 크게 소승불교, 대승불교, 라마교 등 크게 세 부류로 나뉘어졌다. 소승불교는 개인의 깨달음을 중시하고, 대승불교는 대중을 구제하는 것을 중시하며, 라마교는 불교와 티베트 민속종교가 결합된 형태로 흔히 티베트불교라고 부른다. 그리고 소승불교는 동남아시아 지역에 두루 퍼졌고, 대승불교는 한국, 중국, 일본 등 동북아시아 지역에 퍼졌으며, 라마교는 티베트인들을 중심으로 형성되었다.

티베트불교를 라마교라고 부르는 것은 스승을 의미하는 라마를 중심으로 불교가 유지되고 있기 때문이다. 라마 중에 우리에게 익숙한 용어가 달라이 라마인데, 이는 닝마파, 사캬파, 까귀파, 겔룩파 등 티베트불교의 네 종파 중에 겔룩파에서 비롯됐다. 겔룩파는 '지혜의 스승'을 뜻하는 달라이 라마가 계속해서 윤회하며 환생한다고 믿고 있는데, 그래서 현재 1대부터 14대까지 이어지고 있다.

사실, 처음으로 '달라이 라마'라는 호칭을 받은 이는 3대인 '소남 갸초'였다. 1578년에 그에게 달라이 라마 칭호를 내린 사람은 몽골의 왕 알탄 칸이었다. 그런데 소남 갸초는 자신의 스승과 스승의 스승에게 1, 2대를 양보하고 자신은 3대 달라이 라마가 된 것이었다. 이후 달라이 라마는 계속 이어져 현재 14대에 이르게 되었다.

모든 종교와 원리철학은 같은 틀 속에 있다

5대 종교의 면면을 살펴보면, 사실 이 종교들의 사상이 거의 같은 틀 속에 있음을 알 수 있다. 얼핏 보기에 힌두교와 기독교는 너무나 다른 종교처럼 보이지만 본질을 들여다보면 큰 차이가 없다. 물론 이슬람교와 불교도 마찬가지다.

우파니샤드에 뿌리를 두고 있는 불교와 힌두교를 살펴보자. 앞서 말했지만 흔히 불교에서 말하는 깨달음에 이른다는 것도 힌두교의 브라흐만과 아트만이 하나가 된다는 것과 크게 다를 바 없다.

힌두교에서는 나의 육체와 감정을 모두 초월하여 수행과 선행을 통해 나의 본질인 아트만에 도달하면 우주의 본질인 브라흐만과 일치될 수 있다고 말하는데, 불교 역시 나의 감정과 생각의 결정체인 번뇌를 없애고 순수한 내면을 유지하면 깨달음을 얻는다고 한다. 그 순수한 마음이야말로 깨달음의 본체, 즉 브라흐만과 일치된 것이다. 이 브라흐만을 불교에서는 불성(佛性), 즉 깨달음의 본질이라고 표현하는데, 불성이나 브라흐만이나 표현만 다를 뿐 같은 개념이다.

또한 유대교, 기독교, 이슬람교에서 신심을 다하여 기도하면 하나님의 뜻을 알 수 있다는 것도 힌두교나 불교에서 전체의 본질인 브라흐만과 개체의 본질인 아트만을 일치시키는 것과 다를 바 없는 신앙체계다. 불교나 힌두교의 수행이나 유대교, 기독교, 이슬람교의 기도나 형식만 다를 뿐 근본적으로 신, 즉 우주의 본질을 만난다는 측면에서는 동일하기 때문이다.

종교뿐 아니라 원리를 추구하는 철학에서도 같은 논리체계를 이루고 있다.

뒤에 철학 편에서 자세히 설명하겠지만 칸트의 순수관념이라는 것도 본질적으로는 아트만과 다르지 않다. 모든 인간의 본질이 순수관념이고 그것은 곧 자연의 원리와 상통할 수 있기 때문이다. 따라서 칸트의 순수관념을 불교의 순수마음과 대체하면 별다를 것이 없고, 그것은 곧 아트만이다. 칸트의 순수관념에서 착상하여 고안한 헤겔의 절대이성도 마찬가지다. 우주를 지배하는 신의 섭리가 곧 절대정신이고 인간 속에 내재하고 있는 절대정신이 곧 절대이성이라는 말이나 브라흐만이 곧 아트만이라는 말이나 같은 뜻이기 때문이다.

또 중국의 성리학에서 우주의 본질인 도에 이르는 과정도 마찬가지다. 양명학에서 마음을 바로 세우면 도에 이른다는 것이나, 주자학에서 인의예지 사단을 실천하여 도에 이른다는 것도 역시 아트만과 브라흐만을 일치시킨다는 논리와 크게 다르지 않다.

이는 또한 유대교, 기독교, 이슬람교에서 기도를 통해 신과 개인이 만난다는 개념과도 상통한다. 이들 종교에 등장하는 '성령'이라는 존재도 순수한 마음이나 순수관념, 절대이성 등과 대체해 보면 크게 다르지 않으며, 이것이 곧 힌두교나 불교에서 아트만과 브라흐만, 마음과 불성을 일치시키는 과정인 셈이다.

형식과 용어만 다를 뿐 현대의 모든 종교와 원리철학이 추구하는 사상은 모두 일맥상통한다. 그들이 신이나 우주의 원리나 자연의 본질을 만나는 방법은 큰 틀에서 보면 대동소이하다는 것이다. 그럼에도 종교와 철학은 대개 이것이 같다는 사실을 부정하는 경우가 많다. 단지 불교나 힌두교에서는 선행과 수행을, 기독교나 이슬람교에서는 믿음과 기도를, 유학이나 칸트 사상에서는 순수한 인간적 의지와 선행을 필요로 할 뿐이다. 표현과 형식만 다를 뿐 이들 종교와 철학이 추구하는 본질은 모두 같다는 것이다. 그렇기 때문에 종교와 이들 원리철학은 하나로 결합할 수 있었다.

그들 종교와 철학이 어떻게 결합되었는지는 4장을 통해 확인할 수 있을 것이다. 하지만 종교와 철학의 결합을 살피기 이전에 철학의 탄생과정부터 먼저 알아보자.

논리적 행동지침,
철학의 탄생

원리냐, 물질이냐

"철학이 어떻게 탄생했느냐고? 아, 철학? 머리 아파, 말도 꺼내지 마."

가끔 철학이라는 말에 이런 반응을 보이는 사람을 만날 때가 있다. 노골적으로 표현은 하지 않지만 속으로 이런 생각을 하는 사람은 의외로 많다. 사람들은 왜 철학이라는 단어만 들어도 거부반응을 보이는 걸까? 사실, 이런 반응을 보이는 것은 어쩌면 당연할지도 모른다.

우선 철학은 관련 용어부터가 낯설고 복잡하다. 본질, 실체, 존재, 실존, 현존재 등의 용어들만 들어도 일단 거부감부터 들기 십상이다. 대충 들으면 같은 뜻인 것 같은데, 그에 대한 해석이나 설명을 들으면 또 전혀 다른 의미라고 한다. 게다가 이상하게도 철학 공부를 했다는 사람들은 말을 어렵게 하는 인상마저 준다. 그러니 철학에 대해 주절대는 사람과는 말을 섞지 않거나 그냥 입을 닫아버리는 사람이 많다.

하지만 알고 보면 철학은 사람의 머리를 아프게 하는 학문이 아니라 오히려 머리를 맑게 해주는 학문이다. 철학이라는 단어 자체도 '총명해지는 학문'이라는 뜻이고, 철학의 원어인 필로소피(Philosophy)가 '지혜에 대한 사랑'을 의미하는 것만 봐도 이는 확인된다.

그럼에도 불구하고 철학은 머리 아픈 측면이 있다. 왜냐하면 이것은 근본적으로 지혜를 얻기 위한 학문이고, 지혜는 쉽게 얻어지는 것이 아니기 때문이다.

그렇다면 왜 인간은 이 골치 아픈 지혜를 얻으려 했을까? 이유는 간단하다. 지혜가 진리를 깨닫게 하기 때문이고, 진리가 있어야 인간의 행동지침이 마련되기 때문이다. 행동지침이 없다면 행동의 방향을 결정할 수 없고, 행동방향을 결정할 수 없다면 인간의 육체는 무용지물이 된다. 이런 상태에서는 생존이 불가능하다. 따라서 인간이 지혜를 얻으려 한 것은 생존에 유리한 수단을 얻기 위함이다. 말하자면 철학도 생존수단의 하나라는 뜻이다. 앞에서도 말했듯이 인간의 종교와 철학을 탄생시킨 이유는 삶의 지침을 마련하기 위한 것이었는데, 그중 가장 먼저 마련한 것이 종교였다. 종교는 신앙에 기반하기 때문에 믿음이 없는 사람에게는 지침이 될 수 없었다. 그래서 신앙이 없어도 인류생존의 지침이 될 수 있는 무언가가 필요했고, 그 필요성에 의해 만들어진 것이 철학인 셈이다. 그런데 종교는 그저 믿고 엎드리면 되는 것이었지만, 철학은 머리로 이해하고 언어로 논리를 전개해야 했기에 골치 아픈 면이 있었다. 말하자면 생각으로 이치를 파악하는 일, 즉 논리가 필요했고, 그 논리를 언어라는 틀을 통해 전개해야 했으니 자연히 말도 많아지고 단어도 복잡해질 수밖에 없었다.

하지만 핵심만 제대로 파악한다면 철학도 그렇게 골치 아픈 학문은 아니다.

사실, 예로부터 현대에 이른 철학의 핵심주제는 매우 간단하다. 철학은 동서양을 막론하고 '원리냐, 물질이냐'에 대한 탐구라고 할 수 있다. 이것이 복잡해 보이는 것은 단지 좀 더 정확하게 표현하기 위해 쓴 용어들 때문이다. 이 용어들을 걷어내면 철학의 핵심을 쉽게 간파할 수 있다.

그렇다면 '원리와 물질'이라는 두 단어만 가지고 철학의 세계에 들어가보자. 우선 서양철학부터 살펴보자.

대개 서양철학을 고대, 중세, 근대, 현대로 구분하여 복잡하게 설명하지만, 사실 서양철학은 고대 그리스시대의 인물들인 플라톤과 아리스토텔레스에 의해 이미 완성되어버렸다. 말하자면 플라톤과

207

아리스토텔레스의 논리만 제대로 이해하면 서양철학을 터득했다고 봐도 무방하다는 것이다. 나머지 후대의 철학들은 그들 철학의 변형이거나 변질, 또는 부분에 지나지 않는다. 방향이나 관점, 용어를 좀 달리했을 뿐이라는 뜻이다.

그런데 다행히도 플라톤과 아리스토텔레스가 제시한 세계관도 그다지 복잡하지 않다. 그들 역시 '원리냐, 물질이냐'의 틀에 한정되기 때문이다. 그렇다면 이들의 논리를 살펴보자. 먼저 연장자인 플라톤의 철학이다.

흐르는 세계와 흐르지 않는 세계

플라톤은 우주를 원리의 세계와 물질의 세계로 구분했다. 그는 원리의 세계를 이데아의 세계라고 불렀고, 물질의 세계를 현상의 세계라고 불렀다. 원리의 세계인 이데아계는 보이지 않는 세계이자 감각으로 느낄 수 없는 세계이고, 물질의 세계인 현상계는 보이는 세계이자 감각으로 느낄 수 있는 세계다.

그런데 '원리'라는 것은 각각의 다른 사물이라도 보편적으로 적용될 수 있다. 이를테면 삼각형은 크기와 모양이 달라져도 내각의 합이 180도가 될 수밖에 없고, 반드시 세 변이 서로 만나야 하는 공통점이 있다. 이 공통점을 다른 말로 보편성이라고 한다. 그래서 원리는 보편적인 성질을 가질 수밖에 없다. 이에 비해 물질은 각각 다를

원리의 세계 - 이데아계 - 보이지 않는 세계 - 보편성의 세계
물질의 세계 - 현상계 - 보이지 않는 세계 - 개체성의 세계

수밖에 없다. 예컨대 삼각형은 내각의 합이 모두 180도이지만 모양과 크기가 제각각일 수 있다는 것이다. 게다가 이것이 단순한 도형이 아니라 실제물질일 경우 완벽하게 동일한 것은 하나도 없다고 할수 있다. 이렇게 모양과 크기와 성질이 개체마다 다른 것을 개체성또는 개별성이라고 한다.

그렇다면 플라톤은 독창적으로 이런 결론을 내린 것일까? 사실그에게도 영향을 끼친 사람들이 있었다. 우선 우주를 두 개의 세계로 나누도록 만든 사람들부터 보자.

먼저 물질세계를 이끌어낸 사람들이다. 그리스의 물질주의철학의 선구자는 서양철학의 아버지로 불리는 탈레스와 엠페도클레스, 데모크리토스, 헤라클레이토스 등이다. 이들은 모두 만물의 근원이무엇인가 하는 문제에 집착했다. 탈레스는 만물의 배경은 모두 물로이뤄져 있다고 믿어 물이 만물의 근원이라고 주장했고, 엠페도클레

스는 물, 불, 공기, 흙 네 가지가 만물의 근원이라 믿었으며, 데모크리토스는 만물의 근원은 다른 모양을 가진 원자들이며, 이 원자들이 결합하여 물질을 이룬다고 믿어 원자가 만물의 근원이라고 주장했다. 그리고 헤라클레이토스는 이들처럼 물질주의를 주장했는데, 그는 만물의 근원보다는 만물의 성질에 더 집중했다. 그리고 그것은 플라톤의 사상에 직접적인 영향을 끼쳤다.

헤라클레이토스는 '만물은 흐른다'라는 문장을 남겼다. 이 말에서 '흐른다'라는 것은 '변한다'라는 뜻이다. 그는 모든 물질의 속성은 끊임없이 다른 상태로 변하는 것이라고 생각했던 것이다. 이는 물질은 항상 생성과 소멸을 반복하며 다른 상태로 전환된다는 논리를 이끌어낸다.

헤라클레이토스는 '만물은 흐른다'라는 문장과 함께 또 하나의 문장을 남겼다. 그것은 '전쟁은 만물의 아버지다'라는 명제였다. 여기에서 전쟁이란 곧 대립을 의미하는데, 이 대립을 통해 물질이 변화를 이뤄낸다는 것이다. 말하자면 물질이 변할 수 있는 원동력을 물질들의 대립으로 본 것이다. 그리고 이 대립은 물질들 간의 조화로 이어진다고 생각했다.

그는 이 원리를 설명하기 위해 활대와 활줄의 관계를 예로 들었다. 활대와 활줄은 서로 팽팽하게 대립되어 있을 때 활로써의 역할을 할 수 있다. 이처럼 만물은 서로가 자신의 힘을 발휘하여 치열하게 대립했을 때 조화를 이룰 수 있으며, 새로운 단계로 발전하게 되는 것이다.

이 과정을 간단하게 줄이면 '만물은 매 순간 생성-대립-소멸-생성을 반복하고 있다'라는 말로 정리할 수 있다.

플라톤은 이런 헤라클레이토스의 이론에서 물질의 세계에 대한 자신의 이론을 이끌어냈고, 그것을 현상계 또는 감각의 세계라고 불렀다.

하지만 플라톤이 현상계보다 더 중시한 것은 원리의 세계인 이데아계였다. 플라톤에게 이데계에 대한 힌트를 준 인물은 헤라클레이토스와 같은 시대 인물인 파르메니데스였다. 파르메니데스는 헤라클레이토스를 '눈 뜬 맹인'이라고 비아냥거린 인물이다. 헤라클레이토스는 만물은 항상 변하고, 인간 역시 물질의 하나이기 때문에 인간도 항상 변한다고 주장했다. 그래서 그는 '어제의 나는 오늘의 나가 아니고, 어제의 강물은 오늘의 강물이 아니다'라고 주장했다. 파르메니데스는 그의 이런 주장을 반박하며 이런 말을 했다.

"그 사람은 눈앞에 있는 사람도 계속 다른 사람이라고 하니, 눈뜬 맹인이 아니고 무엇이냐?"

그는 이렇게 헤라클레이토스를 비판하면서 다음과 같은 주장을 했다.

"모든 것은 움직이지도 변하지도 않는다."

즉, 물질은 결코 변하지도 않고, 생성하거나 소멸하지도 않는다는 의미다. 그러면서 그는 이렇게 말한다.

"물은 흘러도 물이다."

이는 물질은 결코 사라지지 않는다는 것으로 그 모습이 어떻게 바뀌든 어딘가에는 반드시 존재한다는 뜻이다.

플라톤은 파르메니데스의 이 주장에서 힌트를 얻어 이데아계를 착상했다. 말하자면 헤라클레이토스의 말처럼 물질의 세계는 끊임없이 변하지만, 절대로 변하지 않는 세계가 따로 있다는 생각을 한 것이다. 그것이 바로 원리의 세계인 이데아(Idea)의 세계였다.

플라톤 "이데아계가 곧 진리의 세계다"

이렇듯 플라톤은 헤라클레이토스의 '모든 것은 흐른다'라는 명제와 파르메니데스의 '모든 것은 움직이지 않는다'라는 명제를 하나로 묶어 현상계와 이데아계를 설정했다. 그런데 그즈음 플라톤은 또 한 사람의 영향을 받는다. 그는 플라톤 철학에 결정적인 영향을 끼친 세 번째 인물인 셈인데, 바로 우리가 익히 이름을 들어 알고 있는 소크라테스였다.

소크라테스의 철학은 그가 남긴 하나의 유명한 문장 속에 압축되어 있다. 그는 늘 사람들에게 이렇게 외쳤다.

"너 자신을 알라!"

소크라테스는 왜 이 말을 외쳤을까? 이 말은 '너 자신을 제대로 알면 진리를 알 수 있다'라는 의미다. 소크라테스는 우주에 '영원히 변하지 않는 진리'가 있다고 주장했는데, 그 진리는 우주 어디에나 있다고 했다. 물론 사람 속에도 진리가 있다고 했다. 그러니 사람의 하나인 자기 자신 속에 진리가 숨어 있는 것은 당연했다. 때문에 자기 자신에 대해서 제대로 알기만 하면 진리를 알 수 있다는 것이다.

소크라테스는 어디에나 있으며 영원히 사라지지 않는 진리, 즉 보편적이면서 절대적인 진리가 존재한다고 믿었다. 하지만 그것은 보이는 물질의 세계는 아니었다. 바로 원리의 세계였다. 물질의 세계는 상대에 따라 상태가 변하는 세계이기 때문에 영원할 수 없고, 믿을 수도 없는 세계였다. 하지만 원리의 세계는 변하지 않고 사라지지도 않으며 어디에나 적용되고 절대적인 세계였다. 때문에 소크라테스는 이 원리의 세계 속에 영원한 진리가 있다고 믿었다. 또한 그 원리의 적용을 받지 않는 물질은 존재하지 않는다고 믿었다. 그야말로 절대적이고 보편적이며 영원한 원리, 그것이 곧 진리라고 믿었던 것이다.

플라톤은 이러한 소크라테스의 믿음을 받아들였다. 보편적이며 절대적이고 영원한 원리의 세계만이 진정한 진리라고 믿었으며, 그 믿음을 이데아의 세계와 결합했다. 이후 플라톤에게 물질의 세계이자 감각의 세계인 현상계는 믿을 수 없는 거짓의 세계가 되었고, 원리의 세계인 이데아의 세계는 참의 세계, 즉 진리의 세계가 되었다.

그렇다면 사람은 어떻게 해야 이데아의 세계를 알 수 있는가? 이에 대해 플라톤은 이렇게 설명한다.

"이데아는 만물을 이루는 원리 속에 있고, 또 원리 그 자체이다. 그리고 이데아는 시간과 공간에 구애받지 않는다. 하지만 반대로 감각의 세계는 어떤가? 감각의 세계는 생성의 세계이며, 모든 것이 흐르고 있는 운동의 세계이기 때문에 항상 시간과 공간에 한정될 수밖에 없다.

따라서 감각의 세계에서는 이데아에 접근할 수 없다. 이 이데아에 접근할 수 있는 것은 우리의 생각뿐이다. 오로지 우리의 생각만이 이데아와 연결되어 있다."

플라톤은 물질로 이뤄진 우리의 육체는 결코 이데아의 세계와 연결될 수 없지만, 물질이 아닌 우리의 생각, 즉 관념은 이데아의 세계를 넘나들 수 있다고 주장했다. 그래서 지금껏 플라톤이 주장한 내용들을 요약하면 이렇다.

원리의 세계 - 이데아계 - 진리의 세계 - 보편성의 세계 - 절대적인 세계 - 관념의 세계

물질의 세계 - 현상계 - 감각의 세계 - 개별성의 세계 - 상대적인 세계 - 육체의 세계

이렇게 나열해 놓고 보니, 플라톤의 철학은 원리의 세계와 물질의 세계 중에 원리의 세계에만 진리가 있고, 사람이 그 진리에 도달할 수 있는 유일한 통로는 생각, 즉 관념밖에 없다는 내용으로 정리될 수 있다. 이는 플라톤의 이데아에서 생각을 의미하는 '아이디어

(Idea)'라는 단어가 나왔다는 사실만 알아도 생각이 이데아로 다가갈 수 있는 유일한 통로임을 이해할 수 있을 것이다.

그렇다면 물질의 세계인 현상계와 원리의 세계인 이데아계는 어떤 관계에 있을까? 즉, 물질의 모양이나 성질들은 이데아와 무슨 관계가 있을까 하는 질문이다. 이에 대해 플라톤은 현상계는 이데아계를 흉내 낸 것에 불과하다고 설명한다. 말하자면 만물의 모양이나 인간이 만들어내는 모든 것은 이미 이데아계에 그 원형이 있고, 단지 물질은 그 원형을 흉내 낸 것뿐이라는 것이다. 한마디로 이데아계는 원본이고 현상계는 모사본이라는 말이다.

그렇다면 이데아계는 어떤 형태를 이루고 있을까? 플라톤의 이데아 개념은 피라미드 형태를 이루고 있다. 즉 잣나무, 감나무, 은행나무, 소나무 등등의 것은 나무라는 개념에서 하나가 되고, 또 풀과 나무는 식물이라는 개념에서 하나가 되고, 식물과 동물은 생물이라는 개념에서 하나가 되고, 생물과 무생물은 물질이라는 개념에서 하나가 된다. 이렇게 계속해서 개념들을 거슬러 올라가면 결국에는 하나만 남게 되는데 그것이 가장 위에 있는 이데아가 되는 것이다. 이러한 피라미드식 개념 설정은 모든 이데아에 해당된다. 그 피라미드의 맨 꼭대기에 있는 궁극의 이데아를 플라톤은 어디에도 보편적으로 있는 이데아라고 해서 보편적 이데아라고 명명했는데, 이것이 곧 제1이데아이다. 말하자면 모든 이데아를 계속 거슬러 올라가면 최초의 이데아, 즉 어머니 이데아가 있을 수밖에 없다는 것이다. 이 어머니 이데아를 플라톤은 제1이데아로서 보편적 이데아라고 이름 붙이고, 한발 더 나아가서 절대자이자 신이라고 규정했다. 이 보편적 이데아는 어떤 곳에도 보편적으로 적용되는 이데아이기 때문에 신과 같은 개념이라는 것이다.

플라톤은 이런 이데아의 개념을 학문과 윤리는 물론이고 사회와 국가에도 대입했다. 그리고 이 보편적 이데아는 모든 것의 원인이자 궁극적인 목적이 된다. 그리고 이 궁극적인 목적, 즉 이데아에 당도하는 것이 그에게 있어서는 최고의 가치이자 선(善)이었다.

물론 이러한 견해는 인간에게도 적용되었다. 그는 인간을 육체와 영혼으로 이뤄진 이원적인 존재로 보았다. 하지만 그는 육체란 영혼을 위한 일종의 수레이거나, 또는 영혼의 그림자에 지나지 않기 때문에 영혼만이 참된 인간이라고 주장했다.

그에게 있어 육체는 감각적인 세계요, 영혼은 이데아의 세계였다. 따라서 진정한 인간은 영혼일 수밖에 없었다. 하지만 이 영혼은 항상 육체에 갇혀 있다. 말하자면 육체는 영혼의 감옥인 것이다. 그는 이런 상태를 인간의 불행으로 보았다.

육체가 영혼에 의한 진리의 구현을 방해한다는 것이다. 때문에 그는 영혼이 육체에서 멀어질수록 좋다고 주장하면서 다음과 같이 외쳤다.

'신이 우리를 완전히 육체에서 풀어줄 때까지 육체에서 멀어져 순수함을 지켜라!'

그는 영혼이 불멸한다고 믿었다. 세계의 영혼이든 인간의 영혼이든 이 점에 있어서는 동일하다고 생각했다. 이러한 영혼불멸론은 인간이 생명을 다한 뒤에도 삶이 계속된다는 논리로 이어진다.

이러한 논리로 그는 신과 인간의 관계를 규정했다. 그에게 있어서 육체가 영혼의 그림자에 지나지 않듯이 인간은 신의 노예요, 소유물이요, 손안에 있는 허수아비에 지나지 않게 된 것이다.

심지어 그는 인간은 신의 손에 의해서 교묘하게 만들어진 것에 지나지 않으며, 신의 장난감일지도 모른다고 말했다.

그리고 인간이 이러한 불행한 상태에서 벗어나는 방법을 다음과 같이 단언하고 있다.

'인간이 이 세상에서 도망칠 수 있는 방법은 신을 닮아가는 것뿐이다.'

아리스토텔레스 "이데아는 한낱 개념에 지나지 않는다"

플라톤이 이데아론을 기반으로 철저한 원리주의를 주장한 것에 비해 그의 제자 아리스토텔레스는 이데아론을 강하게 비판하며 물질주의를 내세웠다. 그는 근본적으로 물질의 현상계가 이데아계의 모사품에 불과하다는 플라톤의 주장에 반대했다. 그러면서 그는 이런 의문을 제기했다.

"현상계인 감각세계가 이데아계의 모사품이라면 이데아계에는 없는 변화와 움직임이 어떻게 현상계에서 일어날 수 있단 말인가?"

말하자면 원본에도 없는 것이 어떻게 모사품에 있을 수 있는가

하는 의문이었다. 이 때문에 아리스토텔레스는 플라톤이 설정한 이데아란 것은 실재 존재하는 것이 아니라 단지 추상적인 개념에 지나지 않으며, 우주엔 오직 현상계만 존재한다는 결론을 내렸다. 이후 그는 현상계를 이루는 물질이 모든 것의 근원이라고 판단하고 이런 주장을 했다.

"모든 물질은 형체를 가지고 있으므로 물체이다. 물체의 구성요소는 물질을 구성하는 재료인 질료와 모양을 이루는 형상으로 나눌 수 있다. 하지만 질료와 형상은 하나의 물체를 이루는 한, 절대로 분리될 수 없다. 말하자면 모든 물체는 반드시 질료와 형상으로 구성될 수밖에 없다는 것이다. 따라서 질료와 형상이 모든 것의 근원이다."

이런 결론에 따라 아리스토텔레스는 모든 현상계의 근원인 질료와 형상을 현상계의 본질을 의미하는 '실체'라고 명명했다.

그렇다면 질료는 어떻게 해서 자신의 고유한 모습인 형상을 가질 수 있을까? 이에 대해 그는 이렇게 말한다.

"모든 질료는 운동을 통해서 형상에 이를 수 있다. 이는 목수가 나무로 집을 짓는 일에 비유할 수 있다. 즉, 목수가 나무로 집을 만든다고 할 때 집을 만들기 위한 재료인 나무는 질료에 해당하고, 목수의 망치질과 못질, 그리고 톱질 등은 운동에 해당하며, 짓고자 하는 집의 모습은 형상에 해당한다.

여기서 우리는 집의 원래 모습이 목수의 머릿속에 들어 있었다는 것을 알게 된다. 하지만 목수의 머릿속에 있는 집은 결코 집이 될 수 없다. 그것이 나무라는 질료를 통해 땅 위에 지어졌을 때 비로소 집이 될 수 있다. 이처럼 물체는 단지 형상만으로는 존재할 수가 없다. 형상과 질료가 시간과 공간 속에서 하나로 합쳐져 있을 때 비로소 물체로 나타날 수 있다는 뜻이다. 모든 물체는 이러한 질료와 운동능력 그리고 형상을 자기 속에 함께 간직하고 있는 셈이다."

그러면서 그는 질료는 운동을 통해 언제든지 형상이 될 수 있는 가능성을 지닌 것이므로 '가능태'라고 할 수 있고, 현실적으로 물체는 형상의 모습으로 나타나기 마련이기 때문에 '현실태'라고 할 수 있다고 했다.

이데아계 - 추상적인 개념에 불과 - 존재하지 않는 세계

현상계 - 현실적으로 존재하는 진짜 세계 - 두 개의 실체가 있음

* 두 개의 실체 - 질료(가능태)와 형상(현실태)

이렇듯 그는 원리의 세계는 하나의 개념에 지나지 않는 것이고, 물질의 세계만이 유일하게 존재하는 세계라고 주장했다. 하지만 그에게도 하나의 풀리지 않는 문제가 있었다. 그것은 바로 신의 존재였다. 그도 신은 믿었기 때문에 자신의 논리로 신을 증명하고자 했다. 그래서 만든 개념이 제1질료와 순수형상이었다.

제1질료란 질료의 근원을 쫓아가다 가장 마지막에 만나는 최초의 질료를 의미하고, 순수형상은 형상의 궁극을 거슬러 올라가다가 만나는 최후의 형상을 의미했다. 그는 이 제1질료는 형상을 지니지 않은 완전히 순수한 질료라고 하였고, 궁극의 형상인 이 순수형상은 질

료와는 무관하게 형상만 있는 존재라고 하였다. 요즘 말로 쉽게 풀자면 제1질료는 중성자 정도에 해당하고 순수형상은 곧 신인 셈이다. 이는 물질의 본질과 신에 대해 논리적으로 증명하기 위한 설정이라 할 수 있다.

그러나 물질과는 무관한 순수형상을 등장시킴으로써 아리스토텔레스는 슬쩍 플라톤의 보편적 이데아 개념을 자기 이론 속에 빌려온 것이다. 말하자면 신을 증명하기 위해서 자신이 그토록 비판했던 플라톤의 이데아 개념을 도용한 셈이다. 그가 우주의 실체라고 주장하던 물질세계를 증명하는 데엔 굳이 이데아의 개념이 필요 없었지만, 신을 증명하기 위해서는 물질만으로는 한계가 있었던 것이다. 그 역시도 오직 신만은 물질이 아니라고 믿었던 것이다. 이는 그가 신앙의 영역과 학문의 영역이 다르다는 것을 인식했음을 뜻한다. 어쨌든 그런 이유로 아리스토텔레스는 물질적인 요소가 전혀 없는 순수형상을 신으로 규정했고, 그것은 결국 플라톤의 제1이데아와 같은 개념이 되고 말았다. 이는 아리스토텔레스가 플라톤의 논리를 벗어나지 못했음을 의미한다.

노자냐, 공자냐

'원리냐, 물질이냐'의 문제로 그리스 철학의 뿌리를 설명했는데, 그렇다면 동양철학을 대표하는 중국 철학은 어떤가? 중국 철학도

'원리냐, 물질이냐'라는 관점으로 정리가 가능할까? 물론이다. 중국 철학 역시 이 논쟁에서 벗어나지 못했다. 그렇다면 중국 철학도 동일한 관점으로 정리해보자.

우리가 중국 철학에 접근할 때 가장 큰 벽이 되는 것은 한자다. 우리는 지금 한자보다는 영어가 훨씬 익숙하기 때문이다. 하지만 한자를 잘 몰라도 중국 철학을 이해하는 데에는 큰 어려움이 없다.

사실, 중국 철학을 이해하는 데 필요한 한자는 '도(道), 기(氣), 리(理)' 세 글자뿐이다. 여기서 '도'는 진리에 해당하고, '기'는 물체에 해당하며, 리는 원리에 해당한다. 말하자면 중국 철학도 결국 진리의 본질에 대해 '원리냐, 물질이냐'라는 틀을 벗어나지 못한다는 뜻이다.

중국의 고대철학에서 물질을 중시한 대표적인 사상가들은 음양가들이었다. 이들의 사상은 동양철학의 핵심이 되었는데, 대표적인 것이 태극론과 음양오행설이다.

음양 사상이 형성된 것은 중국의 신화시대인 삼황오제 시절이었다. 복희씨가 만들었다는 팔괘도 음양 사상에서 비롯되었고, 『황제내경』 같은 상고대의 의학서적도 이 사상에서 비롯되었다. 한마디로 중국문화는 음양 사상 없이는 아무것도 설명이 안 된다고 해도 과언이 아니다.

이 사상의 핵심은 우주의 모든 현상이 음과 양의 결합과 상호작용을 통해 이뤄진다는 것이다. 또한 천지개벽 이래로 세상은 금, 목, 수, 화, 토라는 오덕의 순서에 따라 바뀌어왔다고 주장했다. 그래서 이를 오행이라고 지칭하고 만물의 다섯 가지 성질로 설정했다. 그래서 세계는 우주의 본질인 태극에서 기가 나오고 기는 음양으로 갈라지고, 음양은 오행의 성질을 통해 세상을 회전시킨다고 믿었다.

이런 음양가의 사상은 고대 그리스의 물질주의 철학자들이 만물의 근원을 물이나 원자, 또는 물, 불, 공기, 흙이라고 했던 것과 유사하다. 또 인도 사상에서는 만물의 근원을 풍(바람), 화(불), 수(물), 토(흙)라고 주장하는데, 이 역시 비슷한 생각이다. 말하자면 지역을 가리지 않고 고대 인류는 만물의 근원에 대해 비슷한 생각을 했다는 것이다. 다른 면이 있다면 만물을 음과 양으로 구분했다는 점일 것이다.

이런 음양가의 사상을 받아들여 '물질이냐, 원리냐'의 논쟁으로 이끈 사상들이 도가와 유가였다. 이들은 우주의 근원을 도라고 설정하고 그 도에 의해 유와 무, 또는 기와 리가 형성된다고 주장했다. 따라서 중국 철학은 '노자냐, 공자냐'라는 논쟁으로 압축된다.

노자 "도가 우주의 본질이다"

도가를 대표하는 인물은 노자인데, 그는 자신의 사상을 『도덕경』이라는 책으로 남겼다. 『도덕경』은 말 그대로 도와 덕, 즉 도덕에 관한 내용으로 채워져 있다. 여기서 도는 우주의 본질을 말하고, 덕은 사람이 도를 익혀 행동으로 드러내는 것을 말한다. 따라서 『도덕경』은 '우주의 본질이 무엇이며, 그것을 익힌 사람은 어떻게 행동해야 하는가'에 대한 내용으로 채워져 있다.

그러면 노자는 우주의 본질인 도를 어떻게 설명하고 있을까? 그에 따르면 도는 다음과 같이 구성된다고 한다.

도(道) = 무(無, 없음의 보이지 않는 세계) + 유(有, 있음의 물질세계)

그런데 이 배합은 어디서 본 듯하다. 플라톤이 우주는 이데아의 세계와 현상의 세계, 즉 보이지 않는 세계와 물질의 세계로 이뤄져 있다고 한 것과 비슷한 구도다. 동양 사람이든 서양사람이든 생각하고 판단하는 방식은 비슷했기 때문에 비슷한 구도를 설정하는 것은 당연하다.

그런데 노자는 '있음은 없음에서 생겨난다'라고 말한다. 이를 한자로 '유생어무(有生於無)'라고 썼다. 이 말은 플라톤이 '물질은 이데아를 모방해서 만들어진 것이다'라고 한 말과 별반 다르지 않다. 그렇다면 노자도 플라톤과 마찬가지로 물질이 원리에 의해서 만들어진 것이라고 판단했다는 뜻이다. 그렇다면 노자는 원리주의자다.

또 노자는 '있음과 없음은 서로를 낳는다'라고도 말한다. 이 문장을 한자로 표현하면 '유무상생(有無相生)'이라고 쓴다. 그런데 이 내용은 플라톤의 주장과는 다소 차이가 있다. '있음과 없음은 서로를 낳는다'라는 표현은 오히려 플라톤보다는 아리스토텔레스의 논리와 더 유사하다. 즉, 아리스토텔레스의 '모든 물체는 질료와 형상으로 이뤄져 있다'라는 말과 비슷한 것이다.

이렇게 볼 때, 노자의 생각은 플라톤이나 아리스토텔레스를 섞어

놓은 듯하다. 말하자면 노자의 사상은 플라톤이나 아리스토텔레스 만큼 용어가 정밀하지 못했다는 뜻이다.

그래서 노자의 후예들은 '유와 무'보다는 좀 더 정밀한 용어를 사용한다. 그들은 '무(無, 없음)'라는 개념과 '유(有, 있음)'라는 개념도 애매하여 사용하지 않는다. 그래서 '무'를 '도'와 일치시키고, '유' 대신에 새로운 개념인 '기(氣)'를 도입한다. 그래서 우주는 '도'와 '기'로 이뤄져 다음과 같은 등식을 만든 것이다.

우 주 = 도 (원리) + 기 (물질)

이 등식은 '우주=이데아계+현상계'라는 구조와 일치한다. 그런데 플라톤이 이데아가 우주의 근본이라고 한 것처럼 노자의 제자들도 도가 우주의 근본이라고 주장한다. 그래서 이들 노자파를 '도가(道家)', 즉 '도가 우주의 근본이라고 주장하는 무리들'이라고 규정하게 된다.

이들 도가 사상가들이 플라톤의 생각과 일치한다는 것은 도가 사상가들도 플라톤처럼 원리주의자였음을 알 수 있다.

그렇다면 이들은 왜 우주의 운행원리인 도를 알고자 했던 것일까? 그것은 도를 깨달아 덕을 얻고자 함이었다. 덕이란 곧 도를 익혀서 행동으로 드러낸 것을 의미하는데, 그들은 도를 몸으로 익혀 덕있는 사람으로 살기를 원한 것이다.

하지만 그들은 도를 익혀 덕을 갖췄다고 하더라도 세상에 그것을 드러내는 것을 꺼렸다. 오히려 세상 사람들이 그들이 도인임을 알지 못하게 했다. 세속에서 도인으로 살아가면서도 남에게 들키지 않고 조용히 살아가는 것을 목표로 했던 것이다. 이런 점에서 이들은 철학을 넘어 종교적인 성향을 띠었다고 볼 수 있다. 그래서 도가들의 사상을 기초로 중국에서는 도교라는 종교가 유행하게 된다.

공자 "도보다 사람의 행동 윤리가 더 중요하다"

하지만 공자는 이런 도가들의 생각과 달랐다. 공자는 도를 깨우쳐서 덕을 쌓으면 행동으로 드러내야 한다고 믿었다. 공자도 근본적으로 노자처럼 도가 우주의 근본이라고 생각하는 원리주의자였지만, 공자가 관심을 가진 것은 세상에 도를 드러냄으로써 세상을 변화시키는 것이었다. 그래서 그는 무엇보다도 도를 익힌 사람의 행동을 중시했다. 말하자면 그는 도의 원리를 아는 것보다 도를 실천하여 세상 사람들을 교화시키는 데 역점을 뒀던 셈이다.

공자는 도를 알고 수양하는 사람을 일컬어 군자(君子)라고 불렀는

데, 군자란 곧 세상을 다스릴 능력을 갖춘 사람을 의미했다. 또한 공자는 그런 군자보다 한 단계 높은 인격을 가진 사람을 일컬어 성인(聖人)이라고 했다. 성인은 완전히 도를 인격으로 만든 사람으로 행동 자체가 도를 실현하는 경지에 이른다. 때문에 대개의 경우 군자의 단계에는 이를 수 있어도 성인이 될 수는 없다. 그래서 공자는 늘 군자가 될 수 있는 방법에 대해 말한다. 그의 가르침을 담은 『논어』는 바로 군자가 될 수 있는 방도에 대해 써놓은 것이다. 그래서 공자의 학문을 '군자학'이라고 부르기도 한다.

그렇다면 군자는 어떻게 될 수 있는가? 이에 대해 공자는 인간은 도에 의해 네 가지 본성을 가지게 되는데, 수양을 통해 그 네 가지 본성을 제대로 실천하면 군자가 될 수 있다고 주장했다. 그 본성을 군자를 만드는 네 가지 실마리라고 해서 '사단(四端)'이라고 불렀다. 이 사단은 '인의예지(仁義禮智)'인데, 이 본성을 몸에 익히면 네 가지의 덕스러운 마음이 생긴다고 했다. 그 마음은 다음과 같다.

인(仁) - 측은지심(惻隱之心), 어려움에 처한 사람을 애처롭게 여기는 마음
의(義) - 수오지심(羞惡之心), 의롭지 못함을 부끄러워하고, 착하지 못함을 미워하는 마음
예(禮) - 사양지심(辭讓之心), 겸손하여 남에게 사양할 줄 아는 마음
지(智) - 시비지심(是非之心), 옳고 그름을 판단할 줄 아는 마음

공자는 이 네 가지 중에서도 가장 으뜸은 다른 사람을 불쌍하게

여기는 '인(仁)'이라고 했다.

이런 공자의 사상을 추종하는 사람들을 흔히 유자(儒者)라고 했고, 이들 집단을 유가(儒家)라고 했으며, 공자의 학문을 유학(儒學)이라고 불렀다. 그래서 공자는 유학의 창시자이자 유자들이 성인으로 모시는 인물이 된 것이다.

그런데 유학에서 사단 못지않게 중시하는 것이 또 있었다. 그것은 '효와 충'이다. 효란 곧 자신을 낳아준 부모를 섬기는 일이며, 충이란 곧 자신을 알아주는 주군을 섬기는 일이다. 공자는 이 효와 충을 인간의 근본 도리라고 가르쳤다.

또 하나 공자가 강조한 것이 있는데, 그것은 벗과 우정을 지켜야 한다는 신(信, 믿음)이었다.

따라서 유학의 핵심적인 가르침은 '인, 의, 예, 지, 신, 충, 효' 일곱 가지를 실천하라는 것이다. 이렇게 볼 때, 공자의 사상은 철저하게 인간의 윤리적인 것에 한정된 측면이 강하다. 말하자면 공자는 우주나 물질의 원리보다는 사람의 행동 윤리에 편중된 가르침을 남긴 셈이다. 특히 공자는 사람의 행동에 있어서 예가 가장 중요하다고 가르쳤다. 그는 신분에 따라 예가 다르고 장소에 따라 예가 다르다고 했다. 그런 의미에서 보자면 그는 철저한 신분주의자였다.

그런 공자의 태도 때문에 도가 사상가들은 유가들을 향해 세상의 권력을 탐하며 형식에만 치우친 자들이라고 비아냥거렸다.

이렇듯 도가와 유가는 사사건건 부딪쳤지만 그들은 본질적으로 원리주의자였고, 서양의 플라톤 사상과도 일맥상통했다.

종교와 철학의
결합과 결별

RELIGION & PHILOSOPHY

종교는 생존력을 강화하기 위해 철학과 결합한다. 종교는 절대성을 제공하고
철학은 그에 대한 이론을 제공하는 형태로 둘은 하나로 합쳐지곤 했다. 종교
와 철학이 결합을 시도한 배경에는 대제국의 정치적 목적이 도사리고 있었다.

4장

종교와 철학의
결합과 결별

　종교와 철학의 탄생과정과 그 원리를 알아봤으니, 이제 이 두 분
야가 역사 속에서 어떻게 결합하고 결별했는지를 살펴볼 차례다.

　현재 남아 있는 종교들은 모두 농업시대 이후 탄생한 고등 종교들
이다. 그런데 이들 종교들은 생존을 위해 여러 차례 변신을 시도한
다. 보다 탄탄한 이론으로 무장한 종교로 거듭난 것이다. 그래서 종
교는 생존력을 강화하기 위한 방편으로 철학과 결합한다. 종교는 절
대성을 제공하고 철학은 그에 대한 이론을 제공하는 형태로 둘은 하
나로 합쳐지곤 했다. 그 과정에서 철학이 종교의 시종 노릇을 하기

도 했고, 종교가 철학의 시종이 되기도 했다.

종교와 철학이 결합을 시도한 배경에는 대제국의 정치적 목적이 도사리고 있었다. 농업시대가 전개된 이후 국가들은 농토 확대와 인력 확보에 목숨을 걸고 서로 각축전을 벌인 끝에 엄청난 영토를 가진 대제국을 건설했지만 막상 거대한 제국을 거느리고 보니, 통치할 수단이 마땅치 않았다. 영토가 너무 넓은 까닭에 무력으로 지배하는 데는 한계가 있었기 때문이다. 그래서 고안한 것이 종교와 철학을 통한 지배력의 강화였다.

그런데 대제국 건립 초기만 하더라도 대다수 종교의 교리는 허술했다. 이런 허술한 교리로는 광대하고 복잡한 대제국의 구성원들을 효과적으로 지배할 수 없었다. 그래서 보다 단단하고 치밀한 교리를 만들기 위해 철학이론을 종교에 투입한다. 이후 종교는 매우 정교한 교리를 바탕으로 대제국을 지배하는 효과적인 수단이 되었다.

이런 과정을 거쳐 성장한 대표적인 종교가 기독교, 불교, 힌두교, 이슬람교였다. 기독교와 이슬람교가 흡수한 철학은 그리스 철학이었고, 불교와 힌두교가 흡수한 철학은 베다 철학이었다. 그래서 서양의 로마제국은 기독교를 통해, 인도의 마우리아제국과 굽타제국은 불교와 힌두교를 통해, 그리고 이슬람제국들은 이슬람교를 통해 대제국을 유지할 수 있었다.

그런데 중국에서는 오히려 철학과 종교를 번갈아가며 지배의 수단으로 활용했다. 한제국은 유학을 기반으로 중국인들이 종교처럼 섬기고 있던 노장 사상과 음양오행 사상을 끌어들여 지배력을 확대함으로써 학문을 종교화하는 경향을 보였다. 또 한제국 멸망 이후에는 불교가 유행하자 불교에 노장 사상과 음양오행설을 결합하여 불교를 지배의 수단으로 활용했다. 그러다 송나라 이후에는 유학을 기반으로 불교와 노장 사상 및 음양 사상을 결합하여 성리학을 탄생시킴으로써 지배력을 강화했다.

이렇듯 대제국 시대에는 종교와 철학의 결합을 통해 통치이념을 다져나갔다. 인도와 중국, 이슬람 지역에서는 이런 양상이 19세기까지 지속되었으나 유럽에서는 로마대제국이 무너지고 르네상스와 종교개혁이 일어나면서 종교와 철학의 결별이 이뤄졌다. 이른바 15세기 이후 이성에 눈뜨기 시작한 서양철학은 종교와의 결별을 선언하고 새로운 길을 모색한 것이다.

이에 4장에서는 대제국 시대를 풍미했던 대표적인 철학인 그리스 철학과 기독교의 결합, 중국의 유학과 불교의 결합과정을 살핀 뒤, 이어서 서양철학이 종교와 결별하여 어떤 길을 걸었는지 살펴볼 것이다.

서양철학이 종교와의 결별을 시작한 것은 합리주의와 경험주의의 등장으로부터 비롯되었다. 이후 칸트는 관념론을 통해 합리주의 입장에서 경험주의를 포용하려 했고, 헤겔은 절대정신을 통해 관념을 신격화하기에 이르렀다.

하지만 18세기 산업혁명 이후 인간의 사고가 더욱 과학화되는 경향을 띠면서 헤겔의 절대관념은 더 이상 용납되지 않았다. 그래서 헤겔의 아성을 부수는 작업이 시작됐는데, 그 작업을 본격화한 인물은 니체였다. 니체는 철학의 망치로 헤겔의 절대관념을 깨부수기 시작했고, 이후로 서양철학은 다양한 조류를 형성했다. 그 조류들 중에 실존철학, 마르크시즘, 언어철학, 도구주의를 살피면서 철학이 새로운 길을 모색해온 과정을 살펴볼 것이다.

" 진실에 대한 탐구는 그 전까지
'진실'이라고 믿던 모든 것에 대한
의심으로부터 시작되는 법이지! "

그리스 철학과
기독교의 결합

그리스의 모세로 다시 태어난 플라톤

플라톤과 아리스토텔레스에 의해 그리스의 철학은 완성되었지만, 정작 그리스는 망해가고 있었다. 펠로폰네소스전쟁(서기전 431~서기전 404년)으로 아테네를 비롯한 그리스 도시국가들은 급격히 몰락하였고, 지중해의 주도권은 마케도니아가 장악했다. 이후 그리스의 발달된 문화는 알렉산드로스의 원정을 통해 지중해 연안의 각국으로 전파되었고, 그 여파로 헬레니즘시대가 열렸다.

헬레니즘문화는 말 그대로 '그리스적인 것'을 추구하는 문화 형태인데, 철학에 있어서도 이러한 경향은 예외 없이 나타났다. 덕분에 마케도니아의 식민국들과 로마제국에서 다시금 그리스 철학을 꽃피우게 되었다. 그 과정에서 플라톤의 이데아론은 유대교에서 파생된 기독교 교리의 토대가 되었다. 플라톤의 보편적 이데아와 이데아계는 기독교와 만나 유일신 야훼와 천국으로 변모했던 것이다. 이렇게 플라톤의 사상을 기독교와 접목시킨 인물은 헬레니즘 시대의 철학자 필론과 플로티노스였다.

알렉산드리아 출신의 필론(Philon, 기원전 25년~기원후 40년)은 유대교에 밝은 사람이었는데, 그리스 철학을 접하면서 유대교와 플라톤 사상의 결합을 시도했다. 그리고 그는 결론적으로 이렇게 선언했다.

'플라톤은 그리스의 모세다.'

그러면서 필론은 철학의 영역에 유대교의 '창조'라는 개념을 끌어온다. 그리고 플라톤의 인간관인 '육체는 영혼의 무덤이다'라는 사상도 함께 끌어들여 두 가지 사상을 교묘하게 하나로 엮는 데 성공한다.

그는 창조의 개념을 통하여 우주가 신에 의해서 창조되었고, 인간 역시 신에 의해서 창조되었다고 주장한다. 하지만 신에 의해서 창조된 인간은 불완전하여 악에서 헤어날 수 없는 육체와 신적인 영역에 속해 있는 영혼으로 양분되어 있기에 신의 영역으로 들어갈 수 없는 것으로 보았다. 그러나 필론은 로고스(Logos)라는 개념을 끌어들여 이 같은 한계를 극복한다.

로고스란 신의 사도, 즉 천사나 정령으로 불리는 것으로 인간과 신을 이어주는 교량이라는 것이다. 따라서 신은 로고스를 통해서 인간에게 접근하고, 인간 역시 로고스를 통해서 신에게 접근할 수 있다고 주장했다. 즉, 육체 속에 갇혀 있는 영혼이 로고스를 통해서 신들과 서로 교감할 수 있으며 그로 인해 인간도 신의 세계에 들어갈 수 있다는 것이다.

필론의 이 같은 견해는 이집트 리코폴리스 출신의 철학자 플로티노스에게 수용되면서 더욱 신비적이고 종교적인 형태로 발전하게 된다.

플로티노스의 사상적 모체는 역시 플라톤이었다. 그의 플라톤주의는 철저했고, 다분히 종교적 경향을 띠었다. 플로티노스는 단순히 플라톤의 철학을 강의하는 데 그치지 않고, 그것을 생활규범으로 삼아 실천하기도 했다.

그의 생활태도에 영향을 받은 로마의 갈리에누스황제는 플라톤의 폴리테이아(국가)를 모범으로 삼은 새로운 도시를 건설하려는 계획을 짜기도 했다. 플로티노스에 대한 로마의 신임이 얼마나 두터웠는지를 증명하는 단적인 사례라 할 것이다.

하지만 플로티노스가 활동하던 시절만 하더라도 기독교는 로마에서 인정되지 않았다. 기독교가 로마에서 공인된 것은 313년에 콘스탄티누스대제의 밀라노칙령이 시행된 뒤부터였다. 이후 395년경

테오도시우스황제에 의해 기독교가 로마의 국교가 됨으로써 플라톤 사상은 기독교의 핵심 교리가 되었다.

플로티노스의 사상에 영향을 받아 플라톤 사상을 기독교의 중심에 놓은 인물은 아우구스티누스였다. 성직자였던 그는 플라톤 철학에 매진하여 기독교를 철학이라는 반석 위에 올려놓음으로써 서양에 새로운 정신적 지주를 마련했다는 평을 얻었다. 유대교의 유일신과 플라톤의 사상을 조화시켜 기독교를 떠받치는 신학적 이론을 확립했기 때문이다.

1천 년 만에 부활한 아리스토텔레스

플라톤의 철학은 기독교에 의해 각광받았지만 아리스토텔레스의 철학은 금기시되었다. 기독교가 서구를 지배하던 서양의 중세시대에는 아리스토텔레스의 철학은 물질을 앞세우고 신을 배척하는 논리로 해석되어 이단으로 취급된 까닭이다. 이후로 아리스토텔레스의 철학은 무려 1천 년 동안이나 기독교에 배척당했다.

그런데 13세기 중엽, 수도원 수사 출신의 파리대학 교수 토마스 아퀴나스가 이 금단의 벽을 무너뜨린다. 그는 아리스토텔레스의 철학이 결코 기독교 교리에 어긋나지 않는다는 이론을 담은 『신학대전』이라는 책을 출간하였고, 이로 인해 신부들로부터 엄청난 비판을 받았다. 하지만 그는 정연한 논리로 그들의 비판을 이겨내고 당

당히 아리스토텔레스의 철학을 기독교 속으로 끌어들이는 데 성공했다. 덕분에 아리스토텔레스는 1천 년 만에 가까스로 금단의 땅에 발을 디딜 수 있었다.

그는 플라톤과 아리스토텔레스는 단지 관점이 달랐을 뿐, 궁극적으로는 차이가 없다고 생각했다. 오히려 아리스토텔레스의 운동론, 원인론, 존재론 같은 논리는 신을 증명하는 좋은 수단이 된다고 설명한다. 당시 교회에서는 신 이외에 그 어떤 것도 스스로 움직일 수 없다면서 아리스토텔레스의 운동론을 극히 부정적으로 보고 있었는데, 토마스 아퀴나스는 운동이 신을 파악하는 일차적인 근거라고 주장했다. 이것이 이른바 그의 운동론인데, 이를 아리스토텔레스의 삼단논법으로 정리해보면 다음과 같다.

1. 아무것도 스스로 움직일 수 없다.
2. 그러나 모든 것은 움직이고 있다.
3. 따라서 모든 것을 움직이게 하는 존재가 있음을 알 수 있다.

그는 모든 것을 움직이게 하는 존재, 그것은 곧 스스로 움직이는 존재라고 규정하고, 또 스스로 움직이는 존재는 신밖에 없다고 주장한다.

그는 운동론 이외에 원인론에서도 같은 방식으로 신을 증명하고 있다. 그의 원인론을 삼단논법으로 정리해보면 다음과 같다.

1. 아무것도 스스로의 움직임에 대한 원인이 될 수 없다.

2. 그러나 모든 것의 움직임에는 반드시 원인이 있다.

3. 모든 것의 원인이 되는 원인이 있다.

토마스는 이 삼단논법에서 마지막 논제 속의 '원인'을 신이라고 규정했다. 그리고 존재론에서도 같은 방법을 택한다.

1. 스스로에 의해 존재하는 것은 없다.

2. 그러나 우리는 존재한다.

3. 따라서 모든 존재를 가능케 하는 근본적인 존재가 있으니, 그것은 바로 신이다.

이처럼 그는 운동론, 원인론, 존재론에서 모두 신을 증명한다. 이로써 그는 원리의 세계만을 인정하던 기독교에 아리스토텔레스의 물질세계를 받아들이게 만든다. 이후 기독교는 물질의 세계를 신앙과 일치시킬 수 있는 기반을 마련함으로써 교리의 폭을 훨씬 확대할 수 있었다. 덕분에 유럽사회는 신학의 시종으로 전락했던 철학을 중세의 암흑으로부터 끌어낼 원동력을 마련한 셈이다.

불교를 차용한
유학

종교의 위상을 넘보는 신유학

서양에서는 종교가 철학을 만나 교리가 탄탄해지고 교세를 확장한 반면, 동양에서는 철학이 종교를 만나 더욱 탄탄한 학문으로 다시 태어난다. 바로 유학이 불교를 만나 신유학인 성리학과 양명학으로 재탄생한 것이다.

공자의 사상을 토대로 형성된 유학은 공자가 죽은 후에도 맹자, 순자 등을 거치면서 계승되었다. 하지만 진시황이 천하를 통일한 뒤에 법가 사상을 중시하고 유학을 싫어했기 때문에 유학 경전들이 불태워지고 많은 유학자들이 죽임을 당했다. 이른바 '분서갱유(焚書坑儒)' 사태가 벌어진 것이다. 하지만 유학은 한나라시대에 이르러 동중서(董仲舒)라는 인물을 통하여 다시 부활했다. 동중서는 공자의 사상과 음양오행설 및 도가의 사상을 결합하여 유학의 폭을 크게 넓혔고, 그 이후 유학은 한나라시대의 주류 학문이 되었다.

그러나 한나라가 몰락하고 위진남북조시대가 되면서 불교가 유입되었다. 불교는 특히 당나라시대에 크게 발전했는데, 당시 중국 사람들은 불교를 노자의 후예로 생각하여 후하게 대했다. 이후 불교는 500년 동안이나 맹위를 떨쳤다.

그러다 송나라에 이르러 다시 유학이 크게 성행했다. 이 무렵 유학자들은 불교의 위세에 대항하기 위해 공자의 사상을 대폭 확장시켰다. 공자의 사상은 사람의 행동에 한정된 까닭에 우주론이 없었는데, 그 때문에 사람들의 마음을 사로잡는 힘이 약했다. 그래서 유학자들은 동중서의 이론에 기초하여 유학에 우주론을 도입하고, 종교의 옷을 입히는 노력을 가했다. 이렇게 다시 탄생한 유학이 바로 신유학이다.

신유학은 단순히 공자의 재탄생이 아니라 당시까지 중국에서 유행하던 모든 학문의 총합이었다. 물론 그것은 불교까지 아우른 것이었다. 말하자면 신유학은 공자학의 뼈대에 음양학, 노장 사상, 불교 등의 살을 붙여 만든 새로운 학문이라 할 수 있었다. 그중에서도 가장 큰 영향을 끼친 것은 역시 불교였다.

불교는 신유학자들에게는 좋은 도전거리였고, 또 새로운 학문을 만들어낼 좋은 재료였다. 하지만 신유학은 철저히 불교를 공격하고 배척하였다. 불교가 차지하고 있는 정신적 영역을 빼앗기 위해서는 당연한 일인지도 몰랐다.

그 전선의 선봉에 선 인물은 주희와 육구연이었다. 이들 이전에는 한나라 시절의 동중서가 중국의 모든 철학을 공자 중심으로 재편한 바 있었고, 그 정신을 송나라시대의 주돈이와 장재가 이어갔다. 이후 정호와 정이 형제에 의해 신유학의 깊이는 더해갔고, 그들의 제자 주희와 육구연에 의해 완성되었다.

주희는 우주의 운행원리를 지칭하는 전통적인 '도(道)'의 개념을 '리(理)'와 동일하게 사용하였고, 육구연은 불교의 깨달음을 지칭하는 '선(禪)' 개념을 유학에 끌어들여 마음의 수양을 매우 중시하는 경향을 띠었다. 이후 신유학은 주희가 주축이 된 원리 중심의 이학(理學)과 육구연이 주창한 마음 중심의 심학(心學)으로 분리되었다.

이학과 심학 중 체계를 먼저 잡은 쪽은 주희의 이학이었다. 따라서 한동안 육구연의 심학은 빛을 잃었고, 그래서 이학이 중국 철학의 중심으로 등장했다. 이후 이학은 주자학 또는 성리학이라는 이름으로 불리며 중국 사상을 이끌었다.

하지만 신유학을 주창하면서도 주희와 다른 길을 걸어간 육구연의 심학은 명나라시대의 왕수인에 이르러 양명학으로 다시 태어난다. 그리고 중국 철학은 서양철학이 밀려들 때까지 신유학의 양대 산맥인 성리학과 양명학이 양립하는 상황에 놓인다.

성리학을 완성시킨 주희

성리학을 일으킨 주희는 남송시대 이후 가장 뛰어난 지식인이자 후대에 학문적으로 가장 큰 영향력을 행사한 인물이다. 정교한 논증과 명석한 분석, 그리고 해박한 지식과 140권에 이르는 저술, 그것에 기반하여 일군 성리학적 철학 체계는 중국은 물론이고 조선을 비롯한 주변국을 800여 년 동안 정신적으로 지배했다.

그런 그가 살아 있을 때 가장 몰두한 일은 리(理)가 곧 도(道)이며 만물의 근원이자 실체라는 것을 논증하는 일이었다.

주희는 돌조각 하나에도 理가 머물지 않는 곳은 없다고 하였다. 이는 그리스의 철학자 플라톤의 이데아와 다르지 않다. 플라톤의 이데아가 그렇듯 주희의 理도 항상 완전무결하며, 선한 존재다. 그것은 근본적으로는 하나이나, 모든 물질 속에 기거할 수 있으며, 서로 연결되어 있다. 그것은 하나이면서 모두이고, 물질 밖에도 물질 속에도 물질이 없는 곳에도 이미 존재하는 그런 존재다. 그래서 모든 만물의 맨 꼭대기에 있다는 의미에서 태극이며, 모든 존재의 처음이라는 의미에서 태초이며, 모든 존재의 지향점이라는 의미에서 道이다.

그것은 만물의 운행원리이며, 우주의 법칙이며, 처음이자 마지막이고, 하나이자 모두인 셈이다.

이 우주에 인간이 있기 전부터 인간의 理가 있었고, 바위가 있기 전에 바위의 理가 있었으며, 인간의 본성이 형성되기 전에 그것은 이미 본성이었다. 그래서 인간의 본성을 이성(理性)이라고 부른다.

주희는 물질과 理의 관계를 두고 理가 물질, 즉 氣를 타고 다니는 형국이라고 설명한다. 마치 말과 마부처럼, 그리고 마부의 지시에 따라 말이 움직이듯 理에 의해 氣가 움직인다고 설명한다. 하지만 理는 움직이지 않고 명령하고, 氣는 처음부터 그 명령을 알고 있다고 한다. 말하자면 氣는 理의 명령대로 움직일 준비를 하고 태어난다는 것이다. 하지만 말이 항상 마부의 생각대로 움직여주지 않는 것처럼 氣도 항상 理의 명령대로 움직이지는 못한다. 그것은 말이 사람의 생각에 미치지 못하듯 氣가 理의 설계를 완벽하게 받아들일 만큼 완전하지 못하기 때문이다.

비록 표현은 다르지만 주희의 이론의 논리는 플라톤의 이데아론과 완전히 일치한다. 주희 역시 플라톤과 마찬가지로 철저한 원리주의자였던 셈이다.

주희는 理가 인간의 본성이라고 말하고, 그것은 인간 속에서 '성(性)'을 형성한다고 표현한다. 또 氣는 인간의 감정이라고 하고, 그것은 인간의 내면 속에서 '정(情)'을 형성한다고 표현한다. 말하자면 性과 情은 서로 대비되는 개념이다.

인간의 본성, 즉 性은 理에서 나온 것이므로 완전하고 선한 것이며, 이것이 행동으로 드러날 땐 인의예지, 즉 사단이 된다. 그리고 情은 氣에서 나온 것이므로 불완전하고 악을 포함하고 있는 것이며, 이것이 행동으로 드러날 땐 희로애구애오욕의 칠정이 된다. 칠정이란 기쁨(喜), 노여움(怒), 슬픔(哀), 두려움(懼), 사랑(愛), 싫어함(惡), 바람(欲) 등 인간이 가진 일곱 가지 감정을 일컫는다. 이런 그의 주장을 요약하면 다음과 같다.

리(理) - 성(性) - 완전한 선 - (행동) - 사단(仁義禮智)

기(基) - 정(情) - 불완전한 악을 내포 - (행동) - 칠정(喜怒哀懼愛惡欲)

주희는 성인이 되기 위해서는 이 칠정을 다스리고 사단을 온전히 드러내면 된다고 가르쳤다. 이는 흡사 불교에서 번뇌를 끊고 순수한 마음에 이르면 깨달음을 얻는다는 말과 크게 다르지 않아 보인다. 불교의 원리를 유학에 끌어들였다는 증거인 셈이다.

육구연과 왕수인의 양명학

주희와 달리 사단이 인간 속에서 머물 수 있는 곳은 마음, 즉 심(心)뿐이라고 주장하는 사람도 있었다. 그래서 心은 원래 아주 맑고 깨끗한 것으로서 인간의 본성, 즉 性과 동일한 것이라고 결론짓는다.

이런 주장은 주로 마음의 깨달음을 가장 중시하는 불교의 선종에서 나온 것이다. 말하자면 모든 것은 마음에서 비롯되며 마음에 달렸다는 논리다.

이러한 논리와 유학의 결합을 시도한 인물은 육구연이었다. 그리고 그것이 왕수인에게 이어져 양명학이 성립된다.

하지만 주희는 이 논리를 거부한다. 주희는 마음, 즉 心이란 그저 의식의 하나일 뿐이며, 그 의식은 理가 氣와 결합하여 이뤄낸 산물일 뿐 인간의 본성은 아니라고 주장한다.

이것은 육구연과 주희의 논쟁을 낳고, 다시 신유학이 양명학과 성리학으로 나눠지는 요체가 되는 것이다.

육구연은 불교의 선종과 유가의 맹자학파에 몰두하여 이를 결합한 뒤, 신유학의 새 장을 열었다. 그는 우주가 곧 내 마음이고 내 마음이 곧 우주라는 개념을 세우고, 그것을 다시 군자의 개념과 연결시켜 신유학의 새로운 길을 개척했다.

그가 중시한 것은 자신의 마음이었다. 그는 자기 마음만 맑게 만들면 누구나 군자가 될 수 있다고 생각했으며, 그래서 그의 학문을 심학이라고 부르는 것이다.

육구연이 중시하던 개념은 자존(自存), 자신(自信), 자립(自立)이었다. 즉 스스로 존재하게 하고, 스스로를 믿으며, 스스로 일어서라는 것이었다. 이를 위해 끊임없이 마음을 수련하고 깊게 사유하라고 가르쳤다. 이런 실천 위주의 수행방식에 대해서만큼은 주희도 높게 평가하였다.

이후 육구연의 마음공부는 이학을 부르짖었던 주희와 대비되었고, 그래서 그들 두 사람은 남송을 대표하는 사상가로 자리매김하였다. 그런 까닭에 그들 두 사람을 통칭하여 '주육'이라고 부르기까지 했다. 그들은 사상은 달랐지만, 가장 좋은 학문의 벗이었다.

하지만 중국의 학자들은 대부분 주희의 철학에 경도되었다. 그 때문에 육구연의 심학은 한동안 세간에서 잊혀졌다.

다행히 육구연의 사상은 250여 년이 지난 뒤, 명나라시대 왕수인에 의해 부활했다. 왕수인은 한때 그 어느 학자보다도 주희의 열렬한 추종자였다. 하지만 그는 『대학』을 읽다가 '격물치지(格物致知, 사물의 이치를 끝까지 파고들어 가면 앎에 이른다)'란 문구에 이르러 주희의 학문에 대해 의문을 품고 이런 말을 한다.

"주자는 '격물이란 사물의 理를 궁구(窮究, 속속들이 연구함)하는 것'이라고 해석해놓았는데, 내가 보니 그런 뜻이 아니다. 격물은 사물의 이치를 연구하는 데 목적이 있는 것이 아니라 사물의 이치를 연구하여 마음을 바르게 하는 데 목적이 있다. 다시 말해 사물의 이치를 얻어내는 것은 마음을 바르게 하기 위한 수단일 뿐이다. 그런데 주자는 이 수단을 목적인 것처럼 가르쳤다. 그러니 주자의 방식으로 아무리 격물을 한들 올바른 앎에 이르지 못한다."

왕수인은 격물치지란 '사물을 통하여 마음을 바로잡으면 그것이 곧 올바른 지식에 도달할 수 있다'라는 의미로 해석했다.

"결국 중요한 것은 사물이 아니라 사람의 마음이다. 그것이 성인이 우리에게 가르치고자 하는 핵심이다."

왕수인은 그 하나의 깨달음을 얻자, 모든 것이 달리 보였다. 또한 그간 주자의 학문을 통해 얻지 못했던 사물의 이치를 단번에 깨쳤다. 이는 주자와 학문적으로 대립했던 육구연의 생각과 거의 일치하는 것이었다.

이후 왕수인은 격물에 대한 새로운 해석을 내놓으며 『오경억설』이라는 책을 저술했다. 그러자 그를 추종하는 무리들이 나타났다. 그

무리 가운데 한 사람이 왕수인을 찾아와 물었다.

"우리는 어떻게 앎에 이를 수 있습니까?"

이에 왕수인이 이렇게 대답했다.

"우리에게 마음이 있는 한, 우리는 이미 태어날 때부터 앎에 도달해 있습니다. 따라서 마음만 바로 세우면 양지(良知, 올바른 앎)에 도달할 수 있습니다. 때문에 우리는 마음을 바로잡기만 하면 됩니다."

그러자 그가 다시 물었다.

"그러면 모든 것이 마음만 바로 세우면 된다면 성인들이 남긴 경전을 자세히 공부할 필요가 없습니까?"

위험한 질문이었다. 공자와 맹자의 경전은 곧 성리학에서 절대적인 것으로 경전 자체가 곧 성인의 명령으로 인식되고 있었다. 또한 그것에 대해 주희는 재해석을 하였고, 세상 사람들은 주희의 해석이 곧 공자와 맹자의 말과 같다고 생각했다. 이를 거부하면 주희의 추종자들이 그를 이단시하여 공격할 것이 뻔했다.

하지만 왕수인은 단호하고 분명하게 대답했다.

"맹자는 누구나 성인이 될 수 있다고 하였소. 옳은 말씀이오. 모름지기 경전이란 성인이 남긴 말이고, 그 말은 성인의 마음에서 비롯된 것이오. 그렇다면 마음을 바로잡아 성인이 된다면 굳이 경전을 뒤져 옳고 그름을 따질 이유가 무엇이오?"

이에 그가 또 물었다.

"그렇다면 사물은 우리에게 어떤 의미를 가집니까?"

왕수인이 대답했다.

"사물은 우리가 마음을 올바로 세우게 하는 수단이오. 사물이 이치에 맞게 움직이는 것을 보고서 마음을 바로 세울 수 있는 판단을 얻는다는 것이지요."

왕수인은 이렇게 심학의 체계를 완성했다. 이를 두고 후세 사람들은 그의 호를 따서 양명학이라 이름 붙였다.

왕수인은 늘 이런 말을 하였다.

"경전에 매달려 그 의미를 알기 위해 씨름하지 말고 고요히 앉아 자신의 마음을 들여다보라. 그리고 그 마음에 티끌이 생기지 않도록 하라."

왕수인의 말을 확대 해석하면 불교의 불립문자(不立文字, 불도의 깨달음은 마음에서 마음으로 전하는 것이므로 언어나 문자에 의지하지 않는다)와 유사하다.

문자는 곧 지식을 얻는 수단이다. 하지만 마음에 선천적으로 모든 지식이 쌓였으니 굳이 문자를 통해 지식을 얻을 이유가 없다는 것인데, 이는 중국 선종 불교를 대표하는 육조 혜능의 가르침과 일치한다. 다만 혜능이 승려의 삶을 살았다면 왕수인은 유가의 삶을 살았다는 것밖에 큰 차이는 없다. 그래서 양명학을 '선(禪)의 유학'이라고 부르는 것이다.

하지만 왕수인은 불교를 강력하게 비판했다. 아마도 속세를 떠나 선을 추구하는 불교의 모습이 그와 맞지 않았던 모양이다. 그만큼 그는 세속에 대한 욕심과 정치에 대한 믿음이 컸다.

재미있는 사실이 또 하나 있다. 불교와 양명학의 가르침, 즉 선천적으로 모든 지식이 진리의 본체와 하나인 마음에 들어 있다는 생각을 한 사람은 서양에도 있었다는 것이다. 그런 생각을 한 철학자는 바로 칸트였다.

비록 접근방식에는 차이가 있지만, 왕수인과 혜능의 순수한 마음은 다음 단락에서 설명하게 될 칸트의 순수관념과 거의 일치한다. 칸트는 순수관념을 통해 직관에 이르면 진리를 따르게 되고, 진리에 따른 순수관념에 따라 행동으로 옮기면 선한 행동이 된다는 논리를 펼쳤는데, 여기서 칸트의 관념을 마음으로 바꾸면 왕수인과 혜능의 논리와 별반 다르지 않다. 이에 대해서는 다음 단락의 칸트 편을 참조하기 바란다.

어쨌든 양명학에 따르면 우주가 곧 마음이다. 다만 마음은 육체로 인해 우주와 분리된 것처럼 보일 뿐이다. 그러므로 양명학에 있어 모든 인간은 우주를 안고 있는 존재다. 양명학에서 우주와 마음을 동일시하는 것은 우주의 본질이 理이고 마음이 곧 理이니 우주와 마음은 하나일 수밖에 없다는 것이다. 이는 칸트의 순수관념이 진리와 하나일 수밖에 없다는 것과도 일맥상통한다.

플라톤과 노자의 생각이 유사했듯이 왕수인과 칸트의 생각도 유사했던 것이다. 그들은 단지 동양과 서양으로 떨어져 다른 언어와 다른 문화에 속해 있었을 뿐이니, 진리를 향한 본질에 있어서는 동일한 생각을 가졌던 것이다.

종교와
철학의 결별

이성으로 돌아가는 철학

경험주의와 합리주의의 등장

아리스토텔레스가 기독교 속으로 들어온 뒤로 오래지 않아 유럽 사회에는 새로운 바람이 불기 시작했다. 그 동력은 바로 르네상스(문예부흥운동)와 종교개혁(1517년)이었다. 이 혁명적인 쌍두마차는 서구에서 중세를 몰락시키고 근세(Neuzeit, 독일어로 '새로운 시대'라는 뜻)를 태동시킨다. 학문에 대한 인식의 변화로 과학이 발달하고, 개인의 종교 자유가 허락되었으며, 시민계급이 성장하여 황제와 교황의 절대적 권위가 무너졌다. 덕분에 서양은 기나긴 중세의 잠에서 깨어나 새 시대를 열었던 것이다.

근세의 가장 두드러진 특징은 과학의 발전이었다. 특히 코페르니쿠스의 지동설을 담고 있는 『천체의 회전운동에 관해서』가 1543년 간행되면서 서양의 우주관에 획기적인 변화가 시작되었으며, 여기에 케플러, 갈릴레이, 뉴턴 등의 과학적 성과가 더해지면서 서양은 이른바 '과학의 시대'를 맞이한다.

과학의 시대를 이끈 철학적 경향은 합리주의와 경험주의로 대표될 수 있다. 합리주의는 원리를 기반으로 형성된 가치관으로서 당연히 플라톤 사상을 잇고 있었고, 경험주의는 모든 가치관을 물질에 기반하고 있기에 아리스토텔레스의 사상을 계승하고 있었다.

영국을 중심으로 형성된 경험주의 철학은 베이컨을 선두로 홉스, 로크, 흄 등에 의해 계승 발전되고, 대륙 국가에서 각광받던 합리주의 철학은 프랑스의 데카르트에서 시작되어 네덜란드의 스피노자와 독일의 라이프니츠, 칸트, 헤겔로 이어진다.

이러한 두 경향의 철학적 흐름은 영국과 프랑스 그리고 독일의 계몽주의 형성에 막대한 영향을 미치게 되고, 서구철학을 지탱하는 양대 기둥으로 남게 된다.

비록 경험주의와 합리주의라는 이름으로 바뀌기는 했지만 이 역시도 '물질이냐, 원리냐'의 논쟁의 틀에서 벗어날 수 없었다. 다만 변한 것이 있다면 자연이나 신이 아니라 사람이 모든 것의 중심이 된다는 점이었다. 기독교가 지배하던 지난 1천 년간 인간은 그저 신의 명령을 받아 움직이는 허수아비 같은 존재에 불과했다면 근세에 이르러서는 인간의 이성이 모든 것을 판단하는 기준이 된 것이다.

그렇다면 이성이란 무엇인가? 그것은 인간에게 내재된 진리의 본성을 의미하는 것으로 사물의 이치와 원리를 알아내는 힘이라고 할 수 있다. 이는 생각의 뿌리일 뿐 아니라 동물적 본능과 충동, 그리고 욕망을 이겨내고 스스로 도덕적 법칙을 만들어 그것을 따르게 만드는 능력이기도 했다.

물론 그 핵심은 생각하는 힘이었다. 따라서 이 시대 철학의 핵심은 생각, 즉 인간의 관념이 어떻게 생겨나는가 하는 것이었다. 말하자면 관념이 원리의 세계에 의해 생겨난다고 주장하는 것을 합리주의라고 하고, 그 관념이 물체의 운동에 의한 경험의 소산이라고 주장하는 것을 경험주의라고 하였다. 그렇다면 합리주의와 경험주의에 종사했던 철학자들의 주장을 간략하게 살펴보도록 하자.

합리주의의 선구자, 데카르트

"나는 생각한다. 고로 존재한다(Cogito ergo sum)."

데카르트가 한 이 말은 합리주의 철학의 대표적인 슬로건이었다. 또한 아리스토텔레스를 거부하고 플라톤을 지지한다는 선언이기도 했다. 말하자면 우주의 실체를 물질이 아닌 원리라고 단언한 셈이다.

그렇다면 도대체 이 말이 갖는 의미가 무엇이기에 이런 거창한 해석이 가능한 걸까? 이를 알기 위해서는 데카르트가 이런 결론을 내기까지의 과정을 알아야만 했다. 그 과정을 삼단논법으로 간단하게 정리하면 다음과 같다.

1. 나는 나의 존재와 내 앞에 있는 모든 존재가 실재하고 있다는 사실을 의심한다.

2. 하지만 나는 내가 지금 그러한 것들을 의심하고 있다는 사실만큼은 의심할 수 없다.

3. 따라서 모든 것이 나에 의해 의심된다고 할지라도 모든 것을 의심하고 있는 내가 존재하고 있다는 것만은 거부할 수 없는 명백한 사실이다.

그는 이 같은 삼단논법을 바탕으로 '나는 생각한다. 고로 존재한다'라는 결론을 도출하는 데 성공했다. 하지만 우리는 그가 왜 자신 앞에 펼쳐진 모든 것에 대한 의심을 시작했는지 알아야만 한다. 그는 사실 자신 앞에 펼쳐진 모든 것에 대해 의심하고자 했던 것이 아니라 자기가 가지고 있는 확신을 증명하기 위하여 의심이라는 방법을 단지 수단으로 사용했을 뿐이다.

따라서 데카르트의 의심은 의심을 극복하기 위한 고의적인 의심이었다는 말이 된다. 그는 의심 이전에 이미 절대적인 진리를 상정하고 있었고, 다만 의심을 통하여 그것을 증명하려 했던 것이다. 이것을 우리는 데카르트의 '방법적 회의' 또는 '목적을 위한 수단적인 회의'라고 부르고 있다.

그러면 데카르트가 상정한 '절대적 진리'는 무엇인가? 그것은 다름 아닌 신이다. 그는 사실 처음부터 신의 존재를 증명하기 위한 방법을 모색하고 있었고, 결국 의심을 통해 의심을 극복하는 방법을 이용하여 신을 논리적으로 증명하는 데 성공한다.

말하자면 데카르트의 '나는 생각한다. 고로 존재한다'라는 명제는 신의 존재를 증명하기 위한 하나의 전제에 불과했다는 것이다.

그렇다면 그는 어떻게 신의 존재를 증명하고 있는가?

그는 신의 존재를 증명하기 위해서 '유한한 존재는 반드시 무한한 존재에 의해서만 존재할 수 있다'라는 명제를 먼저 세운다. 이 명제를 세우기 위한 그의 논리를 삼단논법으로 살펴보면 다음과 같다.

1. 이 세계는 유한한 존재와 무한한 존재로 이뤄져 있다.

2. 어떤 존재든지 반드시 다른 존재에 의해 존재할 수밖에 없다.

3. 따라서 유한자에서 무한자가 나올 수 없으므로 무한자에서 유한자가 나와야 한다.

이런 논리로 자신의 명제를 증명한 다음, 그는 다음 단계로 돌입한다. 다시 말해 인간은 유한자이므로 반드시 무한자로부터 유래하지 않으면 안 된다는 명제를 세우게 되는 것이다.

그는 이 무한자를 모든 존재를 존재하게 하는 실체라고 생각했다 (우리는 이미 아리스토텔레스에서 실체에 대한 개념을 접한 바 있다). 그리고 실체를 두 가지로 분리했다. 영원히 존재하지만 인간 속에 한정되어 있는 실체와 무한한 실체가 그것이다. 인간 속에 한정된 실체는 정신이고, 무한한 실체는 신이다. 그리고 정신은 결국 무한실체인 신으로부터 온다는 것이다. 이어 그는 인간은 정신과 육체로 이뤄진 이분화된 존재이며, 정신은 생각하는 속성을 지니고 육체는 연장하는 속성을 지닌다고 주장한다. 여기서 연장이란 곧 변형되고 생성되는 것을 의미한다. 그렇다면 그는 동물에 대해서는 어떻게 생각했을까? 그는 동물은 육체만 있을 뿐 정신은 없는 존재로 규정한다. 말하자면 동물은 그저 움직이는 물질에 지나지 않는 것으로 판단한 것이다.

그의 이런 논리는 철학이 신을 증명하기 위한 수단으로 전락하거나 인간의 이성을 신앙의 형태로만 몰아갈 위험이 있다. 또한 이분법적인 편협성으로 인해 그의 철학세계에서는 인간을 제외한 모든 동물들은 단순한 기계적인 사물로 폐기처분될 위험에 놓인다. 말하자면 인간 우월적인 사고방식을 가져올 위험이 있었던 것이다. 이것이 곧 합리주의의 한계라고 할 수 있다.

경험주의 철학자들 베이컨, 홉스, 로크, 흄

"철학의 범주는 인간과 자연에 한정해야 한다."

이 말은 경험주의의 선구자인 베이컨의 주장이다. 그는 모든 지식은 관념적인 선입관을 버리고 자연을 직접 관찰하고 실험하는 것을 통해 쌓아야 한다고 했다. 그래서 그는 이렇게 말한다.

"인간은 자연의 하인이자 해석자에 불과하므로 관찰을 하지 않고 는 자연의 움직임에 대하여 아무것도 이해할 수 없다. 만약 관찰하 지 않고 자연을 이해하려 하는 자가 있다면 그는 아무것도 발견하지 못할 것이며, 또 아무 일도 할 수 없을 것이다."

베이컨의 그런 사상을 이은 홉스는 '물체가 없는 곳에는 철학도 없다'라고 선언했다. 홉스는 더 나아가 신에 대해서도 거부의사를 분명히 했다. 그는 신이란 종교를 유지하기 위한 하나의 관념에 지 나지 않는다고 단언했다. 그리고 그는 인간에 대해서는 분명한 입장 을 정리하며 말했다.

"인간이란 하나의 물체이며, 오성과 이성은 그 물체의 감각적인 소산에 불과하다. 또한 인간의 행위는 감각의 자극과 반작용의 힘에 의한 작용의 결과일 뿐이다. 또한 인간은 물체이므로 물체가 없는 곳 에는 철학이 있을 수 없다."

한편 경험론의 신봉자였던 로크는 자신의 믿음을 증명하기 위해 곧잘 이런 질문을 던졌다고 한다.

"맹인이 보라색을 설명할 수 있다고 생각하는가?"

그러면서 그는 이런 말을 덧붙인다.

"맹인은 색깔을 경험할 수 없기 때문에 색깔에 대한 인식이 있을 수 없다."

즉, 경험하지 못한 것에 대한 관념은 있을 수 없다는 말이다. 때문 에 그는 갓 태어난 아이에게는 관념이 있을 수 없다고 주장했다. 그는 갓 태어난 아이는 백지 상태와 같다고 생각했다. 왜냐하면 관념은 선천적인 것이 아니기 때문이다.

로크는 관념을 두 가지로 구분한다. 하나는 단순관념으로 감각기관에 의해 얻어지는 일차적 관념이고, 다른 하나는 복합관념으로 단순관념의 결합에 의해 얻어지는 관념이라는 것이다. 또한 보편 개념이라는 것도 경험의 반복에 의해 얻어지는 것에 불과할 뿐, 진리와는 관계가 없다고 주장한다.

그렇다면 로크는 신에 대해서는 뭐라고 했을까? 그는 신이라는 것은 경험을 가능하게 존재일 뿐 인간의 관념과는 무관하다고 말한다.

경험론의 종결자라고 할 수 있는 흄은 이런 경험주의를 더욱 세밀하게 다듬는다. 흄은 관념의 발생과정을 이렇게 설명한다.

"경험의 과정에서 감각기관에 하나의 인상이 찍혀지면, 그것이 감각기관에 의해 다시 재생되는데 그 재생된 내용을 관념이라고 한다. 이러한 관념은 서로 연관을 맺으면서 연합을 형성하고, 그러한 연합이 우리에게는 복잡한 관념으로 나타난다."

그리고 이 관념이 연합하는 데에는 세 가지 법칙이 있다고 주장했다. 그 첫째는 비슷함의 법칙으로 어떤 비슷한 것을 봄으로써 이뤄지는 것, 둘째는 접촉의 법칙으로 어떤 하나의 사물을 접함으로써 주위에 있는 다른 것들에게로 관념이 옮겨가는 것, 셋째는 인과의 법칙으로 어떤 반복되는 경험을 통하여 그 결과를 예측하는 것을 일컫는다고 했다.

흄은 또 진리에 대해서도 이성의 진리와 사실의 진리로 구분했다.

이성의 진리는 생각을 통해서 얻어내는데, 이를테면 기하학, 대수학, 산술학 등의 수학적인 진리가 이에 속한다고 했다. 이에 비해 사실의 진리는 인간의 생각과는 관계없이 그저 우리에 의해 경험되는 것들이라는 것이다. 예컨대 우리가 땅에 대해서 생각하지 않는다고 해서 땅이 없어지지 않고, 또 우리가 태양에 대해서 생각하지 않는다고 해서 태양이 없는 것이 아닌 것처럼 사실의 진리는 우리 앞에 있는 사실 그대로를 일컫는 것이라고 했다.

이렇듯 흄은 학문을 철저하게 경험적인 세계에 묶어두고 있다. 그리고 그는 형이상학을 미신의 일종이라고 말하면서 형이상학에 관한 내용을 기록하고 있는 모든 책들을 불태워야 한다고 주장했다.

그는 오직 현상들만 인정한다. 경험된 현상 이외에는 아무것도 그를 설득시키지 못하는 것이다.

흄은 이러한 관념을 바탕으로 도덕과 윤리, 종교를 설명한다. 그에게 있어 도덕은 경험 없이는 성립될 수 없다. 숱한 경험의 반복을 통해서 어떤 행동이 개인에게 이익이 되는가에 대한 심리적 판단이 서면 도덕은 자연스럽게 형성된다는 것이다.

윤리 역시 이러한 이익을 좇아가는 경향이 있다. 이익이란 자신에게 도움이 되는 것을 말하는데, 윤리는 바로 이것을 좇는 것일 뿐이다. 따라서 그의 윤리관에 있어 중요한 것은 느낌, 즉 감성이다.

종교와 관련해서는 학문이 종교를 위한 논리가 되어서는 안 된다고 주장한다. 또한 종래의 형이상학이 종교의 시종 노릇을 해온 것에 대해 그는 무섭게 비판하고 있다. 그는 종교와 학문은 무관한 것으로 간주하고 있기 때문이다. 종교는 불확실한 미래에 대한 불안에 의해 생긴 신앙의 소산이며, 따라서 학문은 그 같은 불안을 숭배해서는 안 된다는 것이 그의 논리다.

하지만 그는 종교를 완전히 부정하지는 않는다. 왜냐하면 그는 인간이 불완전한 존재라는 것을 인정하기 때문이다. 그래서 그는 이렇게 말한다.

'철학자 흄은 무신론자다. 하지만 영국인으로서 흄은 종교와 신앙을 인정하는 선량한 시민이다.'

이렇듯 경험론은 베이컨에서 로크를 거쳐 흄에 이르면서 점점 정교해지고 세밀해졌다. 이런 경험론의 태도는 훗날 언어철학이나 실용주의 철학을 낳게 된다. 또한 경험주의의 실험정신은 현대과학을 낳는 토대가 되기도 한다.

합리론으로 경험론을 포용한 칸트

칸트가 말하는 선험론이란 무엇일까?

"관념은 경험의 의해 만들어지는 것은 맞지만, 경험만으로 만들어지는 것은 아니다."

대수롭지 않은 말인 것 같지만, 칸트의 이 말은 합리주의와 경험주의를 종합한 새로운 결론이었다. 하지만 알고 보면 칸트의 이 논리는 합리주의의 확장일 뿐 경험주의를 받아들인 것은 아니었다. 대개는 칸트의 철학을 합리주의와 경험주의의 종합이라고 말하지만 그 실상을 살펴보면 그렇지도 않다. 그는 근본적으로 물질보다는 원리를 우선시하는 인물이었고, 그래서 그를 관념론자라고 부른다.

그렇다면 왜 칸트를 경험주의와 합리주의의 종합을 이뤄 새로운 경지를 개척한 거장이라고 하는 것일까? 사실 칸트에 대한 찬사는 다소 지나친 감이 없지 않다. 이 거창한 찬사와 달리 그 내용을 살펴보면 의외로 단순하다. 칸트의 생각을 간단하게 등식으로 만들면 다음과 같다.

관념 = 경험 + X

즉, 관념이라는 것은 경험에 X가 함께 있어야 만들어질 수 있다는 논리다. 이 X를 칸트는 감각기관 속에 숨어 있는 선천적인 내부 시스템이라고 생각했다. 이 선천적인 내부 시스템은 마치 주물 과정에서 쇳물을 일정한 모양으로 만들어내는 거푸집과 같은 역할을 한다. 경험이라는 쇳물을 선천적인 장치인 내면의 거푸집에 부었을 때 관념의 주물제품이 만들어진다는 것이다.

하지만 쇳물에 어떤 광물이 혼합되느냐에 따라 주물의 강도가 달라지듯이 경험의 내용에 따라 관념의 질도 달라진다. 말하자면 모든 관념은 일정한 모양을 하고 있는 내면의 거푸집 덕분에 보편성을 띠지만, 경험의 종류에 따라 질이 달라진다는 뜻이다. 그래서 관념을 만드는 과정은 같지만 각자의 관념에는 차이가 있을 수밖에 없다. 각자가 모두 다른 경험을 하기 때문이다.

내면의 거푸집인 X를 두고 칸트는 '감각기관의 선험적 양식'이라고 이름 붙였다. 따라서 칸트의 이론을 다시 등식으로 만들면 다음과 같다.

관념 = 경험 + 감각기관의 선험적 양식

'선험'이라는 말은 '트랜스젠덴탈(Transzendental)'이라는 독일어를 번역한 것인데, 말 그대로 '경험에 앞선'이라는 뜻이다. 말하자면 칸트는 경험이 관념이 되기 위해서는 경험을 관념으로 전환할 수 있는 선천적인 장치, 즉 원리가 먼저 있어야 한다고 주장한다. 이는 감각을 이루는 물질은 원리와 만나지 않으면 아무것도 이룰 수 없다는 의미다. 때문에 그는 플라톤이나 데카르트처럼 원리주의자일 수밖에 없다.

이런 까닭에 칸트는 관념의 본질이 경험에 있지 않고 감각기관의 선험적 양식에 있다고 주장한다. 경험은 단순히 관념의 재료일 뿐 본질은 아니라는 것이다. 그는 여기서 한발 더 나아가서 '순수관념'이라는 표현을 만들어낸다. 아리스토텔레스가 질료와 전혀 무관한 형상을 순수형상이라고 한 것에서 착안하여 경험과 전혀 무관한 관념을 순수관념이라고 했던 것이다. 그리고 이 순수관념은 경험에서 오는 것이 아니라 선험적 양식에서 오는 것이라고 주장한다.

코페르니쿠스적 전환이란 무엇인가?

칸트는 이 같은 기발한 상상을 바탕으로 한발 더 나아간다. 그는 사람의 감각기관 속에 선험적 양식이 있다면 감각세계인 자연 속에도 선험적 양식이 있을 것이라고 판단했다. 또한 이 선험적 양식에 순수관념이 있다면 자연 속에도 순수관념이 있을 수밖에 없다고 설정했다. 그러면 사람의 감각기관 속에 있는 순수관념과 자연 속의 순수관념은 동일할 수밖에 없고, 동일하다면 서로 교감이 가능하다고 보았다.

상상이 여기까지 미친 칸트는 또 한발 더 들어간다. 사람과 자연이 순수관념을 통해 서로 교감할 수 있다면 이를 통해 진리를 얻어낼 수 있을 것이라는 생각에 이른 것이다. 이렇게 자연과 사람의 순수관념의 통해 진리를 얻는 것을 그는 '직관'이라고 명명했다. 이후 그는 인간은 경험 없이도 직관을 통해 진리를 얻을 수 있다는 결론을 도출했다. 물론 그 진리는 신의 섭리라고 할 수 있고, 그 섭리의 뿌리는 신이다.

하지만 그의 논리는 여기에서 멈추지 않는다. 그는 순수관념이라는 것이 인간과 자연에 동시에 존재하고, 인간이 자연의 일부라면 근본적으로 순수관념은 자연이 인간에게 부여하는 것이라고 판단했다. 게다가 그는 인간의 경험이라는 것도 근본적으로 관념 없이는 불가능하므로 경험 역시 순수관념의 소산이라고 주장한다. 이렇게 되면 자연 속에 있는 순수관념이 인간 속에 있는 순수관념을 움직여 경험을 유발할 수 있다는 뜻이 된다.

이렇듯 순수관념을 통해 경험이 이뤄진다는 논리를 펼치면서 칸트는 "코페르니쿠스적 전환을 이루자!"고 소리쳤다.

'코페르니쿠스적 전환'이란 무엇인가? 다들 알다시피 코페르니쿠스는 태양이 지구의 주위를 도는 것이 아니라 지구가 태양의 주위를 도는 것이라고 했다. 이는 우주관의 대전환을 의미하는데, 칸트는 자신의 생각이 철학의 대전환을 이룰 수 있다고 생각하여 '코페르니쿠스적 전환'이라고 표현한 것이다.

즉, 그때까지 인간이 자연을 대상으로 경험을 축적한다고 생각했는데, 오히려 경험의 대상이라고 생각했던 자연이 순수관념을 통해 인간으로 하여금 경험을 축적하게 만들었다는 것이다. 말하자면 인간이 자연을 경험하는 것이 아니라 자연이 인간을 경험하게 한 것이라는 뜻이다. 이는 곧 인간의 경험이라는 것은 본성이 시켜서 하는 일이며 타고난 본성이 인간의 행동을 좌우한다는 논리로 귀결된다.

그러나 인간의 경험은 물질세계의 지속적인 변화로 인해 순수한 관념을 생산하지 못한다. 그래서 물질세계인 현상계가 왜곡되어 보이는 것이다. 그 현상들의 순수한 진실을 알게 하는 것은 오로지 순수관념밖에 없으며 그 순수관념으로 이뤄진 것이 순수이성이다. 따라서 순수이성만이 현상의 진실에 접근할 수 있다. 그 방법은 오직 인간의 순수관념과 자연의 순수관념의 교감인 직관뿐이다. 순수이성에 의한 직관만이 모든 현상의 진실을 알아낼 수 있다는 논리를 성립시킨 것이다.

　이런 칸트의 순수관념은 불교나 양명학에서 추구하는 순수한 마음이나 성리학에서 추구하는 본성과도 일치한다. 또 칸트의 직관이라는 개념은 불교의 깨달음이라는 개념과도 일치한다. 그리고 칸트의 진리 또는 신은 불교에서 깨달음의 본성인 '불성(佛性)'과 다르지 않으며, 양명학이나 성리학에서의 리(理)와 역시 다르지 않다. 이렇게 볼 때 칸트의 철학은 용어와 방식만 다를 뿐 불교나 양명학, 성리학과 유사한 부분이 매우 많다.

정언명령이란?

　이후 칸트는 윤리학에 순수이성의 개념을 대입하여 실천이성이라는 개념을 만들어낸다.

　순수실천이성에 따라 형성된 행동규범이 곧 도덕률인데, 이 도덕률은 신의 대리자격인 순수이성의 명령에 의한 것이기 때문에 무조건적으로 실시해야 하는 것이라고 주장했다. 그래서 그는 도덕률에는 단 하나로 정해진 명령만 있을 수 있다고 했다. 말하자면 순수실천이성에 의해 형성된 도덕률에는 조건 없이 무조건 실시해야 하는 명령만 통한다고 한 것이다. 이런 류의 명령을 칸트는 '정언명령(定言命令)'이라고 했다.

　그러나 도덕도 환경과 상황의 지배를 받는다는 것을 감안할 때, 도덕률에 관한 그의 시각은 지나치게 완고하고 종교적이라는 지적을 받을 수 있다. 플라톤이 그랬듯이 칸트 역시 지나치게 원리주의에 매몰되었다고 할 수 있다. 이는 그가 종교적인 영향력에서 완전히 벗어나지 못했다는 것을 의미한다. 이러한 그의 한계는 헤겔에 이르러 절대관념을 탄생시킨다.

원리주의의 제왕 헤겔

칸트가 원리주의의 극단을 향해 내달렸다고 하더라도 헤겔에는 미치지 못할 것이다. 헤겔은 그야말로 원리주의의 제왕이었기 때문이다.

칸트 철학의 요체가 '순수이성'이라면 헤겔 철학의 요체는 '절대정신'이다. 헤겔의 절대정신을 이해하기 위해서는 기독교 성경의 논리를 알아야만 한다. 그의 '절대정신'이 성경의 신약전서 중 하나인 요한복음 1장 1절의 다음 구절에서 출발하고 있기 때문이다.

"태초에 로고스가 있었다."

요한복음의 이 구절은 태초에 로고스만이 존재했다는 것을 알려주고 있다. 태초에 홀로 존재했던 로고스, 그것은 곧 정신이며 신이다. 그렇다면 '태초의 로고스는 어디로 갔는가?' 이 물음에 대한 해답을 헤겔은 창세기에서 찾는다. 창세기에 의하면 로고스(신)는 빛을 만들고, 별과 땅을 만들고, 모든 생물과 인간을 만들었다고 했다. 로고스는 빛과 우주 그리고 모든 생물과 인간의 모습으로 발전했던 것이다.

헤겔은 로고스가 이처럼 우주의 모습으로 전개된 과정을 마치 씨앗이 나무로 성장하여 더 튼튼한 씨앗을 다시 배출하는 것과 다르지 않다고 보았다.

씨앗은 단 하나의 몸체 속에 모든 생명을 담고 있다가 스스로 움직여 줄기와 잎이 되고, 다시 꽃과 열매로 발전한다. 그 과정에서 다른 나무들과 대립하면서 생존에 더 유리한 씨앗과 열매를 맺는다. 로고스 역시 만물의 씨앗이고, 이 씨앗이 빛과 별과 땅, 그리고 모든 만물과 인간으로 발전했다는 것이다. 그리고 이 모든 것은 다시 로고스를 향해 간다. 따라서 만물은 로고스의 발전과정이며, 로고스 자체인 셈이다.

헤겔은 씨앗이 거대한 나무로 발전하는 것처럼 절대정신은 스스로 우주로 발전했다고 설명한다. 그리고 씨앗이 나무의 과정을 거쳐 다시 씨앗으로 돌아오듯이 절대정신 역시 절대정신으로 다시 돌아가며 우주 만물은 그 과정에서 나타나는 절대정신의 다른 모습일 뿐이라고 설명한다. 씨앗이 나무와 열매를 거쳐 다시 씨앗으로 돌아갈 때 다른 나무와 생존경쟁을 거치면서 생존에 더 유리한 씨앗을 생산해내는데, 헤겔은 이것을 변증법적 과정이라고 해석한다.

변증법이란 고대 그리스 철학으로부터 유래된 논법으로 모순을 통해 진리를 찾는 철학방법이다. 변증의 방식은 정명제와 반명제를 사용하여 이들 간에 모순되는 주장인 합명제를 찾는 방식이다.

이미 정설로 굳어진 명제를 '정립'이라고 한다면, 이 정립에는 모순이 생길 수밖에 없다. 그래서 정설에 대해 비판하는 새로운 명제가 생기면 '반정립'이 된다. 따라서 이 두 가지는 당연히 대립할 수밖에 없는데, 그 대립을 통하여 양쪽의 의견을 종합하는 새로운 설이 등장한다. 이런 현상이 반복되면 정설은 계속 발전할 수밖에 없다. 이는 마치 하나의 씨앗이 나무로 성장하여 다른 나무와 대립하는 과정을 거치면서 보다 생존력이 강한 씨앗을 생산하는 과정에 비유할 수 있다.

칸트가 합리주의와 경험주의의 대립을 관념론을 통해 종합해낸 것은 철학사의 관점에서 보자면 일종의 변증법적 발전이라 할 수 있을 것이다.

헤겔은 이러한 변증법적 원리는 절대정신의 원리이기 때문에 우주 만물은 이 원리에서 벗어날 수 없다고 보았다. 그래서 우주에 있는 모든 것은 변증법적으로 발전을 거듭하며, 정신도 이 원리에서 벗어날 수 없다고 하였다. 그리고 정신에서 비롯되는 이성과 이성에서 비롯되는 학문도 예외가 될 수 없다고 보았다. 따라서 학문의 기본이 되는 논리에서 변증법은 필수적으로 등장한다. 정명제를 세우면 그것은 다시 반명제를 거쳐, 종합적인 정명제를 끌어낸다는 정반합의 변증법적 논리가 끝없이 반복되는 것이다.

그는 이런 변증법적 논리를 역사에도 대입한다. 역사 또한 이성이 끌어낸 인간의 현상이고, 변증법적인 과정으로 거쳐 지속적인 발전을 거듭할 수밖에 없다고 설명한다.

말하자면 헤겔의 변증법은 우주의 발전에 필수적이며 바뀔 수 없는 영원한 원리인 셈이다. 그렇기에 그의 사상에서는 모순과 대립이 발전의 원동력이 된다. 그런 그의 주장에 따르면 세상에는 발전만 있을 뿐 고통이나 악은 존재하지 않는다.

그러나 현실 속에는 많은 악과 고통이 있다. 이에 대해서는 어떻게 설명할 것인가?

하지만 헤겔은 이 질문에도 물러서지 않는다. 그는 이런 악한 것들, 이를테면 전쟁, 폭행, 살인 등은 절대정신이 스스로를 발전시키는 과정에 불과하다고 설명한다. 악도 모순과 대립의 과정이기 때문에 그것 역시 절대정신을 구현하기 위한 수단에 불과하다는 뜻이다.

이렇듯 헤겔은 절대정신으로 모순과 불협화음까지 모두 해결해버렸다. 덕분에 그의 철학에서는 모든 것이 낙관적이었다. 세상의 잘못된 것도 악도 고통도 모두 절대정신의 구현과정일 뿐이었다.

하지만 후대의 학자들은 모든 것을 포용하는 것은 아무것도 없는 것과 다르지 않기에 그의 사상은 아무것도 아니며, 그의 말은 아무말도 하지 않은 것과 같다고 비판한다.

어쨌든 헤겔은 이렇게 원리주의의 극단에 이르렀다. 그러자 그에 대한 반발 또한 만만치 않았다. 곳곳에서 헤겔을 성토하는 논리들이 등장하기 시작했고, 심지어는 그를 사기꾼으로 몰아세우는 사람들까지 등장했다. 이런 반발은 곧 새로운 철학을 낳는다. 헤겔이 절대정신으로 완전무결한 철학을 만들었다면 이제 남은 것은 헤겔 철학을 산산이 부수고 제로 상태에서 새로운 철학을 위한 모색을 다시 할 수밖에 없었다.

철학의
새로운 모색

철학의 망치로 원리철학을 깨부순 니체

19세기 이후, 동양은 서양의 질서에 편입되었다. 철학은 물론이고 모든 학문이 서양의 주도 아래 발전했고, 그로 인해 철학에서는 현대철학의 근간이 되는 사상들이 일어나기 시작했다. 새로움이란 늘 그렇듯 과거의 아성을 파괴하는 행위를 통해 일어나기 마련이었다. 특히 가장 완고한 벽을 부수는 일이야말로 새로움의 탄생에 가장 크게 기여하는 법이었다.

19세기 서양철학의 가장 완고한 아성은 역시 헤겔의 절대정신이었다. 그것은 국가주의와 기독교와 전체주의의 견고한 기반이 되었지만 결코 무너지지 않는 철벽 성곽도 아니었다.

헤겔의 철학이 원리주의의 극단에 이르자, 헤겔의 주장에 도전하는 철학자들이 하나둘 등장하기 시작했다. 그 선두에 선 인물은 독일의 쇼펜하우어였다. 하지만 그는 헤겔의 아성을 깨부술 만큼 강력한 논리를 만들어내지 못했다. 오히려 많은 후학들로부터 외면받았다. 그러나 쇼펜하우어를 지지하는 후학들도 나타났다. 그중 맨 선두에 선 인물이 니체였다.

니체는 모든 것을 뒤집어엎어야 한다고 주장해 '망치를 든 철학자'라는 별명이 붙었다. 그는 철학의 망치를 무섭게 휘둘러 원리주의로 무장한 헤겔 철학의 아성을 위협했다.

" 신은 죽었다! "

당시 원리주의 철학은 두 개의 기둥을 가지고 있었다. 첫 번째 기둥은 플라톤이 구축한 이데아였고, 두 번째 기둥은 이데아를 신으로 승격시킨 기독교였다. 니체는 이 두 개의 기둥을 부수기 위해 미친 듯이 외쳤다.

"신은 죽었다!"

이 말은 기독교로 대변되는 과거의 모든 사상과 문화, 그리고 전통과 체계를 거부하겠다는 뜻이었다. 그에게 있어 과거의 모든 것은 쳐부숴야 할 적이었다. 기독교와 그것을 떠받치고 있는 철학과 관습, 계층과 계급 등 모든 것을 타파해야 했다.

이것은 카오스, 즉 혼돈을 의미한다. 그는 이러한 혼돈을 방관할 수 없어 은둔을 포기하고 사람들에게로 나아가 이렇게 소리친다.

"나는 그대들에게 초인을 가르치려 하노라."

신이 죽은 세상에 그가 내놓은 대안은 초인이었다. 초인이야말로 이 세계가 원하는 진정한 구세주라고 주장한다. '천상의 희망을 말하는 인간들을 믿지 마라. 그들은 간에 독을 넣는 자들이다'라고 말하면서 기독교인들과 기독교를 떠받치고 있는 철학자들을 비난한다. 심지어는 '철학의 명예를 회복하기 위해서는 도덕가들을 교수형에 처하는 수밖에 없다'라는 극단적인 말들을 쏟아냈다.

세상에 선전포고를 한 것이다. '신은 죽었다'라고 선언함으로써 기존의 체계를 무너뜨리고 새로운 질서를 형성하려 했다.

"신이 죽었으므로 참인 것은 이제 아무것도 없다. 모든 것이 다 허용된다. 의무는 없어지고 의지만 남게 된 것이다. 나는 뭔가를 해야만 한다'라는 의무의식을 벗어던져버리고, 나는 뭔가를 하고자 한다"라는 자유의지를 취하고 있다.

모든 것이 거부되는 현실, 이것이 곧 그의 허무의식이다. 그러나 이러한 허무주의는 초인을 통해 극복된다.

여기서 초인은 대지의 참뜻을 아는 자이며, 인간의 한계를 극복한 존재이다.

그가 말하기를 '인간이란 짐승과 초인 사이에 놓여 있는 밧줄이다. 하나의 심연을 건너가는 밧줄이다'라고 표현한다. 따라서 인간은 짐승도 될 수 있고, 초인도 될 수 있는 것이다.

정신이란 초인을 인식하게 하는 근본이자 인간을 가장 인간답게 하는 요체이다. 또한 인간의 정신만이 대지의 참뜻을 알아낼 수 있는 유일한 도구이다. 여기에 니체가 말하는 실존의식이 숨어 있다. 살아 있는 인간이 그 어떤 것보다 가치 있다는 그의 인간애가 꿈틀거리고 있다.

『차라투스트라는 이렇게 말했다』,『권력에의 의지』,『도덕의 계보』,『선과 악의 저편』,『비극의 탄생』과 같은 저작들은 니체의 인간애에 대한 그의 표현이다. 그리고 이 사랑을 실천하기 위해 그는 '신은 죽었다!'라는 말로 서양 정신에 선전포고를 감행했다. 이제 새로운 판을 짜야 한다는 것이었다.

니체의 말대로 새로운 판을 짜기 위한 본격적인 시도들이 행해졌다. 그래서 등장한 것이 실존주의, 현상학, 마르크시즘, 언어철학 등의 새로운 사조들이었다.

실존주의

실존철학의 개척자 키르케고르

헤겔 철학을 비판하며 또 하나의 새로운 철학이 등장한다. 바로 실존주의다. 실존주의 사상을 주창한 인물은 키르케고르였다. 그는 헤겔의 말들이 헛소리라고 비판하며 이렇게 말한다.

"헤겔의 말들은 한마디로 속임수다. 헤겔의 말대로라면 '나'는 없다. 자아도 없다. 개인이란 도대체 아무런 쓸모도 없는 존재다. 그는 '나'를 전체의 목적을 위한 하나의 수단이나 계기로 생각하고 있다. 하지만 '나'가 없는 세계가 무슨 소용이란 말인가? '나'가 없는 전체가 있을 수 있는가? '나'의 활동과 생각과 믿음이 없다면 도대체 전체가 무슨 의미가 있단 말인가?

'나'와 전체 중에 하나를 택하라고 한다면 당연히 '나'를 택해야 한다. 이것은 모든 사람의 타고난 성질이다. 따라서 '나'의 행위는 고유하고, '나'의 자유는 고귀하다.

'나'가 현실 속에 살아 있는 그 자체, 그것이 곧 실존이다. 실존하고 있는 개인이 전체를 이룬다. 때문에 실존은 언제나 형식에 앞서고, '나'는 언제나 전체에 앞선다. 문제는 본질이 아니라 실존이다. 왜냐하면 실존 없이는 본질도 없기 때문이다."

키르케고르의 '나는 전체에 앞선다'라는 이 명제가 실존주의의 물꼬를 텄다. 하지만 그는 신을 부정하지 않는다. 오히려 신은 합리적으로 이해될 수 있는 존재가 아니라고 말한다. 인간의 사고체계 바깥에 있기 때문에 인간의 관념으로는 증명할 수 없다는 것이다. 오히려 그는 신이 불합리하기 때문에 믿는 것이라고 주장한다. 불합리함 속에 오히려 신적인 요소가 있다는 것이다.

그에게 있어 신은 신앙의 대상이며, 신앙은 비합리적인 형태로만 가능하다. 신앙에서 논리를 찾는 것은 산에서 물고기를 찾는 것과 같다는 뜻이다. 그의 주장에 따르면 인간의 내면에 이르는 길은 세 가지가 있다. 첫 번째는 자연에 의해 주어진 감각적인 길이고, 두 번째는 행동을 통해 얻어지는 윤리적인 길이며, 세 번째는 신앙에 의해 비약적으로 얻어지는 종교적인 길이다.

이렇듯 키르케고르는 실존주의를 주창하면서도 동시에 원리주의의 산물인 신을 향한 신앙을 유지한다. 하지만 실존주의 속에서도 '원리냐, 물질이냐'라는 대립은 이뤄진다. 이것은 신의 존재 여부에 대한 견해 차이에서 비롯된다. 말하자면 원리주의자들은 유신론적 실존주의, 물질주의자들은 무신론적 실존주의를 추구하게 되는 것이다. 그런 의미에서 보면 키르케고르는 유신론적 실존주의를 추구했던 셈이다.

존재를 탐구하다 실존에 도달한 하이데거

키르케고르와 달리 하이데거와 사르트르는 무신론적 실존주의를 추구했다. 하이데거는 실존주의 철학자로 불리고 있지만 정작 자신은 스스로를 실존주의자가 아닌 존재론자라고 규정했다. 자신의 철학이 도달하고자 하는 궁극적인 목표가 실존이 아니라 존재에 있기 때문이라는 것이다. 따라서 하이데거를 이해하기 위해서는 그가 존재를 어떻게 규정하고 있으며, 존재를 찾아내기 위해 어떤 방법을 택하고 있는지를 알아내야 한다.

하이데거는 존재에 대한 개념을 밝히기 위해 '존재자'라는 개념을 만든다. 그는 존재와 존재자는 엄연히 다르다고 생각한다. 존재는 '존재자를 존재자이게 하는 것'이라는 것이다. 존재는 존재자의 본질이라는 뜻으로, 이는 플라톤의 이데아와 현상계로 대치해도 무방하다. 말하자면 존재자는 모든 물질이고, 존재는 원리인 셈이다. 플라톤에게 있어 이데아가 진리라면, 하이데거에게는 존재가 곧 진리이자 원리의 세계다. 또 존재자는 하나하나의 사물이므로 곧 물질이고 감각의 세계이자 현상계인 셈이다.

이어서 하이데거는 '현존재'란 단어를 추가하는데, 이는 인간을 지칭한다. 하이데거는 현존재인 인간 안에 존재와 존재자가 공존한다고 설명한다. 쉽게 말하면 인간의 이성은 이데아, 즉 존재이고 육체는 존재자라는 것이다. 그런데 이성과 육체 중에 존재는 이성인데, 이 이성의 본질은 무엇인가 하는 것이 하이데거의 최대의 관심사였다.

하이데거는 이성이 이데아이고, 이것은 관념을 만들어내며, 그 관념이 외부로 표출되는 유일한 수단은 언어뿐이라고 주장한다. 말하자면 인간의 이성은 사고체계의 틀에 한정되고, 사고체계는 언어체계의 틀에 한정되기 때문에 이성이 현실 속에서 표출되는 수단은 언어가 유일하다는 것이다. 즉 인간이 존재의 본질에 도달할 수 있는 수단은 현실적으로 언어밖에 없다는 결론을 내린다.

하지만 언어는 말하는 순간 스스로 떨어져 나간다. 그때부터 언어는 독자적인 영역과 힘을 갖게 되는 것이다. 그는 이렇게 자신으로부터 이탈해간 언어만이 현실적으로 존재를 확인할 수 있는 유일한 통로라고 주장한다.

이미 자신으로부터 이탈하여 독자적으로 존재하고 있는 언어는 어떤 감정에도 구애받지 않는 진정한 존재이며, 이러한 상태를 그는 탈존(Ek-sistenz, 脫存)이라고 부른다.

탈존의 상태는 존재가 이미 무(無)의 경지, 즉 자기 자신으로부터 완전히 떨어져 나왔을 때 가능하다. 이런 무아(無我)의 경지 속에 있는 존재야말로 참된 존재인 것이다. 스스로에게 전혀 구애받지 않고 독립적으로 존재해야 존재의 본질과 일체가 될 수 있기 때문이다. 이처럼 존재의 본질과 하나가 되어 존재에 응답하는 것이 철학이다.

존재의 본질과 하나가 된 무의 경지는 바로 언어이다. 언어만이 유일하게 인간의 존재를 독립적으로 담고 있는 것이다. 인간의 실존은 행동으로 드러나고, 행동은 어떤 것이 '있음'으로 현실화될 수 있기에, 행동은 존재를 전제로 하는 것이다.

존재를 존재의 본질과 연결 짓는 것은 사유, 즉 생각이다. 하지만 사유는 결코 관계 자체를 만들어내지 못한다. 또한 사유로 하여금 관계를 만들 수 있게 하는 것은 언어뿐이다. 즉 존재는 언어에 의해서만 본질을 드러낼 수 있다는 것이다. 따라서 하이데거에게 있어서 언어는 존재의 집이다.

또한 존재 속의 현실적 존재인 현존재, 즉 인간이 자신으로부터 이탈하여 무의 경지 속으로 빠질 수 있는 것도 언어를 통해서만 가능하다. 그러므로 언어는 인간이 탈존을 가능케 하는 유일한 집이며, 인간이 자기를 벗어나 무의 경지 속에서 인간의 본질에 도달할 수 있게 하는 유일한 통로인 셈이다.

쉽게 말하자면 현실세계에서 이데아, 즉 존재를 확인할 수 있는 유일한 수단은 언어밖에 없다는 뜻이다. 그래서 언어는 인간존재의 집인 것이다. 그렇기에 인간존재의 확인은 언어에 대한 탐구를 통해서만 가능하다. 결국, 언어탐구만이 존재를 확인할 수 있는 유일한 철학인 셈이다.

하이데거의 이론은 이처럼 쓸데없이 복잡해 보이지만, 이는 개념을 분명하게 하기 위한 의도다. 하지만 결론은 간단하다. 인간의 존재를 확인할 수 있는 유일한 것은 언어밖에 없다는 것이다.

사실, 이런 하이데거의 결론은 다소 지나치다. 비약적 결론이라는 것이다. 인간존재를 확인할 수 있는 유일한 것이 언어라면, 언어를 내뱉은 육체는 아무것도 아닌 것이 되기 때문이다. 이는 엄밀한 의미에서 육체를 고깃덩어리 이상의 가치로 여기지 않는 데카르트

철학에서 한 걸음도 나아가지 못한 수준이다. 그저 단어만 몇 번 바꿔 논리를 꼬아놓았을 따름이다. 그런 의미에서 보자면 하이데거는 결코 실존주의자가 아니다. 그는 그저 철저한 원리주의자일 뿐이다.

자유를 최고의 가치라고 주장한 사르트르

사르트르도 하이데거의 이런 논리를 익혔다. 하지만 사르트르는 하이데거의 존재론에 사로잡히지 않았다. 그 대신 사르트르는 존재보다는 실존을 찾아내는 데 주력한다. 그리고 그는 실존의 유일한 뿌리는 '개인의 자유'라고 주장한다.

사르트르도 하이데거와 마찬가지로 '존재는 자신에게서 빠져나와 무(無)의 경지로 들어갔을 때 본질에 도달할 수 있다'라고 생각했다. 하지만 그는 하이데거처럼 '언어는 존재의 집'이라고 생각하지는 않았다. 그는 하이데거를 알고 나서는 그의 주장을 배제하고 자신의 독자적인 영역을 개척하기 시작했다.

모든 실존주의자들과 마찬가지로 사르트르 역시 '인간이란 무엇인가?'를 철학의 첫 번째 과제로 삼았다. 이 문제를 풀기 위해 그도 하이데거처럼 우선 '존재'의 본질에 접근한다.

존재의 본질에 접근할 때의 유일한 단초는 현상적인 존재뿐이다. 인간이 접할 수 있는 유일한 것은 사물의 현상뿐이기 때문이다. 이 현상적인 존재를 그는 '즉자'라고 표현한다. 그러나 이러한 즉자만으로는 인간을 설명할 수 없다. 인간은 그러한 현상적인 존재인 즉자를 의식하는 존재이기도 하기 때문이다. 이렇게 즉자를 의식하는 존재로서의 인간을 그는 '대자'라고 이름 붙였다. 이렇게 해서 인간은 즉자인 동시에 대자인 이중적인 존재로 규명된다. 쉽게 말하자면 인간은 물건처럼 어떤 현상 속에 놓여 있는 존재인 동시에 다른 존재를 바라보고 판단할 수 있는 존재라는 것이다.

즉자 = 현상적인 존재

대자 = 즉자를 인식하는 존재로서의 인간

한편 이 세계는 존재와 무(無)로 분열되어 있고, 무는 존재의 객체(객지)인 셈이다. 쉽게 말하면 모든 사물 사이에는 공간이 존재하며 이 공간을 '무'로 본다는 것이다.

객지 생활을 해보지 않은 사람은 고향의 실체를 알 수 없듯이 즉자와 대자는 무의 경지에 들어가보지 않고서는 결코 자신의 실체를 알 수 없다. 존재는 무의 경지 속에서만 비로소 본모습을 드러내기 때문이다. 이는 마치 어둠 속에서 반딧불이가 빛을 발하는 것과 같은 이치다.

이렇게 해서 즉자와 대자의 관계는 정립된 듯이 보인다. 하지만 인간은 자유로운 동물이다. 행동과 의식이 자유롭다는 뜻이다. 이는 인간은 고정되거나 머물러 있는 존재가 아니기에 즉자와 대자의 관계는 일방적으로 형성될 수 없다는 의미이기도 하다.

바로 여기서 인간의 정의에 대한 혼란이 시작된다. 한 인간을 단순히 정지된 물체로 바라보았을 때 그는 그저 하나의 즉자에 지나지 않지만, 즉자였던 그가 보는 이의 의식에 영향을 끼칠 땐 이미 그는 즉자가 아니다. 그 역시 하나의 대자로 자리하고 있는 것이다.

여기서 자기기만이 일어난다. 상대방을 위한 행동이 일어나고, 그 행동을 하는 자신을 참된 자기로 인식하는 것, 이것이 바로 자기기만인 것이다. 진실, 성실, 충실, 준법, 애무 등의 모든 행동은 자기기만적인 행동이다. 또한 타인의 관심과 눈길에 의해 자신의 행동과 의식이 달라지기도 한다. 이것은 곧 타인이 내 속으로 들어오는 것과 같으며, 또한 내가 타인 속으로 들어가는 것과 같다. 이런 상태를 하이데거는 공동인간이라고 했다. 사르트르 역시 이 점을 수용한다.

쉽게 이야기하면 모든 사람은 서로 영향을 끼치기 때문에 '나' 속에는 항상 남의 것이 들어와 있고, '남' 속에도 항상 나의 것이 들어가 있다는 것이다. 서로 의식과 생각이 있기 때문에 서로 영향을 주는 것은 당연하다. 그래서 모든 인간은 서로 영향을 주고받는다는 의미다. 때문에 나의 행동이 곧 상대방을 의식한 행동이 되고, 내 생각이 곧 상대방에 의한 생각이 되는데, 이것을 자기기만이라고 하는 것이다.

모든 것은 상대적으로 변하고, 절대적인 것은 모두 사라진다. 하지만 그 상태가 자유는 아니다. 자유는 누구의 영향도 받지 않는 것을 의미하기 때문이다. 따라서 그에게 있어 절대적 가치는 오직 자유뿐이다. 자유만이 자기 자신의 본질인 까닭이다.

또한 인간, 즉 실존은 모든 일반성과 전체성, 그리고 보편성보다 중요해진다. 모든 것의 가치는 개인에 따라 달라지는 것이다. 때문에 사르트르에게 있어 전체와 보편과 일반은 중시되지 않는다. 그에게 중요한 것은 개인이지 전체가 아니다. 이것은 '실존은 언제나 본질보다 앞선다'라는 그의 믿음에 기초하고 있다.

절대적인 것이 없어진 그에게 신도 무의미한 존재였다. 왜냐하면 신의 존재는 인간의 자유를 침해하기 때문이다. 그래서 그는 종교 자체를 거부했다. 때문에 사르트르는 당연히 무신론적 실존주의자가 될 수밖에 없었다. 신으로부터 자신의 자유를 지키기 위해서였다.

이런 사르트르의 자유는 신이나 자연을 포함한 그 어떤 것에도 영향을 받지 않은 순수한 자기 자신의 의지와 행동을 말한다. 하지만 과연 그런 자유가 가능한지는 의문이다.

공산주의 바람을 일으킨 마르크스

헤겔의 절대정신에 따른 원리주의의 극단적인 논리에 반대하여 일어난 또 하나의 사조는 물질주의에 기초한 마르크시즘이었다. 마르크스에 의해 일어난 이 사상은 19세기 유럽에 공산주의 바람을 일으켰고, 급기야 20세기에 이르러 러시아를 필두로 소비에트 국가들을 성립시켰기 때문이다.

마르크스는 처음에는 헤겔의 철학에 빠졌지만 이내 헤겔을 강력하게 비판하며 자신만의 철학을 만들어냈다. 다음은 마르크스 사상의 핵심을 연설문 형식을 빌려서 재구성한 내용이다.

"헤겔은 우리에게 역사의 주체는 인간이 아니라 세계정신 또는 신이라고 가르쳤습니다. 하지만 단언컨대, 역사의 주체는 인간입니다. 저는 지금부터 역사의 주체가 인간일 수밖에 없다는 사실을 논리적으로 증명하고자 합니다.

모든 현실이 절대정신으로부터 비롯되었다는 헤겔의 사상은 전혀 근거가 제시되지 않은 신비주의에 불과합니다. 왜냐하면 헤겔의 철학에는 현실은 없고 현실 위에 떠돌아다니는 주인 없는 정신만 가득하기 때문입니다.

나무가 없는 열매가 존재할 수 없듯이 현실이 없는 정신은 존재할 수 없는 것입니다. 따라서 이제 우리는 철학을 물구나무세워야 합니다. 사유의 출발을 신으로부터 시작할 것이 아니라 구체적인 현실에서부터 시작해야 한다는 뜻입니다.

구체적인 현실이란 곧 인간의 현실입니다. 인간의 뿌리는 인간이기 때문에 모든 철학은 반드시 휴머니즘에 기초하지 않으면 안 되는 것입니다.

다시 말해 철학의 주제는 '신이란 무엇인가?' 하는 문제가 아니라 '인간이란 무엇인가?' 하는 문제라야 한다는 뜻입니다.

인간이란 무엇인가? 인간은 우선 사회적 존재입니다. 인간은 이미 사회의 구성원으로 존재하고 있다는 것입니다. 그리고 사회는 공동의 노동에 의해서 형성됩니다. 왜냐하면 인간은 근본적으로 노동의 동물이기 때문입니다.

인간이 노동의 동물이라는 말은 인간이 원래 경제적 존재라는 말과 일치합니다. 따라서 인간의 경제적 관계는 인간이 존재하기 위한 가장 기초적인 토대입니다. 그 토대 위에 국가, 법률, 이념, 도덕, 예술, 종교 등의 부수적인 것들, 즉 상부구조가 성립될 수 있습니다.

때문에 국가나 법률과 같은 상부구조는 노동력에 의해 형성된 경제관계, 즉 토대를 유지하기 위한 수단에 지나지 않습니다. 그러나 현실은 그렇지 않습니다. 현실은 오히려 수단에 불과한 상부구조가 본질인 노동을 지배하고 있습니다. 이것은 명백한 모순입니다.

이 같은 모순이 발생하는 근본적인 이유는 이 사회의 잘못된 구조에서부터 시작되었습니다. 고대의 노예시대 이후 인간사회는 귀족, 영주 그리고 자본가(고용주)의 사회였습니다. 그들의 지배 아래에서 대부분의 프롤레타리아(무산자)는 살아남기 위해 그들에게 노동력을 바쳐야 했습니다.

노동의 결과물은 언제나 상품이었습니다. 그러나 그 상품은 항상 자본가의 소유였습니다. 따라서 노동자는 목숨을 유지하기 위해 자기가 만든 상품을 고용주에게 구입해야 했기 때문에 상품의 노예가 되어버렸던 것입니다.

이것은 인간의 가장 본질적인 행위인 노동을 소외시키는 일입니다. 그것은 자본가와 무산자 모두에게 해당되는 일입니다. 무산자는 상품의 노예가 됨으로써 소외되고, 자본가는 인간의 본질인 노동을 하지 않고 노동의 결과물인 상품을 소유함으로써 소외되는 것입니다.

노동의 소외란 곧 인간의 소외를 의미하는 것이고, 인간의 소외란 인간이 본질을 상실하는 것을 의미합니다. 이제 인간은 노동에 의해서 자기 존재를 유지하는 것이 아니라 상품과 돈에 의해 매매되고 있다는 뜻입니다.

상품과 돈에 의해 팔려 다니는 인간은 인간성을 완전히 상실한 인간입니다. 인간성을 상실한 인간은 보다 정확한 의미에서 인간이라고 할 수 없습니다. 말하자면 이 사회에는 인간이 아니라 인간의 껍데기만 살고 있다는 것입니다.

우리는 이 사회를 인간성 상실에서 해방시켜야 합니다. 그러기 위해서는 지금의 사회를 전복시키지 않으면 안 됩니다. 사회를 전복시키는 목적은 인간을 인간으로 되돌려놓기 위함입니다. 인간이 굴복당하고 노예로 전락하여 멸시받는 모든 관계를 뒤엎지 않고는 아무것도 해결될 수 없다는 것입니다.

사회를 전복하여 인간성을 회복하고, 인간이 역사의 주체로 나설 때 인간은 비로소 인간의 최고 본질에 도달할 수 있는 것입니다."

이 내용은 그의 저서 『철학의 빈곤』과 『공산당 선언』의 핵심을 간추린 것이다. 이 글들의 핵심은 기존의 사회는 인간성을 말살시키는 구조를 가졌으므로 전복되지 않으면 안 된다는 주장으로 시작하여 프롤레타리아 혁명을 거쳐 인간성 본질의 최고 단계인 공산국가의 건설이라는 대명제로 끝맺고 있다.

그는 여기서 공산주의에 이르는 단계를 변증법적으로 서술하였다. 인간소외의 절정인 자본주의 사회에 대한 반정립적 개념으로 프롤레타리아(무산계급) 독재를 설정하고, 그 둘의 종합(지양)으로 계급 없는 공산주의를 이끌어낸다는 논리다.

이것이 그의 유물변증법에 의한 역사관이다. 역사는 인간으로 대표되는 존재가 주체가 되어 이끌어가는데, 그 역사는 자본가와 무산자의 계급투쟁의 역사라는 것이다. 그래서 이런 대치적 상황을 해결하기 위해 우선 인간성을 말살하는 자본가 중심의 자본주의를 붕괴시켜 프롤레타리아 시대를 연 다음, 일정 기간 동안 프롤레타리아 독재기간을 거쳐 계급이 완전히 없어지는 공산주의시대를 연다는 주장이다.

이렇게 해서 마르크스는 유물론적 역사관의 시조가 된다. 유물론적 역사관은 근본적으로 인간 중심의 역사를 전제하고 있는 것이므로 마르크스의 출발점이 인간주의라는 것을 알 수 있다. 또한 그것은 실천적인 유물론이라는 측면에서 그를 혁명가로 불리게 한다.

언어철학을 주창한 비트겐슈타인

『논리, 철학논고』로 일약 스타가 되다

헤겔이 주창한 극단적 원리주의의 반대쪽에서는 여전히 물질주의에 기반한 경험주의의 후예들이 새로운 철학을 추구하고 있었다.

그들은 경험주의자들의 주장대로 형이상학을 철학 밖으로 밀어냈다. 그들은 '철학이란 알 수 있는 것에 대해 논하는 학문'이라고 규정하고 진리와 신앙, 인생에 대해서는 더 이상 논의하지 않았다. 언어철학도 그중 하나였다.

언어철학을 주창한 인물은 비트겐슈타인이었다. 그는 언어만이 유일한 철학의 과제가 될 수 있다고 주장했다. 얼핏 들으면 하이데거의 말과 같은 뜻으로 들리지만, 비트겐슈타인의 언어탐구는 하이데거처럼 존재를 찾기 위한 행위가 아니었다. 오히려 그는 언어탐구를 통해 철학이 쌓아올린 공든 탑을 무너뜨리는 데 주력했다.

그는 인간이 만든 모든 학문은 결국 언어로 표현될 수밖에 없다고 판단했다. 학문은 생각의 범주를 벗어날 수 없고, 인간의 생각이 표현될 수 있는 유일한 통로가 언어이기 때문이다. 이는 철학의 모든 명제와 지론들도 모두 언어에 한정될 수밖에 없다는 뜻이기도 하다. 그래서 그는 언어를 제대로 이해하고 사용하고 규명하는 것이야말로 철학자의 본업이라고 여겼다. 특히 그는 언어 속에서 언어로 담아낼 수 없는 것들을 배제하는 것을 가장 중시했다. 그는 '말할 수 없는 것에 대해서는 침묵해야 한다'라고 하면서 자연과학의 명제들만 철학의 대상이 될 수 있다고 주장한다. 따라서 철학이 그간 알지도 못하고 언어로도 규명할 수 없는 것들, 즉 원리와 인생에 대한 것들에 집착한 행위를 강하게 비판한다.

비트겐슈타인은 이런 생각들을 자신의 처녀작 『논리, 철학논고』에 담았다. 이 책은 2만 자 안팎의 짧은 글로써 기껏해야 10여 페이지에 지나지 않는다. 그래서 30분 이내에 완독을 할 수 있을 만큼 작은 책자였다.

이 책은 매우 특이하게 구성되어 있었다. 정상적인 장의 구분은 없고, 일련번호를 매긴 것부터가 다른 책과는 달랐다. 게다가 접속사는 완전히 생략됐고, 구체적인 설명도 없었다. 단지 단정적인 명제에서 다시 단정적인 명제로 연결되는 형식만을 띠고 있었다.

하지만 문장 하나하나는 매우 정밀하고 경제적으로 짜여 있었다. 숱한 생각들을 몇 개의 문장으로 간결하게 정리하였고, 다시 수차례에 걸쳐 수정작업을 거친 것이었다.

이 책을 읽은 사람들은 그의 문장에 난색을 표했다. 그러면서도 그것이 언어의 본질과 언어의 세계에 대한 관계를 아주 정밀하게 다루고 있다는 이유에서 아낌없는 찬사를 보냈다. 내용의 난해함은 오히려 그것에 대한 관심을 자극시키는 마력으로 작용했던 것이다. 그 바람에 비트겐슈타인은 철학계에서 천재적인 스타로 부상했다.

철학은 언어에 대한 비판이다

비트겐슈타인이 『논리, 철학논고』에서 보여주는 것은 언어의 그림이론이다. 그림이론의 핵심은 화가가 그림을 그릴 때 세계를 화폭 속에 옮겨놓듯이 언어도 세계를 사실 속에 옮겨놓는다는 것이다. 그래서 세계가 언어 전체라면 세계 속에서 벌어지는 사실들은 명제로 표현되고, 각각의 대상들은 이름으로 표현된다는 것이다. 말하자면 그는 하나의 명제는 상황을 언어로 묘사해놓은 하나의 그림과 같다고 단정하고, 결국 모든 명제는 실재에 대한 그림이라고 결론짓고 있다. 이런 결론은 곧 인간이 실재하는 상황을 담아낼 수 있는 유일한 도구가 언어이며, 그 언어에 대한 비판이 곧 철학이라는 논리로 이어진다.

철학이 철학적 본질에 대한 물음이라고 전제했을 때, 이 물음과 물음에 대한 답은 반드시 언어로, 더 정확한 의미에선 단어로 표현되어야 한다. 따라서 어떤 철학적인 물음에 대한 답을 단어로 담아 낼 수 없을 때, 그 물음은 무용한 것이다. 다시 말해서 대답을 단어로 담아낼 수 없다면 물음 역시 단어로 담아낼 수 없는 것이다. 설사 우리가 마구잡이로 어떤 물음을 던졌다 하더라도 그 대답을 단어로 담아낼 수 없다면 그 물음은 아무런 가치가 없는 것이란 뜻이다.

이렇게 그는 모든 철학적인 문제를 언어에 한정시킨다. 하지만 언어가 모든 것을 담아낼 수 있다고 생각하지는 않는다. 특히 인생과 종교의 문제는 언어 밖의 문제일 수 있다고 말하고 있다. 왜냐하면 언어는 철저하게 논리와 기호로 이뤄져 있는 데 반해 인생과 종교는 논리와 기호로 설명할 수 없는 부분이 너무 많기 때문이다.

이렇게 해서 그는 철학의 과제에 대해 분명한 선을 그어주었다. 세계는 사실들의 총체이지만 인간은 그 사실들을 모두 언어로 담아낼 수 없다. 때문에 세계에는 인간이 언어로 담아낼 수 있는 것이 있고, 담아낼 수 없는 것이 있다. 이 중에 언어로 담아낼 수 있는 것에 대해 묻는 것이 철학이며, 언어로 담아낼 수 없는 사실들에 대해 침묵하는 것이 철학자의 올바른 태도라고 했다.

또한 그는 언어가 실재하는 상황에 대한 하나의 그림과 같다고 정의함으로써 인간이 언어를 통해 단지 언어의 내용을 이해하는 것이 아니라 상황을 이해한다는 점을 강조했다. 말하자면 언어는 모든 사실과 경험의 총화, 즉 총합인 것이다. 따라서 어떤 사실을 표현하는 명제 속에는 단순히 그 사실만이 아니라 사실과 관련된 경험이 포함된다.

비트겐슈타인의 말들은 복잡해 보이지만 사실 알고 보면 단순한 이론이다. 우선 철학의 대상은 자연과학적인 명제에 한정시키자는 것이고, 그렇기 때문에 자연과학으로 알 수 없는 종교나 원리, 인생에 대해서는 논하지 말자는 것이다. 또한 철학의 과제는 자연과학적인 명제를 담고 있는 언어에 대한 비판인데, 그 언어는 단순히 평면적인 기호가 아니라 상황을 담고 있는 그림 같은 것이다. 그래서 언어를 이해할 때는 단어의 기호적인 의미가 아니라 그 언어가 쓰인 상황을 함께 이해해야 한다는 의미다.

언어는 현상을 완벽하게 담아낼 수 없다

비트겐슈타인의 철학적 탐구는 여기서 끝나지 않는다. 오랜 연구 끝에 또 하나의 책을 내놓기에 이른다. 그것은 『논리, 철학논고』와 함께 언어철학의 고전이 된 『철학적 탐구』다. 그가 죽은 뒤에 출간된 이 책의 핵심개념은 '가족 유사성'이다.

가족 유사성 이론은 단어들이 하나의 개념에 묶일 때 유사성을 기반으로 한다는 것이다. 이를테면 가족이라고 했을 때, 그 개념에 묶일 수 있는 것은 부모의 결혼을 기반으로 형성된 관계 전체를 일컫는다. 하지만 그 가족들의 공통점은 명확하지 않다. 부분적으로 서로 유사성은 있지만, 전체의 공통점을 찾을 수는 없는 것이다. 비트겐슈타인은 단어들도 가족과 마찬가지로 유사성을 통해 하나의 개념으로 만들어진다고 주장한다. 이것이 언어의 '가족 유사성'이다.

이것은 마치 대단한 발견 같지만 그렇지도 않다. 사실, 언어가 현상계에서 가족 유사성을 띠는 것은 너무도 당연한 일이다. 현상계의 모든 물체는 완전히 동일한 것이 존재하지 않는다. 단지 유사한 것들만 존재할 뿐이다. 그런데 우리는 유사한 것을 동일한 것이라고 여기며 산다. 이것이 바로 물질에 대한 개념화의 오류다. 예컨대 초등학교 1학년 수학 교과서 문제를 한 번 보자.

사과 1개와 사과 1개를 합치면 몇 개의 사과가 될까요?

답은 물론 사과 두 개다. 이것을 수식으로 바꾸면 '1+1=2'가 된다. 하지만 이런 수학적 결과는 현상계에서는 성립되지 않는다. 물질세계인 현상계에서 '1+1=2'가 성립되기 위해서는 앞의 1과 뒤의 1이 완전히 동일해야 하기 때문이다. 그런데 물질세계에는 완전히 동일한 물질은 존재하지 않는다. 왜냐하면 물질은 시시각각으로 변하고 있는 상태이기 때문이다. 이는 이미 앞에서 '만물은 흐른다'라는 헤라클레이토스의 철학에서 확인한 바 있다.

물질세계에서 완전히 동일한 것이 존재하지 않기 때문에 언어의 개념도 완전할 수 없다. 예컨대 '사과'라는 개념부터 보자. 사과는 사과나무에서 열리는 모든 열매를 지칭한다. 하지만 사과나무도 종류가 다양하다. 그 나무의 종류에 따라 열리는 사과도 다양하다. 또한 같은 나무에서 열리는 열매라고 해도 모두 동일한 열매는 아니다. 그래서 모든 종류의 사과들을 모두 나열해놓으면 사실 동일성을 찾을 수 없게 된다. 왜냐하면 동일하다고 판단한 그것도 알고 보면 완벽한 동일성을 가진 것은 아니기 때문이다. 완벽한 동일성이 아니라면 그것은 동일성이 아니라 유사성이라고 해야 한다. 따라서 사과라는 범주 속에 들어가는 사과들은 유사성을 통해 하나의 개념에 묶일 수밖에 없다.

이렇듯 물질의 세계인 현상계에서 쓰이는 모든 단어의 개념은 동일성이 아닌 유사성을 기반으로 할 수밖에 없다. 이것이 곧 비트겐슈타인이 말하는 '가족 유사성'의 핵심이다. 현상계의 그 어느 것도 동일한 것이 없기 때문에 현상계의 물질과 현상, 사건을 지칭한 모든 단어의 개념은 동일성을 기반으로 만들어진 것이 아니라 유사성을 기반으로 만들어질 수밖에 없다. 따라서 철학을 비롯하여 언어에 기반을 둔 모든 학문은 완전할 수 없다.

흔히 이런 그의 논리는 그가 『논리, 철학논고』에서 주장했던 것과 배치된다는 해석이 있다. 그는 이전엔 단어로 담아낼 수 있는 세계만이 철학의 대상이 될 수 있다고 주장했다. 그런데 알고 보니, 현상의 세계는 단어에 완전히 담길 수 없는 것이었다. 그저 단어들은 유사한 것을 모아서 개념화한 것에 지나지 않았기 때문이다.

하지만 언어는 근본적으로 개념이지 현상 자체는 아니다. 때문에 처음부터 비트겐슈타인이 언어가 현상의 결과물이라고 생각한 것 자체가 오류였다. 언어가 현상 자체가 될 수 없는 것은 그 본질이 다르기 때문이다. 현상의 뿌리는 물질인데, 언어에는 물질이 없고 개념만 있기 때문이다. 따라서 언어가 현상을 완벽하게 담을 수 있다고 생각한 것부터가 착각이었다. 말하자면 세계는 언어 전체와 대응하고, 사실은 명제와 대응하고, 대상은 이름과 대응한다는 최초의 설정 자체가 잘못되었던 것이다.

비트겐슈타인의 '가족 유사성'은 이에 대한 새로운 깨달음이다. 언어가 물질 자체를 담는 그릇이 아니라 물질의 유사성을 얼기설기 얽은 개념의 덩어리에 지나지 않기 때문에 철학이 언어에 대한 비판이어야 한다는 그의 설정도 틀렸다는 점을 인정한 셈이다.

결국 물질의 대립과 조화의 결과인 현상계는 유사성을 기반으로 한 개념 덩어리인 언어에 완벽하게 담길 수 없다. 이것이 언어의 본질적 한계다.

이렇게 비트겐슈타인은 다시 혼란과 회의에 빠졌다. 처음에는 오직 언어에 대한 비판이 철학의 전부인 것처럼 생각했지만, 막상 언어가 현상을 제대로 담아낼 수 없다는 것을 발견하자 가족 유사성이라는 이론을 내놓으며 자신의 잘못을 시인한 것이다.

사실, 인간의 모든 행동과 사물의 현상을 언어에 담아낼 수 있다는 전제조건 자체가 처음부터 무리였다. 알고 보면 언어도 인간이 생존을 위해 고안해낸 도구에 지나지 않기 때문이다. 비트겐슈타인의 오류는 인간이 만들어낸 한낱 생존도구인 언어를 완벽하다고 믿은 데서 비롯된 것이다. 인간을 지나치게 위대하게 생각한 것이 문제였다.

듀이 "철학은 사회적 투쟁을 처리하는 도구이다"

철학의 도구화를 주장한 이 문장은 서양철학의 물질주의자들이 가장 최근에 선택한 슬로건인지도 모른다. 사실, 모든 학문은 생존의 도구다. 그것이 지식의 축적과 전달을 의미하는 학문의 본분이다. 그러나 인간은 고대로부터 수천 년 동안 이 사실을 쉽게 인정하려 하지 않았다. 하지만 20세기 와서 드디어 이것을 인정했다. 그래서 존 듀이는 이렇게 말한다.

"철학을 전문으로 하지 않는 사람들이 가장 알고 싶어 하는 것은 산업, 정치, 과학 등의 새로운 전개가 우리의 지적유산에 어떤 변화를 일으키는가 하는 것이다……. 따라서 철학의 과제는 사회적, 도덕적 투쟁에 대한 인간의 관념을 명료하게 하는 일이다……. 철학의 목적은 바로 이러한 투쟁을 처리하는 도구가 되는 것이다……. 앞날을 내다보며 서로 대립된 생활의 요인들을 조정하는 보편적인 이론이 바로 철학인 것이다."

듀이가 이런 말을 쏟아낼 때까지 그에게 가장 큰 영향력을 끼친 것은 윌리엄 제임스의 실용주의와 찰스 다윈의 진화론이다. 철학의 가치는 단순히 주어져 있는 대상을 파악하는 데 있는 것이 아니라 실용성에 있다는 프래그머티즘(Pragmatism)의 구호에다 생물학적 진화원리를 응용했던 것이다.

그는 다윈주의를 바탕으로, 인간의 육체는 물론이고 정신까지도 생존경쟁을 통해 낮은 형태로부터 진화해온 기관의 하나로 보았다. 따라서 그에게는 초자연적인 인과관계나 신은 중요하지 않았다. 오직 자연환경이 모든 것을 결정하는 요체였다. 그리고 인간과 인간사회도 자연환경의 일부에 지나지 않는다.

그에게 형이상학은 신학의 다른 이름에 불과했고, 그래서 형이상학이 그대로 유지되는 한 중세는 여전히 지속되는 것과 같았다. 그는 이러한 중세적 경향을 철저히 배제시키며 자연주의적 관점에 따라 자신의 사상을 정립해 나갔다. 자연주의적 관점이 모든 분야에서 채택될 때 비로소 현대가 시작된다는 것이 그의 지론이었기 때문이다.

이것은 단순히 정신을 물질로 환원하려는 행동이 아니다. 다만 정신과 생명은 신학적 개념에 의해서 설명될 수 없고, 생물학적 개념으로 설명되어야 한다는 뜻이다.

예를 들면 뇌를 세계를 인식하는 기관으로 보는 것이 아니라 단지 행동기관의 하나라고 주장하고 있는 것이다. 따라서 생각은 팔이나 다리, 또는 치아와 마찬가지로 하나의 기관에 지나지 않는다.

말하자면 사고를 하나의 기관으로 보고, 그것에 다윈의 진화론을 대입하고 있는 것이다. 환경의 변화에 따른 적응을 위해 사고 역시 손이나 다리, 또는 척추나 치아처럼 진화해왔다는 의미다.

생물이 환경에 적응하기 위해 진화를 지속하고 있는 것은 살아남기 위한 것이며, 살아남으려는 노력은 생물이 취할 수 있는 가장 현실적인 행위이다.

듀이는 이 같은 가장 현실적인 행위를 인간에게 대입하여, 가장 현실적인 인간과 가장 현실적인 사회를 이룩하려 하였다. 때문에 그에게 있어 철학도 가장 현실적인 인간사회를 건설하기 위한 도구로 사용되는 것은 당연한 일이다. 이것이 그의 도구주의다.

그의 도구주의에선 모든 것이 진화의 과정에 있다. 도덕과 윤리, 정치와 학문 등도 예외가 될 수 없다.

진화론에서는 모든 생물은 진화를 거듭하고 있기 때문에 완전한 상태란 있을 수 없다. 마찬가지로 도구주의에서도 완전성은 없고, 완성, 성숙, 세련의 영속적인 과정만이 있을 뿐이다.

도덕적인 가치관에 있어서도 이 논리는 적용된다. 항상 선한 사람도 없고, 항상 악인도 없으며, 비록 과거에는 착했다 하더라도 현재 악한 모습을 보이고 있으면 그는 점차 악해지고 있는 것이다. 그리고 반대로 과거에 아무리 악한이었다 하더라도 현재 착한 모습을 보이고 있으면 그는 점점 착해지고 있다는 것이다.

이는 이데올로기에 있어서도 마찬가지다. 사회주의가 한때 좋았다 하더라도 현재에 좋지 않다면 그것은 좋지 않은 것이다. 예술, 종교, 노동, 무역 등에도 이런 논리는 그대로 적용된다.

그렇다면 무엇이 좋은 것이고, 무엇이 나쁜 것인가? 이 물음에 대해 듀이는 분명하게 대답한다.

"현재 상태에서 인간(자신)을 이롭게 하는 것은 좋은 것이고, 인간(자신)을 이롭게 하지 않는 것은 좋지 않은 것이다. 또한 인간은 실용적인 것을 이로운 것이라고 생각하고 있기 때문에 현실에서 인간에게 실용적인 것은 좋은 것이고, 비실용적인 좋지 않은 것이다."

이처럼 그에게 있어 모든 것은 단지 진화되고 있는 과정에 있다. 진화란 환경이 달라지면 적응하기 위해 스스로를 변화시키는 살아남기 위한 노력이기에 항상 절대적인 선택은 없다. 단지 그 현실에서 어떤 것이 더 실용적인가 하는 것이 관건이다. 모든 생물은 반드시 실용성을 향해 움직이기 때문이다.

철학도 마찬가지다. 철학이 현실과는 무관하게 과거의 진리에만 집착해 있다면, 또 철학이 인간의 생활과는 거리가 먼 신의 문제에만 집착해 있다면 그 철학은 쓸모없는 철학이다.

철학은 철저하게 세속화 되어 있어야 하며, 지상에서 벌어지는 모든 일에 대해 해명하고, 그 일을 실용적인 방향으로 이끌어가는 것을 유일한 소임으로 삼아야 한다.

법적, 도덕적, 상업적 문제로 인해 벌어지는 싸움을 해결해주고 더 나은 방향을 제시해주지 못하는 철학은 무익한 철학인 것이다. 철학은 오직 사회의 모든 문제를 해결하기 위한 도구로 쓰일 때 진정한 가치가 있기 때문이다.

이렇게 해서 철학은 인간의 사회 도덕적 문제에서 발생하는 투쟁을 조정하고 처리하기 위한 도구임이 명확해진다. 마치 생물의 육체가 실용적인 이유로 진화를 해온 것과 같은 이치로 철학도 살아남기 위해 무한히 진화하고 있는 것이다. 물론 그 진화는 아직도 계속되고 있다. 인간이 생각하는 동물인 한, 철학의 진화는 멈추지 않을 것이며, 그 속에서 여전히 '원리냐, 물질이냐'라는 논쟁과 사유는 계속 이어질 것이다.

생각이 열리고 입이 트이는

인문학 리스타트

초판 1쇄 발행 2020년 8월 26일

지은이 박영규

발행인 이재진 **단행본사업본부장** 신동해
편집장 김경립 **책임편집** 김은영 **디자인** 최보나 **본문조판** 조영아 **일러스트** 이새로미
국제업무 김은정 **마케팅** 이현은 최준혁 **홍보** 박현아 최새롬 **제작** 정석훈

브랜드 웅진지식하우스 **주소** 경기도 파주시 회동길 20 ㈜웅진씽크빅
주문전화 02-3670-1595 **팩스** 031-949-0817
문의전화 031-956-7358(편집) 02-3670-1199(마케팅)
홈페이지 www.wjbooks.co.kr
페이스북 www.facebook.com/wjbook
포스트 post.naver.com/wj_booking

발행처 ㈜웅진씽크빅
출판신고 1980년 3월 29일 제406-2007-000046호

ⓒ 박영규, 2020
ISBN 978-89-01-24447-1 (03130)